신앙의 확실성

신앙의 확실성

2022년 5월 30일 초판 1쇄 발행

지은이 | 박정진
펴낸이 | 김영호
펴낸곳 | 도서출판 동연
등 록 | 제1-1383호(1992. 6. 12)
주 소 | 서울시 마포구 월드컵로 163-3
전 화 | (02)335-2630
전 송 | (02)335-2640
이메일 | yh4321@gmail.com

ISBN 978-89-6447-768-7 03230

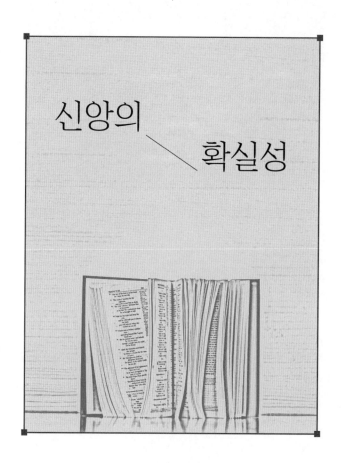

신앙의 확실성

| 박정진 지음 |

동연

머 리 말

    신학을 공부했지만, 목회나 선교 활동 영역이 아니라 대부분 학문적인 영역에서 작업하며 일해 왔기에 설교한다는 것은 늘 어려운 과제로 남아 있었습니다. 무엇보다도 하나님 말씀을 바르고 의미 있게 선포하는 것은 그 무엇보다 중요하다고 여겼기에 설교하는 문제는 늘 힘든 신앙적 성찰을 요구하는 과제였습니다.

    그러다가 새로운 천 년대가 시작하던 때, 연세대학교 미래캠퍼스 교목실 교수로 임용되어 대학 교회 담임목사직을 담당하게 됨으로써 이 설교 문제를 가지고 본격적으로 씨름하는 시간을 갖게 되었습니다. 여러 논문이나 연구 서적들에 의존하는 강의나 연구 활동과는 달리 설교는 무엇보다도 살아 있는 신앙에 대한 성찰과 그 삶의 과제를 주 내용으로 해야 했기에, 신앙과 관련된 삶의 문제들과 그것에 대한 성서 말씀으로부터 주어질 수 있는 대답을 연결하는 설교 작업에 익숙해지는 것은 결코 쉽지 않은 과제였습니다. 이런 씨름의 과정에서 오늘의 급변하는 세계 현실에 대해 성서의 하나님의 말씀과 그 신앙이 열어 주는 근본적이면서도 전체적이고 미래적인 차원과 관련된 삶의 비전들과 그 의미를 새롭게 인식할 수 있었던 것은 매우 큰 도움이 되었습니다.

    이 설교집은 바로 이런 과정에서 매주 주일예배를 중심으로 또한 학생과 교직원 예배 등을 통해 설교했던 내용 중 일부를 글로 다듬은 것입니다. 이 설교집에 실린 여러 주제 가운데서 특별히 신앙의 문제를 중심에 내세운 것은 오늘의 변화된 세계 현실 속에서 생명의 미래를 열어가는 것과 관련해 '하나님 신앙'이 갖는 그 독특한 에토스적인 삶의 차원과 의미가 중요성을 더해가고 있다 생각되었기 때문입니다. 본 설교집 제목을 "신앙의 확실성"이란 주제로 잡은 것도 바로 이런 신앙적인 삶의 차원들을 열어가는 데 있어 바른 신앙적인 문법을 깨우치는 것이 무엇보다도 중요하다고 여겨졌기 때문입니다. 본 설교집이 성서 말씀에 대한 학문적 연구 작업만이 아니라 신앙적인 영성과 삶의 교훈에 더 많은 관심을 보이는 것도 바로 이 때문입니다.

그러나 이런 작업이 그 진실한 결실에 다가가기 위해서는 또한 여러 다양한 신앙적인 삶의 경험들과도 연결돼야 한다 생각되었는데, 이 설교집을 출판하게 된 것은 바로 이런 바람과도 무관치 않습니다. 각자가 서 있는 제한적인 삶의 영역을 넘어서서 더 넓고 깊은 신앙적인 삶의 경험들과 만나는 계기를 얻는 것은 우리 신앙인에게 너무 중요하고, 그것을 통해서 하나님 신앙의 감춰진 능력과 지혜에 더 가까이 다가갈 수 있다 생각되었기 때문입니다.

그러나 이 쉽지 않은 작업은 짧지 않은 시간 동안 신앙적인 삶의 비전들을 함께 나누었던 대학 교회 교우들의 관심이 없이는 이루어질 수 없었을 것입니다. 이것에 대해 크게 감사드립니다. 또한 본문을 꼼꼼하게 살피는 교정 작업을 위해 적지 않은 시간과 지혜를 더해 준 김경희 목사의 도움에도 마음속 깊은 고마움을 전합니다. 그리고 출판을 기꺼이 맡아주시고 멋진 책으로 만들어 주신 동연 김영호 대표님과 직원 여러분의 수고에도 감사드립니다.

아무쪼록 여기에 실린 설교들이 신앙적인 소통과 그 삶의 결실에
작은 도움이라도 되길 기대하면서 하늘 아버지의 축복을 기원합니다.

2022년 4월
박정진

차 례

제 I 부

믿음의 근거와 확실성

하나님의 선택

(말 1:1-5; 롬 9:9-16)

> 여호와께서 이르시되 내가 너희를 사랑하였노라 하나
> 너희는 이르기를 주께서 어떻게 우리를 사랑하셨나이까 하는도다
> 나 여호와가 말하노라 에서는 야곱의 형이 아니냐
> 그러나 내가 야곱을 사랑하였고 에서는 미워하였으며
> 그의 산들을 황폐하게 하였고
> 그의 산업을 광야의 이리들에게 넘겼느니라(말 1:2-3)

기독교 신앙의 특성

기독교 신앙의 특성은 창조주이시며, 구속주이신 하나님과 그분의 독특한 피조물인 인간에 대해 말하며, 그것을 신앙으로 고백한다는 데 있습니다. 따라서 하나님에 대해 말하는 하나님 담론 혹은 신론은 기독교 신앙의 가장 본질적인 내용이라 할 수 있습니다. 문제는 하나님을 이야기하는 데서 늘 주객 혼동의 위험성이 항존하고 있다는 사실입니다. 즉, 피조물인 인간은 창조주이신 하나님을 알 수가 없고,

그래서 원칙적으로는 그분에 대해 말하는 것이 불가능하기 때문에 인간이 말하는 하나님 이야기에는 자칫 인간의 종교적 환상이나 바람에 근거하는 왜곡의 위험성이 잠재되어 있는 겁니다. 사람들이 기독교의 하나님을 종교적 '가짜 신'으로 만들 수 있는 위험에 대해 말하는 이유도 여기에 있는데, 하나님을 말하면서 사실은 신자들 자신의 신앙적 욕망을 따르는 왜곡된 허상을 이야기할 수도 있기 때문입니다. 그렇게 될 때 창조주 하나님은 인간의 바람이나 욕망이 만들어 낸 '인간의 신'이 되는데, 기독교를 단지 이런 맥락에서 비판했던 사람들의 논점은 바로 여기에 그 핵심이 있었던 겁니다. 그래서 한 철학자의 비판처럼 종교의 본질은 인간의 꿈을 하늘에 투사하고, 그것을 섬기는 허상에 불과한 것이라 말했던 것이지요.

바로 이런 문제성 때문에 오늘날 하나님을 말한다는 것은 먼저 인간의 종교성이 만들어 낸 우상을 넘어서는 어떤 새로운 신앙적 근거를 확보하지 않고서는 그 온전한 의미를 드러내는 것이 어렵다는 사실이 분명해지고 있습니다. 우리가 창조주이며 구속주이신 하나님을 이야기하면서 그것을 무엇보다도 성서가 보여주는 여러 신앙인들의 증언을 근거로 이야기하는 것도 바로 이 때문입니다. 성서가 증언하는 하나님은 인간의 욕망이나 상상력이 만들어 낸 '위조된' 하나님이 아니라 스스로 여러 활동들을 통해 자신을 계시하시고, 자신이 선택한 사람들에게 자신을 알리시는 하나님이시기 때문입니다.

바로 여기에서 우리는 신앙의 학문인 신학이 철학이나 일반 학문과 구별되는 그 근본적인 차이점을 보게 됩니다. 성서의 야훼 하나님은 단순한 인간의 지적인 통찰이나 학문적인 논리들을 통해 인식되는 분이 아니라, 오직 그분의 계시들을 따르는 신앙 가운데서만 이야기될 수 있는 분이기 때문이죠. 하나님은 그분의 피조물 전체와 관련된 어떤 활동들을 통해서 자신의 뜻을 드러내 보여주시기 때문에 우리가 하나님을 말할 때 그것은 그분의 '존재 자체'에 대한 사변적 말이 아니라, 그분의 이런 구원 활동과 관련된 이야기로 말해지는 겁니다. 신앙인인 우리가 먼저 하나님과 그분의 절대 '주권성'을 신앙으로 고백하고, 이 세계 안에서 역사하시는 하나님의 계시적 활동들을 중심으로 '사유함으로써' 우리들의 신앙생활을 이끌어 가야만 하는 이유가 여기에 있습니다. 신학이 하나님의 자기 활동인 그분의 계시 활동에 의해 규정당하는 신앙적 학문의 특성을 갖는 것도 바로 이 때문입니다.

하나님의 선택적인 사랑, 그 의미

오늘 본문 말씀의 에서와 야곱에 대한 이야기는 성서의 하나님과 관련된 신앙적 의미와 특성을 잘 드러내 보여줍니다. 무엇보다도 오늘 말라기 본문 말씀이 에서와 야곱에 대한 하나님의 편애적인 관심을 강하게 드러내고 있는 것도 이 때문입니다. 말라기 1장 2-3절은 그것을 다음과 같이 말하고 있습니다. "나 여호와가 말하노라… 내가 야곱을 사랑하였고 에서는 미워하였으며 그의 산들을 황폐하게 하였고…." 왜 하나님께서는 이런 이해할 수 없는 말씀을 하시고 있는 걸까요? 분명한 것은 그러나 이 말씀은 적지 않은 신앙인들이 생각하듯이 단순히 하나님의 '예정론적인 선택'의 맥락에서 이해될 수는 없는 말씀이라는 사실입니다. 오늘 문맥에서 보면 이 말씀은 이스라엘에 대한 하나님의 끈질긴 사랑을 나타낸 말씀이며, 바빌론 포로에서 돌아와 새로운 시작을 준비하는 이스라엘을 향해 주신 격려의 말씀이기

때문입니다. 에돔을 에서로 그리고 이스라엘을 야곱으로 말함으로써
이스라엘과 함께 했던 하나님의 편향적 사랑을 확인시키고 있는 말씀
이지요. 이 사랑이 얼마나 크고 대단한 것이었는지, 이스라엘의 적인
에돔이 세우면 허물고, 그들이 무엇인가를 이루려 하면 그것을 무력
화시키겠다고 말씀하십니다. 한마디로 하나님은 에돔의 모든 노력과
수고를 무력화시킴으로써 야곱의 이스라엘에 대한 하나님의 사랑을
보여주시겠다는 것입니다.

따라서 우리는 여기서 무엇보다도 우리의 상식을 뛰어넘는 하나
님의 신비스런 구원 활동을 보게 되는데, 하나님은 매우 편향적으로
보이는 '선택적인 사랑'으로 일하시는 분이라는 것입니다. 사도 바울
은 바로 이런 하나님의 독특한 구원 활동의 의미를 오랫동안 숙고한
끝에 '하나님의 선택'과 그 의미에 대해 새로운 깨달음을 얻고 그것을
다음과 같이 말하고 있습니다. "그뿐만 아니라 리브가도 우리 조상 이
삭 한 사람에게서 쌍둥이 아들을 수태하였는데, 그들이 태어나기도
전에 무슨 선이나 악을 행하기도 전에 택하심이라는 원리를 따라 세
우신 하나님의 계획이 살아있게 하시려고, 또 이러한 일이 사람의 행
위에 근거하는 것이 아니라 부르시는 분께 달려 있음을 나타내시려
고, 하나님께서 리브가에게 말씀하시기를 '형이 동생을 섬길 것이다'
하셨습니다. 이것은 성경에 기록된 바 '내가 야곱을 사랑하고 에서는
미워하였다' 한 것과 같습니다. … 이것은 하나님의 불공평 때문이 아
니라, 하나님의 '자비'에 달려 있는 것입니다"(롬 9:10-16).

한마디로 하나님의 택하심의 원리라는 것, 그분의 주권과 자비가
그 대답이라는 말입니다. 하나님의 선택은 그분의 주권에 의해 결정
되지만, 그것은 또한 인간에 대해서 취하고 있는 그분의 자비를 따르

고 있다는 것이지요. 이 말속에는 분명 우리로서는 판단이 불가능한 하나님의 주권이 핵심을 차지하고 있지만, 인간이 그 삶의 여정에서 여러 모양으로 경험하는 하나님의 무한한 긍휼과 자비의 교훈 없이는 결코 바르게 이해할 수 없는 말씀이라는 겁니다. 그렇기에 이제 우리는 하나님께서 야곱은 사랑하고, 에서는 미워한다고 말했던 그 의미를 다시 묵상하며 교훈을 얻어야 합니다.

에서와 야곱의 차이, 그 의미

먼저 하나님의 미움을 받은 에서를 살펴보면, 자세한 이야기나 성품들이 전해지지 않았기에 짧은 문맥에서 추정할 수밖에 없습니다. 그러나 분명한 것은 에서가 야곱에 비해 특별히 문제가 많은 인물은 아니었고, 인간적으로도 결코 야곱에 비해 뒤떨어진 사람이 아니었다는 사실입니다. 에서는 사냥꾼이었다고 하죠. 예나 지금이나 남성다움이 느껴지는 직업입니다. 그래서 들사람이었던 에서를 야곱과 비교한다면 오히려 훨씬 호탕하고 선이 굵은 사람이었다고 생각됩니다. 한마디로 나약하지 않은 사람이었다는 말이지요. 아버지 이삭이 에서를 더 가까이했던 것도 따지고 보면 결코 이와 전혀 무관치 않다고 여겨집니다. 단순히 장남이었기 때문이 아니라 아들다움이 더 강하게 살아 있는 에서였기에 아버지 이삭도 에서를 더 좋아했으리라 생각됩니다. 후에 에서가 에돔 족속의 조상이 된 것도 그의 이런 인물상과 무관치 않다고 여겨집니다.

그렇다면 야곱은 또 어떻습니까? 분명히 야곱은 인간적으로는 그렇게 매력적인 인물이라 생각되지 않습니다. 특별히 이런 맥락에서 우리 눈에 띄는 대목이 있는데, 어머니 리브가가 야곱을 감싸고 돌았다는 것이 바로 그것입니다. 오늘날로 치면 마마보이 같은 인물상을 보여주고 있는 것이지요. 그가 항상 어머니 곁에서 맴돌며 생활했다는 것은 무엇을 말하는가요? 그는 전혀 주체적이지 않고 모험심도 없으며 나약하고 게다가 욕심이 많았다고 여겨지는데, 이런 특성들은 당대의 유목민적 삶의 현실을 고려할 때 그리 유용한 인간적 덕목으로 보이지 않는 것들입니다. 게다가 야곱이 태어날 때 형 에서의 발목을 잡고 나왔다든지, 후에 에서의 장자권을 자기의 것으로 만들려고 했던 행위들을 반추해보면, 야곱은 성숙한 인물과는 거리가 먼, 오로지 과도한 욕심에만 사로잡혔던 사람이었다고 여겨집니다.

그런데 하나님께서는 왜 이런 야곱을 선택해 구속사의 핵심 인물로 삼았을까요? 잘 이해되지 않는 이런 물음 때문에 우리는 두 형제가 보여주는 인간적인 차이의 의미를 계속해서 살펴보지 않을 수 없습니다. 일반적으로 사람들은 야곱이 에서에 비해 꿈과 욕심이 많은 것이 오히려 그를 구속사의 중심에 세우게 한 이유라 말하기도 합니다. 한마디로 야곱은 늘 꿈을 꾸고 있었고, 그것은 그에게 끈질긴 생명력을 갖게 했다는 겁니다. 무엇보다도 복에 대한 그의 집념이 이것을 잘 보여준다는 건데, 일리가 전혀 없지는 않은 말이기도 합니다. 그럼에도 불구하고 이런 이해는 또한 단순하게 이야기하면, 이 모두가 다 오늘 우리식의 경험을 저 야곱 이야기에 투사한 것이라 할 수 있습니다. 인간의 성격이나 그 됨됨이라는 것도 따지고 보면 보는 관점에 따라 긍정적으로 혹은 부정적으로 평가될 수 있지, 무슨 불변의 법칙 같은 것은 없기 때문이지요.

왜 야곱인가?

그렇다면 하나님은 왜 야곱을 사랑했을까요? 오늘 우리가 앞에서 읽은 바울의 본문 말씀은 우리에게 한 단서를 제공해 주는데, 그것은 다음과 같습니다. "… 그들이 태어나기도 전에 무슨 선이나 악을 행하기도 전에, 택하심이라는 원리를 따라 세우신 하나님의 계획이 살아 있게 하시려고, 또 이러한 일이 사람의 행위에 근거하는 것이 아니라, 부르시는 분께 달려 있음을 나타내시려고, 하나님께서 리브가에게 말씀하시기를 '형이 동생을 섬길 것이다' 하셨습니다. … 이것은 하나님의 불공평 때문이 아니라, 하나님의 자비에 달려 있는 것입니다"(롬 9:10-16). 한마디로 하나님의 주권과 야곱에 대한 자비가 이유였다는 이야기인데, 왜 하나님은 에서보다 야곱을 그렇게 긍휼히 여기고 사랑했을까요?

도대체 왜 야곱인가요? 여기서 우리는 먼저 장자권과 팥죽 이야기의 교훈을 다시 반추해 볼 필요가 있다고 생각되는데, 히브리서 12장 16절은 이 이야기의 교훈을 다음과 같이 말하고 있기 때문입니다. "음식 한 그릇에 장자권(약속)을 팔아넘긴 에서와 같은 속된 사람이 생기지 않도록 주의하십시오." 이 말씀은 바로 에서의 행위, 즉 자신의 장자권을 팥죽 한 그릇에 팔아넘긴 행위를 비판적으로 전하고 있는데, 이것은 에서의 문제가 그의 인간 됨의 특성이나 능력에 있었던 것이 아니라, 장자권을 너무 소홀히 생각했다는 데 있었다는 것을 잘 보여주고 있습니다. 물론 여기서는 또한 야곱이 가진 장점에 대해서도 말하지 않는다는 사실도 유념해야 합니다. 오히려 야곱이 에서의 장자권을 뺏기 위해 과도한 행위를 한 것이 문제가 될 수도 있지만, 야곱의

장자권에 대해 관심은 단지 그의 생각만이 아니라 어머니 리브가의
영향 때문이었고, 그것은 리브가가 수태고지 때 들었던 하나님의 말
씀을 마음에 두고 있었기 때문이라 여겨집니다. 따라서 여기서 우리
에게 중요한 것은 두 사람의 인물됨이나 성격의 차이가 아니라, 두 사
람이 팥죽과 장자권에 대해 가진 그 생각의 중요성과 의미의 차이라
하겠습니다.

　팥죽과 장자권에 대한 생각과 의미의 차이는 인간을 평가하는 데
에서도 매우 중요한 내용을 드러내 줍니다. 팥죽과 장자권은 매우 다
른 삶의 가치와 내용을 담고 있는 것이고, 우리 삶 속에서 우리를 다르
게 이끌어 가는 그 무엇이기 때문입니다. 팥죽이 인간의 현실의 삶과
관련된 것을 상징한다면, 장자권은 아직 드러나지 않은 삶의 약속을
의미한다고 할 수 있습니다. 따라서 중요한 것은 이 양자에 대한 사람
들의 관심과 선택이 바로 그 삶의 방향을 전혀 다르게 이끌고 규정한
다는 사실입니다. 그러므로 눈에 보이는 현실의 팥죽에 관심하는 자
는 의미 있는 새 삶의 약속을 내포하고 있는 장자권의 가치를 알아보
기가 어렵다는 것입니다. 그렇기에 약속이 내포된 장자권의 가치와
의미를 바르게 인식하기 위해서는 현실적인 삶의 욕구나 필요에 대해
일정한 거리두기를 할 수 있어야 한다는 겁니다. 그러므로 장자권은
단순히 현실에서 거래되는 것으로 그 가치나 의미가 주어질 수 없습
니다. 오히려 이것은 삶의 인내와 대가를 치르면서 비로소 깨닫게 되
는 미래적인 삶의 가치가 내포되어 있는 것이라는 교훈을 주고 있습
니다. 그렇기에 야곱이 후에 원치 않는 '떠돌이 삶'의 여정에 들어서면
서 경험하게 되는 하나님의 구속사적인 삶에로의 편입은 바로 이 사
실을 잘 보여주고 있습니다.

그렇기에 이제 우리는 야곱이 경험했던 '떠도는 삶'의 의미를 새롭
게 묵상하지 않을 수가 없습니다. 에서의 장자권을 탈취한 뒤 집을 떠
나야 했던 야곱은 삶의 안정적 기반이 주어지지 않는 떠돌이 삶을 살
게 되었습니다. 이것은 분명 그를 예기치 않은 삶의 소용돌이와 위기
로 몰아넣는 힘든 삶의 여정이었지만 또한 그가 하나님 신앙과 그 감
추어진 능력과 의미를 몸으로 체험하는 시간이기도 했다는 사실입니
다. 그렇기에 우리는 야곱이 이런 '떠돌이 삶'을 체험하면서 무슨 생각
을 하게 되었는지 묻지 않을 수가 없습니다. 이것은 야곱이 후에 애굽
으로 이주한 뒤 바로 왕 앞에서 지난 삶에 대한 소회의 말을 하게 되는
데, 놀랍게도 그것은 한마디로 '험한 삶'의 시간으로 말해진다는 사실
입니다. 그래서 야곱은 나이를 묻는 바로 왕에게 "내가 험한 세월을
보내었나이다"라는 말 외에는 그 어떤 말도 더할 수가 없었던 겁니다
(창 47:9).

　놀라운 사실은 그럼에도 불구하고 이 험한 삶의 세월은 야곱을 망
하게 한 것이 아니라 오히려 그로 하여금 하나님의 신비스런 긍휼과
사랑을 깨닫게 하고, 그를 하나님의 구속사의 중심인물로 세움 받게
했다는 사실입니다. 야곱이 떠돌이 삶에서 여러모로 하나님의 긍휼과
인도하심을 경험하게 되고, 또한 그것을 통해 하나님 신앙의 새로운
의미를 깨우칠 수 있게 된 것도 이것과 무관하지 않습니다. 야훼 하나
님 신앙은 우리 '삶의 안정적인 터전' 위에서 그 비전과 힘을 발휘하는
것이 아니라 오히려 흔들리고 위기 가운데 있게 될 때 그 본래적인 힘
과 의미가 더 분명하게 드러나기 때문입니다. 그렇기 때문에 야곱이
집을 떠나자마자 광야에서 하늘 사다리 꿈을 통해 하나님에 대한 신
비스런 체험을 하게 되고, 그 후 얍복강가에서 또 한 번 '하나님 앞에

서 깨어지는 경험'을 하게 되면서 새로운 '정체성'(하나님께서 통치하신 다는 뜻의 '이스라엘'이라는 이름)을 얻게 되었던 것도 이것과 무관치 않은 겁니다.

왜 하나님은 야곱을 사랑하고 긍휼히 여겼을까요? 비록 자의든 타의든 '떠돌이 삶'을 통해 하나님의 섭리와 인도하심 속에서 이 세상의 보이는 것이 아니라, 아직은 보이지 않는 것을 붙잡고 씨름하지 않을 수 없는 삶을 살게 되었기 때문입니다. 이런 과정을 통해서 야곱은 하나님의 긍휼과 자비하심을 더욱 분명하게 자각할 수 있었고, 그것은 결국 야곱을 순례적 삶으로 나아가게 하며, 약속의 백성인 이스라엘의 족장으로 귀결되는 하늘 축복을 얻게 했던 것입니다. 그런데 놀라운 것은 하나님께서는 오늘 말씀에서 야곱만을 사랑한다고 말하지 않고, 에서와 야곱을 분리해서 에서는 미워하고 야곱을 사랑한다고 말한다는 사실입니다. 그러나 이 말의 의미를 전체적인 맥락에서 묵상해 보면, 이 사랑은 또한 단지 야곱만을 위한 것이 아니라 하나님 사랑의 보편적이고 궁극적인 성취를 암시하고 있습니다. 그렇기에 이 말씀은 흔히 예정론자들이 주장하는 것처럼 하나님께서 당신의 주권으로 인간 집단을 영원 전부터 상이한 두 집단, 즉 선택하고 사랑하거나 미워하고 버려지는 집단으로 나누어 분리하는 운명론적인 예정의 말씀으로 이해될 수는 없고, 오히려 하나님의 '사랑과 은총의 승리'를 모두에게 분명하게 드러내기 위해서 주신 축복의 말씀이었다고 여겨집니다. 따라서 에서를 미워하고 야곱을 사랑하시는 하나님의 감추어진 '뜻'은 하나님의 사랑과 긍휼과 은총이 결국에는 승리한다는 것을 드러냄으로써 그분 자신과 그 경륜을 보편적으로 계시하는 데 있었던 것입니다.

그런데 여기서 우리가 간과해서는 안 되는 것은 하나님의 사랑과 은총의 '승리'가 우리 인간의 현실적인 삶의 시간 속에서는 감추어져 있기에 우리 신앙적 삶은 늘 '위기' 속에 있게 된다는 사실입니다. 그렇기에 신앙인인 우리가 우리 자신에게 되물어야 하는 물음은 어떻게 '하나님의 은총의 승리'를 믿음으로 받아들여 그것을 새 삶으로 이어 갈 수 있는가 하는 것이어야 합니다. 오늘 우리 시대, 변화가 극심한 우리의 미래를 생각하며 사람들은 여러 담론을 쏟아 놓고 있습니다. 그러나 우리 삶이 그 어떤 미래를 담보해 가고 있는지에 대해서는 여전히 깊은 불안이 우리를 사로잡고 있는 것을 부인하기가 어렵습니다. 오늘 우리가 야곱을 긍휼히 여기고 사랑하셨던 주 하나님의 '은총의 승리'를 다시 기억하며 생명의 '좁은 길'을 발견하기 위해 늘 깨어 기도해야 하는 이유가 바로 여기에 있습니다.

하나님의 선택과 그 은총의 충만한 의미가 늘 우리의 신앙과 삶에서 새롭게 확인되고, 그래서 그 능력과 지혜가 우리를 하나님의 미래로 이끌어 가길 간절히 바랍니다. 이런 축복이 여러분 모두에게 늘 함께하길 기원합니다.

기다리며 서두르는 신앙

(눅 2:25-35; 벧후 3:12-13)

예루살렘에 시므온이라 하는 사람이 있으니
이 사람은 의롭고 경건하여 이스라엘의 위로를 기다리는 자라
성령이 그 위에 계시더라
그가 주의 그리스도를 보기 전에는 죽지 아니하리라 하는
성령의 지시를 받았더니(눅 2:25-26)
하나님의 날이 임하기를 바라보고 간절히 사모하라
그 날에 하늘이 불에 타서 풀어지고 물질이 뜨거운 불에 녹아지려니와
우리는 그의 약속대로 의가 있는 곳인
새 하늘과 새 땅을 바라보도다(벧후 3:12-13)

달라진 삶의 문화와 대림절의 의미

대림절 마지막 주일을 보내고 있습니다. 예수 그리스도의 오심을
기다리는 대림절 끝자락에 서 있기에 평범한 일상의 시간과는 다른
긴장의 시간으로 다가옵니다. 이 시간을 통해 우리는 어두움으로 뒤

덮인 이 세상에 하늘 생명의 빛을 가져오시는 주님 오심을 기다리며 지난 삶과 그 의미를 새롭게 성찰하게 됩니다. 그래서 교회는 이 계절에 주님 오심을 기다리는 불을 밝히면서 우리 '신앙과 삶의 새 희망'을 기도하는 시간으로 삼은 것입니다. 새삼스럽게 불을 밝히고 우리 생명을 위한 새로운 기다림의 시간을 묵상하고자 하는 것은 단지 교회력과 관련된 신앙의 관습 때문만은 아닙니다. 너무나 어두운 오늘의 혼란스러운 현실 속에서 우리가 자칫 개인의 욕망과 성공만을 부추기며 분주한 삶에 갇혀 있게 된다면 우리를 위해 여전히 새로운 미래를 열고 계시는 하나님의 은총의 축복으로부터 멀어질 수 있다고 여겨지기 때문입니다.

그러므로 이 대림절에 우리가 마음 모아 기도하며 확인해야 하는 것은 오늘 우리에게는 낯선 것이 되어 버린 기다림의 신앙이 초기 그리스도인들에게는 새로운 삶의 빛과 동력을 얻게 하는 신앙의 근본적인 에토스였다는 사실입니다. 그런데 왜 저 기다림의 신앙이 오늘 우리 신앙인에게는 더 이상 의미를 갖지 못하는 신앙 유물로 퇴락해버린 것일까요? 여러 가지 이유가 있겠지만, 무엇보다도 오늘 우리가 지향하는 삶의 문화가 그 가치와 방향에서 큰 문제성 속에 빠져버렸기 때문입니다. 무엇보다도 우리 삶이 '성공'과 '속도'에만 너무 과도하게 지배당하면서 진정한 의미를 잃어버리고 분주함과 부산함 속에 갇혀버렸기 때문이지요. 그래서 사람들은 예전에 비해 더 많은 자유 시간을 가지게 되었지만, 그 어느 때보다도 무언가에 재촉당하는 느낌에 사로잡혀 살고 있는 겁니다. 오늘 우리가 '바쁘다', '시간이 없다'는 말을 자주 되뇌며 살아가고 있는 것도 결코 이와 무관치 않습니다. 일과 근로 시간이 예전에 비해 훨씬 줄어든 것이 요즘 우리의 현실임에도

불구하고 사람들이 쫓기듯 부산하게 살고 있는 것은 바로 이 때문인
겁니다.

　케빈 밴후저라는 학자는 오늘날 우리들의 일상의 삶을 신학적으
로 성찰하는『일상의 신학』(Everyday Theology)이라는 책(한국어 번역은
『문화신학』이란 제목으로 출판됨)을 썼는데, 오늘 우리들의 삶이 보여주
는 문화적 특징들을 신앙의 눈으로 성찰하는 책입니다. 밴후저는 이
책에서 우리가 일상에서 겪고 있는 분주하고 부산한 삶의 이유를 세
가지로 말하고 있습니다. 첫째, 너무 많은 '선택의 기회'가 주어졌기에
그렇다는 겁니다. 따라서 오늘 우리는 더 많이 생각하고 집중하지 않
을 수 없는 현실을 살고 있기에 우리 삶이 분주하지 않을 수 없다는
이야기입니다. 둘째, 우리 '삶의 영역 간 경계'가 모호해지고 있기 때
문이라는 겁니다. 이것은 특히 오늘날 우리 삶에서 일어나고 있는 '배
움과 일과 쉼의 경계'가 허물어짐으로써 생긴 문제라고 합니다. 그래
서 분명한 경계 내에서 일정한 역할을 수행하면서 살아왔던 지난 삶
이 점차 그 의미를 잃고 있다는 겁니다. 셋째, 현실의 시간보다도 '심
리적인 시간'이 우리를 지배하기 때문이라는 겁니다. 이것은 우리의
시간 개념이 자연의 주기를 벗어나 일을 중심으로 배분되면서 생긴
것이라고 합니다. 그런데 여기서 특이한 시간이 우리를 사로잡고 있
는데, '시간의 산업화'라 말해지는 것이 바로 그것이랍니다.

　이런 맥락에서 보면 오늘날 사람들이 바쁘게 사는 것을 이상화하
며 '시간 관리'를 중요한 성공의 노하우로 말하고 있는 것은 이상한 일
이 아닙니다. 그러나 문제는 이런 시간 관리적인 삶에서는 우리 신앙
적인 삶에 큰 의미를 주었던 '기다림'의 삶이 갖는 그 독특한 가치가
제대로 힘을 발휘하지 못한다는 데 있습니다. 기다림은 '시간 관리'와

는 정반대의 삶의 차원에 속한 것이기 때문이죠. 기다림의 삶에서는 내가 시간을 다루는 기술이 중요한 것이 아니라 나를 얼마나 시간에 내맡길 수 있느냐가 더 큰 의미를 가집니다. 기다림의 신앙과 삶에서는 무언가 시간을 쪼개어 새로운 '일들'을 수행함으로써 많은 성과를 내는 것이 아니라 오히려 의미 있는 새로운 '때'를 바라보면서 그것을 향해 마음을 열고, 우리 삶을 더 깊게 음미하며 성찰하는 것이 더 의미 있습니다. 따라서 기다리는 삶에서는 바쁜 일상의 삶 가운데서도 우리를 향해 다가오는 새로운 시간에 대한 성찰의 여백을 우리 안에 마련하는 것이 더없이 중요합니다. 왜냐하면 기다림의 신앙은 바로 이런 내적 성찰의 공간이 확보될 때 우리 안에서 큰 힘을 발휘하게 되기 때문입니다.

시몬 영감의 기다림의 신앙, 그 의미

오늘 본문 말씀은 하나님의 '약속의 말씀'을 붙잡고 오랜 기다림의 씨름을 해왔던 한 경건한 유대인의 신앙적 '성취'를 보여주는 이야기인데, 그 내용은 이렇습니다. 예수님께서 태어나신 후 요셉과 마리아는 율법에 따라 정결 예식과 장자 봉헌과 할례 예식을 위하여 예루살렘에 올라가게 됩니다. 율법에 의하면 남자 아기가 출생했을 때 그 아기는 8일째 되는 날에 '할례'를 행해야 하고, 출산한 여성은 출산 후 40~80일 동안 부정한 상태에 있다고 여겨 '정결 예식'을 치러야만 했던 것입니다.

그런데 뜻밖에도 거기서 시몬이라는 한 경건한 유대인을 만나게 되었는데, 예상치 않게 그로부터 예수님에 대한 놀라운 예언의 말씀을 듣게 되었던 겁니다. 의아한 것은 왜 누가는 이름 없는 '시몬 영감의 이야기'를 주님 탄생의 의미를 드러내는 핵심 증언으로 삼았는지 하는 것입니다. 도대체 시몬 영감 이야기가 갖는 의미가 무엇이었길래 그렇게 한 것일까요? 결론을 미리 말씀드리면 시몬 영감이 견지해 왔던 '기다림의 신앙'이 갖는 독특한 구속사적인 의미로 인해 예수님 탄생의 보편적 의미를 분명하게 증언할 수 있었다는 겁니다. 따라서 이제 우리는 본문의 내용을 살펴봄으로써 평범한 유대인 시몬 영감 이야기가 보여주는 기다림의 신앙이 주는 삶의 교훈들과 그 의미를 함께 나누어 보고자 합니다.

무엇보다도 먼저 전제해야 하는 것은 오늘 본문의 주인공인 시몬 영감은 그렇게 주목을 받을 만한 특별한 재능이나 능력을 소유한 사람은 아니었다는 사실입니다. 그는 사람들에게 잘 알려진 사람이 아니었을 뿐만 아니라 오히려 너무나 평범한 사람으로 이제 나이가 들어 그 누구로부터도 큰 관심을 끌지 못하는 사람이었습니다. 그런데 오늘 본문으로부터 우리가 알게 되는 것은 그는 단지 하나님의 메시아를 간절히 기다려 온 경건한 신앙의 사람이었다는 사실입니다. 그의 기다림이 얼마나 간절했는지는 그가 예수님을 만나자마자 이제 죽어도 여한이 없다고 잘라 말하는 데서 잘 드러나고 있습니다. 이제 이 세상과 편안하게 하직할 수 있게 되었다고 말하는 시몬에게서 우리는 그의 삶이 오랜 시간 동안 전적으로 기다림의 신앙으로 깊이 물들어 왔음을 알게 됩니다.

기다림의 신앙과 하나님의 약속의 말씀

이것을 오늘 우리들의 삶과 비교해 보면, 시몬 영감이 노인이 될 때까지 어떻게 이런 열정적인 '기다림의 신앙'을 포기하지 않고 견지하며 살아올 수 있었는지 기이한 느낌을 갖게 됩니다. 일반적으로 사람들은 나이가 들면서 그 관심이나 기대, 열정 등이 점점 약화되어 포기하게 되기 때문이지요. 그런데 시몬 영감은 그렇지 않았던 겁니다. 어떻게 그럴 수 있었을까요? 오늘 말씀에서 얻는 한 가지 단서가 있다면 그것은 그가 가졌던 '기다림'이 단순히 인간적인 꿈이나 지혜에 의존하는 것이 아니라, 하나님의 '약속'을 믿는 그의 신실한 신앙과 깊이 관련되어 있었다는 사실입니다. 한마디로 시몬 영감은 막연한 믿음에 의존하는 신앙인이 아니라, 하나님의 약속을 신앙의 가장 중요한 내용으로 간주하며 믿고 살아왔기에 기다림의 신앙을 잘 견지해 올 수 있었던 것입니다.

이것은 그때나 지금이나 하나님의 '약속'을 붙드는 신앙인에게서 보여지는 남다른 신앙의 모습입니다. 하나님의 약속을 붙드는 사람은 오직 신앙 안에서 그 약속의 성취만을 내다보고 기다리며 살게 되기 때문이지요. 자 여기서 우리는 매우 중요한 사실 하나를 확인하게 됩니다. 시몬은 매우 평범한 유대인이었지만, 그가 가진 신앙의 '목표'만큼은 너무나 분명한 삶을 살아가는 신앙인이었다는 거죠. 그래서 오늘 성경은 그를 "의롭고 경건한" 사람이라고 말하고 있습니다. 유대교 신앙의 주요 덕목인 의로움과 경건함을 신앙의 내용으로 잘 조화시켜 살아가는 믿음의 사람이 시몬 영감이었다는 건데, 그가 이런 통전적인 신앙인으로 살아올 수 있었던 것은 바로 약속의 말씀을 붙들었던 그의 '기다림의 신앙'의 목표가 너무나 분명했기 때문이었습니다. 이 경건한 유대인 시몬이 유대인의 율법을 충실히 따르면서도 또한 그것을 넘어서서 약속된 메시아의 도래와 더불어 주어질 열린 새 구속사에도 끊임없는 관심을 가질 수 있었던 것도 이 때문이었다고 여겨집니다. 다시 말하면 유대 율법을 따르는 삶에 충실하면서도 하나님의 '열린 약속'을 믿고 기다리는 데서 시몬 영감은 남다른 열정과 설렘으로 채워진 삶의 비전을 늘 견지할 수 있었던 겁니다.

우리는 이런 신앙의 모범적인 예를 초기 기독교 신앙인들에게서 드물지 않게 보게 되는데, 하나님의 열린 약속을 믿는 신앙인들을 통해 초기 기독교 교회들은 그들이 직면했던 신앙의 중요한 문제들을 해결하는 데 큰 도움을 얻을 수 있었기 때문입니다. 무엇보다도 이런 맥락에서 언급될 수 있는 가장 의미 있는 주제가 바로 유대인의 성서인 구약과 그 율법적인 실천 신앙을 기독교 신앙의 중요 내용으로 통전시키는 문제였습니다. 구약은 히브리 성서로 불리는 유대인의 성서이고 그 핵심은 율법과 예언의 바른 이해와 실천에 있었는데, 어떻게 그것이 주님의 십자가 '복음'을 주 내용으로 하는 기독교의 경전에 첨가될 수 있었는지의 문제가 바로 그것입니다. 유대인의 성경인 구약은 율법과 예언을 핵심 내용으로 하는 이스라엘의 종족주의적인 역사와 신앙을 기반으로 하고 있는 데 반해서 기독교의 복음은 전 인류를 포괄하는 하나님의 사랑과 구원의 '열린 약속'을 주 내용으로 하는 것이었기 때문입니다.

그러나 다행스럽게도 기독교 교회는 히브리 성경인 구약성서를 기독교의 성경으로 받아들일 수 있었는데, 그것은 바로 '약속과 성취'라는 구속사의 프레임과 그 깊은 의미를 새롭게 깨닫게 되었기 때문입니다. 그렇게 함으로써 구약의 의미를 새로운 하나님의 구속사와 관련시키는 '약속'의 틀이라는 새로운 신앙적 프레임을 얻게 되었던 것입니다. 결국 이 신앙의 프레임이 의미 있게 여겨짐으로써 구약은 비록 종족 중심적인 율법적이고 예언자적인 신앙과 그 실천적인 지침으로 채워진 히브리인들의 성경이었지만, 놀랍게도 예수님의 오심을 통해서 그 안에 감추어진 인류를 향한 보편적인 '하나님의 열린 약속'과 연결될 수 있게 되었던 겁니다.

오늘 유대인 시몬 영감이 놀랍게도 바로 이런 종족적 신앙의 문제성을 넘어서서 '약속'에 기반한 열린 신앙을 붙잡을 수 있었던 것은 그가 가진 어떤 남다른 신앙적 지혜나 지식이 아니라, 바로 도래하는 하나님의 메시아에 대한 끈질긴 '기다림의 신앙'으로 인해 가능했습니다. 시몬 영감이 예수님과 그 부모들을 만나게 되었을 때 이제 예수님과 더불어 새롭게 시작될 새 구속사의 현실을 그의 오랜 기다림의 '성취'로 받아들일 수 있었던 것도 바로 이 때문이었습니다. 따라서 시몬이 나이 들어서까지 주님의 오심에 대한 기다림을 포기하지 않을 수 있었던 것도 바로 하나님의 약속을 의미 있게 여기는 기다림의 '열린 신앙' 때문이었던 겁니다. '기다리는 신앙'이란 그저 막연하게 믿고 기다리는 그런 정적인 믿음이 아니라, 그 안에 성취되어야 할 주 하나님의 '약속'이 내포되어 있음을 믿고 기다리는 역동적인 '열린 신앙'이기 때문입니다.

기다림의 열린 신앙, 그 보편적 의미

그런데 우리가 여기서 다시 주목해야만 하는 사실이 있습니다. 기다림의 열린 신앙은 단순한 개인적인 일이나 지평에 제한되는 신앙이 아니라 전 이스라엘에 대한 하나님의 새로운 역사의 실현과 관련되어 있었다는 겁니다. 오늘 성경에서 이스라엘 '백성에 대한 위로'를 말하고 있는 것도 이것을 잘 보여주고 있습니다.

그러나 시몬 영감의 이야기가 주는 놀라움은 여기서 끝나지 않습니다. 그는 성령의 감동으로 인해 더욱 '놀라운 사실들'을 쏟아 놓고 있습니다. 그것은 이 땅에 오시는 메시아 예수는 단지 유대 백성만을 위한 구원자가 아니라 '이방의 빛'이라는 말로 대변되는 전 '인류의 구속자'라는 것이고 또한 예수님은 많은 사람들에게 '표적'이 된다는 사실이 그것입니다. 이것은 야훼 하나님 신앙의 진리가 이제는 결코 어떤 시공간적 삶의 '경계'나 인간 삶의 겉모습이 아니라, 오히려 그 내적인 중심에 어떤 진실된 것이 채워지느냐에 따라 좌우된다는 것을 상징적으로 보여주고 있습니다. 그렇기에 이제 우리 신앙인들의 자의적인 모든 신앙적인 겉치레나 형식은 그렇게 큰 의미를 갖지 못한다는 것을 드러내고 있습니다.

예수님께서 많은 사람에게 표적이 된다는 말도 바로 이런 맥락에서 이해할 수 있습니다. 예수님은 하나님에 의해 파송된 분이지만 모든 신앙인에게 쉽게 이해되고 받아들여지는 분이 결코 아니었기 때문입니다. 그렇기에 이제 예수님을 통해 가시화되는 새 구속사의 의미는 약속의 하나님 신앙을 기준으로 해서 새롭게 이해되어야 했으며, 이것은 모든 인간 집단에게 동일한 의미를 갖는 것이 아니라는 사실이 또한 분명해졌던 겁니다. 특히 이 대목은 바로 예수님을 메시아로 받아들이지 못했던 '유대인의 실패'를 강하게 암시한다는 점에서 오늘 우리 신앙인에게도 진솔한 내적 성찰을 요구하는 교훈이라 여겨집니다. 예수님은 자기 백성을 위해 주 하나님으로부터 보내심을 받았지만, 백성은 그를 받아들이지 않았다고 성경이 계속해서 일관되게 말하고 있는 것도 이 때문입니다. 오늘 우리가 우리 신앙을 돌아보며 시몬 영감이 보여준 기다리는 열린 신앙의 교훈을 가슴 깊이 새겨야 하는 이유가 바로 여기에 있습니다. 유대인의 실패는 결코 지나간 이야기가 아니라 오늘 우리에게도 여전히 큰 의미를 갖는 하나님 신앙의 감추어진 핵심 진리를 드러내 보여주고 있기 때문입니다.

기다리며 서두르는 신앙

이런 맥락에서 볼 때 시몬 영감이 붙잡았던 기다림의 열린 신앙은 처음 그리스도인들에게 비교할 수 없는 큰 깨달음과 교훈을 주는 신앙적인 도전이었다고 여겨집니다. 하나님의 약속을 믿는 기다림의 신앙이 갖는 놀라운 비전과 새로운 의미 때문에 기다림의 신앙과 그 열린 의미를 깨달은 초기 신앙인들은 이제 단순히 기다리는 것만이 아니라 '기다리며' 또한 그 신앙을 생동력 있게 만들기 위해 '서두르지' 않을 수 없다는 것도 깨닫게 되었습니다. 그것은 기다림의 신앙을 더욱 생동감 있는 삶으로 연결하는 신앙의 또 다른 차원인 '서두름'의 실천적 지혜가 필요함을 알게 되었기 때문입니다.

이런 맥락에서 베드로 사도가 그의 서신인 베드로후서에서 '하루와 천년'을 등가적으로 연결시키는 기다림의 신앙에 새로운 의미를 부여하면서 "기다리고 서두르는" 신앙(wartende und eilende Glaube)으로 재해석하고 있는 것은 매우 주목을 요하는 교훈이라 여겨집니다(벧후 3:12-13). 이 말씀으로 베드로는 이제 새 하늘과 새 땅을 갈구하는 그리

스도인들의 신앙적 과제가 단순히 '도래하는 주님의 날'을 기다리는
수동적 믿음만으로는 불충분하고, 오히려 그것을 더 적극적으로 촉진
하는 삶으로 이어가야 한다는 도전과 요청을 모든 신앙인에게 던져
주고 있기 때문입니다.

오늘 우리는 우리 신앙과 삶을 돌아보게 되는 한해의 끝자락에서
여러 가지 감회를 느끼고 있습니다. 그러나 무엇보다도 중요한 것은
우리를 다시 찾아오시는 주님과 더불어 '기다리며 서두르는' 신앙이
주는 새 삶의 비전을 다시 확인하며, 하나님에 대한 우리 신앙의 능력
과 비전을 다시 회복하는 것입니다. 아무쪼록 이 귀한 축복이 우리를
다시 찾아오시는 주님의 무궁하신 사랑을 가슴에 새기는 교우 여러분
모두에게 함께하길 기원합니다.

큰 기쁨의 좋은 소식

(눅 2:1-14)

천사가 이르되
무서워하지 말라 보라 내가 온 백성에게 미칠
큰 기쁨의 좋은 소식을 너희에게 전하노라
오늘 다윗의 동네에 너희를 위하여 구주가 나셨으니
곧 그리스도 주시니라
너희가 가서 강보에 싸여 구유에 뉘어 있는 아기를 보리니
이것이 너희에게 표적이니라 하더라(10-12절)

메리 크리스마스!

어려움이 적지 않았던 올 한 해를 마감하면서 함께 주님의 성탄을 축하하는 예배를 드리게 되어 하나님께 감사를 드립니다. 성탄은 약속과 예언으로만 주어졌던 하나님의 구원의 복된 소식이 이 땅에서 구체적인 현실로 나타나는 의미를 갖는다는 점에서 말로 표현할 수 없는 놀라움과 기쁨이 함축되어 있는 사건입니다. 그렇기에 성탄 사

건에는 단지 특별한 한 인간의 탄생을 축하하는 것을 넘어서서 저 하늘과 이 땅이 만나는 놀라운 새 삶의 의미가 그 안에 함축되어 있습니다. 그것도 이 땅의 가치가 아니라 저 하늘의 일방적 긍휼과 사랑에 의해서 이런 연결성이 주어진 것, 그것은 성탄의 가장 큰 의미를 드러냅니다. 주님의 성탄이 말로 표현할 수 없는 놀라움과 경이가 함축된 하나님의 사건으로 간주되는 것도 바로 이 때문입니다. 그래서 오늘은 기쁜 날이 되어야 하고, 이 기쁨으로 하나님을 경배하는 날(메리 크리스마스)이 되어야 합니다.

그러나 기뻐하자고 한다고 해서 기쁜 날이 되는 것은 아니지요. 성탄의 기쁨을 말하기에는 오늘 우리 현실이 너무 어둡고, 소란하고, 많은 사람을 답답하게 만들고 있기 때문입니다. 그러나 세상이 이처럼 혼란스럽고 어렵다고 한다면 오히려 그것은 주님의 성탄을 기쁨으로 받을 수 있는 '역설적 가능성'이 더 크다는 사실 또한 염두에 두어야 합니다. 처음 성탄이 우리에게 보여주는 것처럼 성탄의 소식은 이 세상의 소식과는 달리 매우 역설적인 성격을 가지고 있었기 때문이죠. 성탄 소식과 그 의미가 많은 사람의 눈에 잘 들어오지 않았던 것도 바로 이 때문이었습니다.

주님 탄생의 역사적 의미?

그래서 그랬을까요? 주님의 탄생의 의미와 관련해서 가장 '역사적인' 의미를 부여하고자 했던 복음서 저자가 있었지요. 누가가 바로 그 사람입니다. 누가는 그 누구보다도 예수님 탄생의 역사적 의미에 집중했는데, 오늘 말씀은 이런 점에서 '그리스도의 평화'가 시작되는 몇 가지 의미 있는 역사적 이야기를 우리에게 전해 줍니다. 오늘 본문 말씀이 역사적 방식으로 구성된 성탄의 처음 소식에 관해 말하고 있는 것도 이 때문입니다. 그래서 오늘 말씀은 무엇보다도 성탄의 소식이 어떤 때, 어떤 상황에서, 누구에게, 어떤 방식으로 그리고 어떤 내용을 전해 주었는지를 잘 보여주고 있습니다.

오늘 본문은 특별히 예수님의 탄생 시기가 '아우구스투스' 황제 치하(BC 31~AD 14)에서 일어난 일임을 그 서두에서 밝히고 있는데, 이것은 그 의미가 매우 크다고 여겨집니다. 로마 최초의 황제요 로마 원로원으로부터 아우구스투스('존귀하다'란 의미)라는 이름을 얻은 옥타비아누스가 로마제국의 모든 지역을 '팍스 로마나'라는 이상으로 통치하던 때, 예수님께서 이 땅에 오셨다는 것을 강조해서 언급하고 있는 것은 무언가 남다른 의미가 내포되어 있다고 여겨지기 때문입니다.

왜 누가는 다른 복음서 저자들과는 달리 '통치자의 이름'을 예수님 탄생 이야기의 첫머리에 기록했을까요? 그 무엇보다도 역사의 '의미'를 보는 새로운 눈이 열렸기 때문 아닌가요? 인간이 이룩한 거대한 제국 '로마의 평화'라고 하는 것에 대비되는 하나님의 평화의 역사가 시작되고 있음을 새롭게 깨달았기 때문입니다. 하나님의 새로운 역사, 힘과 권력의 역사가 아니라 평화를 그 본질로 하는 새로운 구원의 역사가 시작되고 있음을 분명하게 드러내고자 한 것입니다. 그래서 누가는 다른 복음서 저자들이 관심하지 않는 통치자의 이름을 거명했던 것입니다.

자신의 이름을 신들의 달인 8월의 명칭으로 삼아 스스로 신의 반열에 오르고자 했던 황제는 '로마의 평화'를 강화하기 위해 제국 산하 여러 지역에 대한 행정 쇄신(지배 강화)을 꾀하고자 했습니다. 그래서 인구 조사(호적)를 실시했는데, 그것은 개인 등록과 소유 등록으로 이루어진 것으로 그 목적은 제국의 지배를 확고하게 하기 위한 세금 징수에 있었습니다. 요셉과 마리아가 임신한 몸으로 고향 베들레헴에 가게 된 것도 바로 이 인구 조사로 인해 고향을 방문하지 않을 수 없었기 때문입니다. 당시 나라가 몹시 소란스러웠던 것도 이 때문이었습니다. 그래서 그랬는지 오늘 본문 말씀은 예수님께서 태어나시는데 누울 '방'조차 없었다는 이야기를 우리에게 전해 주고 있습니다.

강보에 싸여 구유에 누인 아기

많은 사람이 여행 중이어서 그랬다고 할 수도 있지만, 이 말씀을 음미하면 할수록 이것은 그렇게 단순한 말이 아님을 인식하게 됩니다. 본문 12절은 강보에 싸여 구유에 누인 아기를 언급하면서 그것이 바로 '메시아의 표징'이라 말하고 있습니다. 한마디로 이 세상은 메시아이신 주님을 위한 그 어떤 적절한 공간도 마련할 수가 없었다는 이야기인데, 왜 그랬을까요? 많은 사람이 메시아의 오심을 기다렸지만, 그 기다림은 다른 세상적인 표상들로 채색되어 있었기 때문이었던 거죠. 그래서 주님 오심을 알아차릴 수가 없었고, 준비할 수도 없었던 것입니다. 결국 마구간이 선택되고, 태어나신 예수님은 동물의 밥그릇 속에 놓이게 되었습니다. 예수님이 태어나시는데 '방'이 없었던 이유가 바로 여기에 있었습니다. 결국 예수님께서는 그 누구도 관심하지 않는 가장 비천한 자리를 통해서 이 땅에 오시게 되었던 겁니다. 아니 바로 이런 비천한 자리를 선택함으로써 하나님의 평화가 갖는 놀라운 상징적인 메시지를 분명하게 드러내 보여주고 있었던 것입니다.

평화는 그 무엇보다도 밥그릇과 긴밀한 관련성을 갖는 것이기 때문이죠. 어느 시인의 말처럼 밥이 하늘이고, 그래서 밥은 나누어져야만 하는 것이라 여긴 겁니다. 주님께서 밥그릇에 누이게 되는 그것을 통해 평화의 메시아인 주님 탄생의 표징을 극명하게 드러내고 있는 것입니다.

빈 들에 전해진 첫 성탄 소식과 하나님의 평화

또한 이런 맥락에서 이 기쁨의 소식이 누구에게 처음으로 전해졌는지를 생각해 보는 것은 매우 의미가 있습니다. 누구에게 전해졌나요? 목자들입니다. 왜 목자들인가요? 너무나 소란스럽고 아귀다툼에 매몰되어 있는 세상, 그러나 하나님의 구원사는 밥그릇 싸움과는 무관한 조용한 빈 들에서 시작되었음을 보여주는 것 아닐까요? 그래서 빈 들에 있던 '목자들'이 첫 성탄의 주인공이 될 수 있었던 것입니다. 그들은 소박하고 가난했지만, 그렇기에 하나님의 평화에 가까이 다가서는 사람들이 될 수 있었던 것입니다.

이스라엘에서 목자는 우리로 치면 하늘만 보고 사는 '농부와 같은 존재들'입니다. 그래서 이스라엘 백성의 삶을 가장 상징적으로 드러내는 사람들이라 할 수 있습니다. 중요한 사실은 예수님께서 탄생할 때 목자들은 백성들의 삶의 중심이 아니라 변두리로 밀려나 있었는데, 바로 거기에서 하나님의 평화의 소식이 들려진 것입니다. 이 세상의 중심에서 소외되어 있었던 그들의 처지가 오히려 하나님의 기쁜 소식을 듣게 되는 축복의 자리가 되었던 것입니다. 그렇기 때문에 그저 조용하게 하늘을 바라보며 밤을 지키는 그 자리에 하늘로부터 오는 '큰 기쁨의 좋은 소식'이 전해진 것은 그 의미가 매우 크다고 여겨집니다. 어떤 소식이었나요? "지극히 높은 곳에서는 하나님께 영광이요, 땅에서는 기뻐하심을 입은 사람들 중에 평화로다"(14절)가 바로 그것입니다.

여기서 우리는 평화가 단지 이 땅과 관련된 것만이 아니라 높은 곳에 계신 하나님의 영광을 그 안에 내포하고 있다는 매우 놀라운 소식임을 알게 됩니다. 하나님의 '영광'과 이 땅에서의 '평화'가 상호 긴밀한 관련성을 가지고 있다는 말입니다. 뿐만 아니라 이 땅에서는 모든 사람이 아닌 하나님의 구원을 갈망하며 기다리는 사람들(기뻐하심을 입은 사람들)에게 평화가 임한다는 이야기입니다. 따라서 하나님의 평화는 보편적인 성격을 가진 것이지만, 그것을 누리는 사람은 '소수'라는 사실을 분명히 드러내 보여주고 있는 것입니다. 한마디로 하나님께서는 이제 이 세상의 관심에서 밀려나 있는 당신의 '남은 자'와 관련하여 당신의 구원사를 이끌어 가신다는 이야기입니다.

그러나 여기에서 간과할 수 없는 또 하나 중요한 사실이 있습니다. 이 소식을 마음에 둔 사람이 있었다는 것이 바로 그것입니다. 우리 모두가 알고 있듯이 마리아가 바로 그 축복의 여인이지요. 이것은 우리에게 매우 중요한 신앙적인 교훈을 주는데, 우리가 무언가를 마음에 둘 때 새 역사가 시작된다는 사실을 깨닫게 해 주기 때문입니다. 세상은 흔들리고 있기에 믿기가 어렵지만, 그 누군가는 이 세상의 내일을 생각하며 그 징후를 마음에 두어야 한다는 이야기입니다. 그래서 우리 신앙인은 이 세상을 위한 어떤 하나님의 말씀을 마음에 두고 있는지를 늘 스스로에게 물어야 하는 것입니다.

이번 성탄절, 하나님의 평화와 그것이 주는 큰 기쁨을 경험하는 시간이 되길 바랍니다. 이 평화는 이 세상의 것과는 너무 다르기에 평화

의 소식이 모두에게 알려진 것이 아니라 이 세상의 이해관계에서 초
연하게 된 사람들, 이 세상에서 어떤 혜택도 받지 못해 오로지 하나님
의 은혜에 의지해야만 했던 이름 없는 사람들에게 전해졌다는 사실을
잊지 않길 바랍니다. 하나님께서 이끄시는 평화의 구속사는 지금도
진행 가운데 있습니다. 이 소중한 사실을 마음에 두는 우리 모두에게
하늘 축복이 늘 함께하길 기도합니다.

하나님의 아버지 되심

(마 1:22-23; 눅1:26-35)

보라
처녀가 잉태하여 아들을 낳을 것이요
그의 이름은 임마누엘이라 하리라 하셨으니
이를 번역한즉 하나님이 우리와 함께 계시다 함이라(마 1:23)

예수님 탄생을 둘러싼 여러 이야기들

귀한 성탄 예배에 참여하신 교우님들에게 하늘의 평안과 축복이 함께하길 기원합니다. 이날은 예수님께서 이 땅에 오신 날이지만, 그 의미는 단순히 한 위대한 인물의 탄생으로 국한될 수만은 없습니다. 이날은 그 무엇보다도 저 하늘과 이 땅이 조우한 날이고, 그럼으로써 이 땅에 우리 인생의 새 구심점이 주어지고 새 생명의 역사가 시작된 날이기 때문입니다. 무엇보다도 약속과 예언으로만 주어졌던 이 땅에 대한 저 하늘의 특별한 관심과 복된 소식이 그 구체성을 드러낸 날이기에 오늘만큼은 우리에게 기쁜 날이 되어야 하고, 이 기쁨으로 하나님을 찬양하는 날이 되어야 합니다.

그러나 예수님께서 이 세상에 오시는 일이 아무런 문제 없이 진행되었던 것은 아니었습니다. 이 일은 오로지 하나님에 의해 예비된 것으로, 하늘과 땅이 연결되는 놀라운 축복의 사건이었습니다. 하지만 이 일이 이루어지기 위해서는 눈에 잘 드러나지 않는 여러 어려움을 헤쳐 나가는 과정들을 거치지 않을 수 없었습니다. 복음서 저자들, 특히 마태와 누가가 예수님의 탄생과 관련해 여러 이야기와 신비한 징조들을 함께 증언하고 있는 것도 바로 이 때문입니다. 이상한 별 이야기, 동방박사 이야기, 헤롯왕에 의한 살해 위협 이야기 그리고 무엇보다 동정녀 탄생 이야기 등이 이것을 잘 보여주고 있습니다.

그런데 이 가운데서 사람들을 가장 당혹게 한 이야기가 있는데, 그것이 바로 동정녀 탄생 이야기입니다. 단순하게 이야기하면 처녀가 임신해서 출산한 이야기인데, 오늘날로 하면 하나의 스캔들에 해당하는 이야기입니다. 하지만 성경은 이 비밀스런 이야기를 매우 당당하게 이야기하고 있습니다. 왜 그랬을까요? 무언가 이 사건 안에 하나님의 놀라운 뜻과 역사가 함축되어 있다고 여겼기 때문이 아니었을까요? 물론 이 이야기는 피상적으로 보면 매우 받아들이기 매우 어려운 기적적인 의미(?)만이 눈에 들어오는 이야기이기도 합니다. 이 이야기가 지금까지 교회의 역사에서 언제나 신비스럽고, 이해하기 어려운 이야기로 남아 있을 수밖에 없었던 것도 바로 이 때문이었습니다. 그래서 이 이야기에 대한 관심의 초점이 늘 하나님께서 관여했던 기이한 수태 사건의 의미를 어떻게 받아들일 수 있는가에 집중되어 있었던 것입니다.

그래서 그랬을까요? 성탄 예배를 드린 어느 주일예배 후에 한 청년이 목사님을 찾아와서 질문했다고 합니다. "처녀가 임신해서 출산했다고 하는데, 도대체 그것이 어떻게 가능한 겁니까? 왜 이런 이야기를 설교로 들어야 합니까?" 대답하기가 쉽지 않은 질문에 당혹감을 느낀 목사님께서 대답을 망설이고 있는데, 그것을 옆에서 지켜보던 한 장로님이 청년에게 이렇게 대답했답니다. "마리아의 남편인 요셉도 가만히 있었는데 왜 당신이 그것을 따지고 문제 삼느냐"라고. 웃자고 하는 이야기이지만, 매우 놀라운 의미가 함축된 이야기라 여겨집니다. 그렇지 않습니까?

동정녀 탄생이 야기한 문제들

우리가 잘 아는 것처럼 저 동정녀 탄생 이야기는 일반적으로 두 가지 문제를 야기시켰습니다. 그 하나는 하나님께서 마리아를 선택한 '이유'와 관련되어 있고, 다른 하나는 동정녀 탄생의 '구원사적인 의미' 문제가 바로 그것입니다. 도대체 왜 하나님은 마리아를 선택한 걸까요? 전통적으로 교회는 하나님께서 행한 수태와 관련된 마리아 선택의 문제를 두 가지 방식으로 해결하고자 했습니다. 가톨릭교회가 오랫동안 지켜온 마리아 숭배 전통이 그 하나인데, 이 전통은 오래된 것이지만, 특별히 19~20세기에 들어와 '무염시태'와 '성모승천' 교리를 채택함으로써 마리아 선택 물음에 대답하려 했습니다. 무염시태란 마리아에게는 원죄의 독이 없었기에 마리아가 예수님에게 원죄를 전해주지 않았다는 것을 말하는 것이고, 성모승천은 마리아가 죽음의 문을 통과하지 않은 채 하늘로 올라갔다는 것을 말하는 것입니다. 이 두 가지 주장은 얼핏 보아도 문제가 많아 보이지만, 단순하게 생각해 보면 하나님께서 마리아를 선택한 것은 마리아에게 무엇인가 특별한 것이 있어야 한다고 여겨 마리아를 남다른 인간으로 말하고자 한 것입니다.

그러나 개신교 교회는 가톨릭교회와는 달리 이 이야기 속에서 마리아가 아니라 하나님에게서, 즉 하나님의 '자유'와 그 '전능성' 속에서 이유를 찾고자 했습니다. 다시 말하면 마리아 선택 문제의 초점은 마리아의 남다른 점에 있는 것이 아니라 하나님 자신의 자유와 능력에 있었다는 말입니다. 마리아에게 있는 독특한 무엇이 아니라 인간 구원을 위해 주 하나님께서 행하신 특별한 결정과 권능이 우선적인 중요성을 갖는다는 이야기인 거죠. 성경에 나타난 하나님의 자유와 전능성을 염두에 둘 때 이런 이해는 크게 엇나가는 말이 아니라 여겨집니다. 다만 여기에서는 왜 하필 마리아인가에 대한 의문이 여전히 해소되지 않고 있으며, 전능자 하나님께서 행한 동정녀 수태 사건의 의미가 분명하게 드러나지 않고 있다는 점이 문제로 남아 있습니다.

마리아의 신앙과 그 면모들

본문 말씀을 두 복음서 말씀으로 선택한 것은 두 복음서 모두 우선적인 초점이 하나님의 자유와 전능성에 있지만, 마태가 그것을 구약의 예언을 인용함으로써 그 의미를 간략하고 분명하게 드러내고자 했다면, 누가는 이 사건이 '하나님의 절대적 은총'과 관련되어 있음을 천명하고 있음에도 불구하고 마태에 비해 마리아의 처지와 그 신앙적 성향에도 적지 않은 관심을 보이고 있기 때문입니다. 우리는 누가의 이야기에서 무엇보다도 마리아가 보여준 신앙의 독특한 지향성을 보게 되는데, 누가가 예수님의 수태고지와 더불어 또 하나 언급하고 있는 세례 요한의 수태고지를 함께 비교하면서 살펴보면 몇 가지 차이에서 마리아의 신앙인으로서의 독특한 모습이 잘 드러나고 있음을 알게 됩니다.

첫째로 세례 요한의 수태고지에서는 아버지 사가랴의 역할이 매우 강조되고 있는 데 반해서 예수님의 탄생고지에서는 아버지의 역할이 전무하다는 점입니다. 이 사실은 매우 중요한데, 예수님의 탄생에서는 하나님의 절대적인 은총과 능력만이 작용하고 있음을 보여주기 때문입니다.

둘째로 이 고지를 들은 사람들의 반응 양식이 달랐다는 사실입니다. 제사장이었던 사가랴는 천사의 고지에 대해 매우 의심하고 있음을 보여주는 반면("나는 늙었고, 제 아내도 늙었는데 이 일이 어떻게 일어날 수 있겠습니까?") 마리아는 이 고지에 대해 매우 큰 충격을 받지만, 그것을 믿음으로 감수하며 받아들인다는 사실입니다. 사가랴는 자신의 아내가 늙었는데 어떻게 임신할 수 있겠는가를 물은 데 반해(1장 20절은 사가랴의 이런 의심이 그를 벙어리로 만들었다고 말하고 있습니다) 마리아는 "나는 주의 여종이니이다. 말씀대로 이루어지이다"라는 말로 하나님의 뜻을 겸허하게 받아들이는 모습을 보여주고 있습니다.

따라서 여기서 중요한 것은 마리아는 하나님의 뜻을 잘 받아들이고 그것에 순종하는 여인이었다는 사실인데, 그렇다고 마리아가 하나님의 이런 수태고지를 수용하는 것이 당대에 어떤 결과를 초래할지 알지 못했기에 그렇게 했던 것은 아니었습니다. 마리아는 가브리엘 천사의 고지가 가져오는 당대의 현실에서의 결과가 무엇이며, 그런 일이 정혼한 처녀인 자신에게 미칠 파장이 어떤 것인지를 잘 알고 있었던 것입니다. 그럼에도 불구하고 마리아는 "당신이 말씀하신 모든 것이 이루어지길 원하나이다"라고 고백할 수 있었던 것입니다. 이것은 마리아가 하나님께 순종함으로써 겪게 될 모든 어려움, 즉 고난과 조롱, 멸시와 불명예 그리고 죽음까지도 그대로 감수하고자 한다는 것을 보여줍니다. 한마디로 이 모든 어려움에도 불구하고 마리아는 그것이 바로 주 하나님의 뜻이라 여겼고, 그것에 복종하고자 했다는 겁니다.

이것은 평소 마리아가 가졌던 신앙과 그 삶의 지향을 잘 보여주고 있는데, 하나님의 말씀과 그 뜻을 결코 소홀히 생각하지 않았을 뿐만 아니라 그것을 위해서라면 자신을 버리고 헌신할 수 있는 신앙적 삶을 견지하며 살아왔다는 사실입니다. 따라서 마리아는 평범한 여인이었지만, 그 신앙은 결코 평범하지 않은 남다른 면을 가지고 있었고, 하나님의 일을 믿음의 눈으로 보는 영적 민감성을 가진 여성이었으며, 더 나아가 늘 하나님의 뜻을 기다리며 그것을 지향하는 삶을 살아왔다고 여겨집니다. 그렇기에 마리아는 하나님이 어떤 분인지를 잘 이해하고 있었다고 생각되는데, 마리아의 이런 신앙인으로서의 모습은 특별히 '마리아 찬가'에서 잘 나타나고 있습니다. 마리아 찬가는 마음의 생각이 교만한 자들을 흩으시고, 제왕들을 왕좌에서 끌어내리며, 비천한 사람들을 높이시고, 주린 사람을 배부르게 하며, 부자들을 빈손으로 보내는 그분이 바로 야훼 하나님이라고 강조하며 노래하고 있기 때문입니다. 그렇기에 마리아는 무엇보다도 이 세상과는 다른 삶의 가치와 의미를 하나님께 두고 살아왔던 여인으로 여겨집니다.

그렇다면 이제 하나님께서 마리아를 선택한 것, 그것은 어떤 특별한 이유 없이 무차별적으로 행해진 일이 아니었음을 알게 됩니다. 그렇다고 가톨릭교회의 교리처럼 마리아가 죄가 없어서도 아니고, 고상한 인격과 신통한 능력을 가졌기 때문도 아니었습니다. 무엇보다도 중요한 것은 마리아는 눈에 잘 띄지 않는 평범한 여인이었지만, 하나님께서 기뻐하시는 신앙을 가지고 살아온 여인이었다는 사실입니다. 그녀가 하나님의 은총을 입어 예수님의 어머니가 될 수 있었고 또 모든 사람으로부터 복 있는 여인으로 칭송받을 수 있었던 것도 바로 여기에 이유가 있었던 것입니다. 그러나 그럼에도 불구하고 하나님의 마리아 선택에 있어 마리아가 소유한 이런 헌신적인 신앙을 이야기한다고 해도 동정녀 수태 사건의 본질적인 의미는 그 모습을 드러내 주지 않습니다. 그래서 우리는 이 사건 속에 깊이 감추어져 있는 주 하나님의 거룩한 뜻과 그 의미가 무엇인지를 계속 물으면서 숙고해야 합니다.

동정녀 수태 사건과 하나님의 아버지 되심

하나님께서는 왜 하필 정혼한 마리아를 선택했을까요? 정혼하여 결혼할 남자가 있는 여인을 선택한다는 것, 문제를 너무 크게 만든 것 아니었나요? 이미 정혼을 통해 한 남자와 얽혀 있는 여인을 선택한 것은 상황을 너무 복잡하게 만들었다고 여겨지기 때문입니다. 그런데 이 대목을 깊이 묵상하면서 다시 생각해 보면 매우 놀라운 사실을 새롭게 알게 됩니다. 바로 이 대목에서 우리는 예수님을 동정녀의 몸에서 태어나게 하신 주 하나님의 섭리와 그 복음적인 의미를 새롭게 깨닫게 되기 때문입니다.

하비 콕스라는 신학자는 동정녀 탄생 사건의 근본적인 의미를 '처녀의 어머니 됨'이 아니라 '하나님의 아버지 됨'에 있다고 말했는데, 이것은 놀라운 발견이며 그 의미가 매우 큰 교훈이라 여겨집니다. 하나님께서 정혼한 처녀인 마리아를 선택한 불합리한 이유(?)가 바로 주하나님의 '아버지 되심'을 알리고 드러내기 위해서라고 생각되기 때문입니다. 이 얼마나 놀라운 이야기입니까? 예수님께서 이 땅에 오시는데 있어 예비 신랑인 요셉으로 하여금 아버지로서의 역할을 전혀 할수 없게 만든 것은 바로 주 '하나님의 아버지 되심'을 더 분명하게 드러내기 위함에 있었다 여겨지기 때문입니다. 그렇기에 하나님의 아버지 되심은 우리가 새롭게 깨닫게 되는 인류 구원을 이끌어 가는 주 하나님의 구속사적인 경륜의 핵심 내용이었던 겁니다. 그래서 갈라디아서 4장 4-6절은 바로 '하나님의 아버지되심'을 이렇게 증언하고 있습니다. "때가 차매 하나님께서 그 아들을 보내사 여자에게서 나게 하시고, 율법 아래에 나게 하신 것은 율법 아래 있는 자들을 속량하시고, 우리로 아들의 명분을 얻게 하려 하심이라. 너희가 이제는 아들임으로 하나님이 그 아들의 영을 우리 마음 가운데 보내사 아빠 아버지라 부르게 하셨느니라."

우리가 주 하나님을 '아버지'로 여길 수 있게 되었다는 것, 이것은 우리 신앙의 여러 사항들 가운데 한 가지가 아니라 그 전체의 본질을 드러내는 것입니다. 그렇기에 이 한 가지만으로도 우리는 이제 하나님 신앙의 본질적인 의미와 바른 실천의 삶을 확실하게 인지할 수 있게 되는 겁니다. 신앙이란 일차적으로는 바로 하나님과 우리와의 바른 관계에서 그 핵심적 내용이 주어지는 것인데, 우리가 그분을 아버지라 부를 수 있다는 것은 그렇기에 우리 신앙에서 가장 핵심적인 내용이 되는 겁니다. 우리가 하나님을 아버지라 부르는 순간 우리가 삶에서 겪는 여러 가지 문제나 어려움은 더 이상 우리를 좌지우지할 수 없기 때문입니다. 우리가 주 하나님을 아버지라 부르며 기도하는 것이 그 무엇보다도 하나님 신앙의 가장 본질적인 핵심과 연결된다고 여겼기에 예수님께서도 제자들에게 기도를 가르쳐주시면서 그 기도를 주기도, 즉 "우리 아버지"(Vater Unser, 마 6:9)라 명명했던 것입니다.

주님께서 이 땅에 오신 성탄절이 그 무엇하고도 바꿀 수 없는 기쁘고 의미 있는 날이 되는 이유가 바로 여기에 있습니다. 주님께서 이 땅에 오시는 과정에서 일어났던 여러 사건과 특별히 마리아의 헌신적인 신앙과 어머니 됨의 의미를 우리가 계속해서 음미해야 하는 것도 바로 이 때문입니다. 하나님께서 우리의 아버지가 되시는 사건은 그 의미가 너무 크고 놀라운 것이었기에 여러 가지 오해와 위험뿐만 아니라 희생과 대가를 치를 수밖에 없는 사건으로 우리에게 다가온 것입니다. 우리 주님께서는 이처럼 여러 위험과 어려움들로 가득 찬 성육 과정을 거치면서 우리에게 오셨던 것이고, 그 가르침과 사역을 통해 하나님께서 이제 우리의 아버지가 되시고, 늘 우리와 함께하고 계시는 임마누엘 하나님이심을 알게 해 주셨던 겁니다. 이런 맥락에서 볼 때 마태가 주님 탄생의 본질적인 의미를 이사야서의 예언, "보라 처녀가 잉태하여 아들을 낳을 것이요 그의 이름을 임마누엘이라 하리라"(사 7:14)에서 찾은 것은 우리에게 매우 의미 있는 깨달음과 교훈을 주고 있습니다. 주 하나님께서 우리들의 아버지가 되셔서 우리와 함께 하신다면 그 무엇도 우리를 아버지 하나님의 사랑에서 끊을 수 없고, 삶에서 우리가 겪는 여러 현실적인 조건이나 어려움은 더 이상 결정적인 문제가 될 수 없기 때문입니다.

그렇기에 이제 우리가 마음과 생각을 모아 늘 되새겨야 할 일이 있다면, 우리 평생에 주 하나님을 아버지로 모시면서 그분과 더불어 믿음과 소망과 사랑의 삶을 기쁨 가운데서 살아가는 것입니다. 그 무엇과도 비교할 수 없는 귀한 주님 성탄의 날, 주 하나님 사랑의 함께하심과 은총의 축복이 우리의 삶에서 늘 끊어지지 않길 기도합니다.

고백하며 뒤따르는 신앙

(막 8:27-35)

> 누구든지 나를 따라오려거든 자기를 부인하고
> 자기 십자가를 지고 나를 따를 것이니라
> 누구든지 자기 목숨을 구원하고자 하면 잃을 것이요
> 누구든지 나와 복음을 위하여 자기 목숨을 잃으면 구원하리라(35절)

사순절 묵상과 신앙의 회복

사순절을 지내면서 우리 신앙의 건강함을 돌아봅니다. 우리 신앙인들은 이 기간을 금식과 기도의 시간으로 보내는 것을 의미 있게 생각했습니다. 우리들의 삶이란 것, 아무리 신앙인으로 살아간다고 하지만 우리 신앙이 일상의 삶과 깊이 얽혀 있기에 혼탁해질 수밖에 없고, 그래서 기회 있을 때마다 그 정화를 위한 노력이 필요하다 여겼던 것이지요. 이런 맥락에서 우리 신앙의 건강함을 위해 성찰하며 살펴야 하는 것들이 많지만, 그중에서도 특히 주님께서 걸어가셨던 십자가의 길과 그 의미를 깊이 묵상하는 것은 매우 중요합니다. 주님의 십자가는 우리 생각으로는 잘 이해되지 않고, 우리 현실의 삶에 그 어떤 긍정적인 의미를 갖는 것이 쉽지 않지만, 바로 그렇기에 그 안에는 우리가 전혀 생각할 수 없었던 하나님의 오묘한 뜻과 생명 구원의 비밀이 감추어져 있다고 믿습니다.

예수님께서는 하나님 나라 복음과 그것이 가져오는 삶의 축복을 선포하셨고, 하나님을 아버지라 부르게 하시면서 모든 사람들에 대한 그분의 사랑을 드러내 알게 했는데, 왜 사람들은 이것을 받아들이지 못하고 오히려 주님을 끔찍한 저 수난과 죽음의 길로 몰아갔을까요? 이에 대한 분명한 이유를 제시하는 것은 쉽지 않은데, 우리 주님의 수난과 죽음에는 여러 가지 요인들이 함께 작용했기 때문이죠. 그러나 다행스럽게도 그 근본적인 이유가 오늘 본문 말씀에서 주어지는 것을 보게 됩니다. 간과할 수 없는 사실은 예수님께서 자신의 정체를 제자들에게 드러내면서부터 주님을 둘러싸고 여러 긴장과 변화들이 일어났기 때문에 예수님의 수난과 죽음은 근본적으로는 그분의 자기 정체성이나 사역과 긴밀한 관련을 가진 것이라 여겨집니다.

오늘 본문 말씀은 예수님의 정체와 그분의 십자가 수난과 관련된 하나님의 오묘한 뜻과 그 의미를 성찰하는 데서 매우 큰 중요성을 갖습니다. 예수님의 사역에서 자신의 정체를 드러내는 이 말씀과 더불어 예기치 않은 상황이 새롭게 전개되고 있는데, 그동안 사람들에게서 큰 관심과 주목을 받으며 사역을 이끌어 갔던 그 이전과는 달리 이제 긴장으로 가득 찬 새로운 사역 상황이 전개됨으로써 오히려 은폐되어 있었던 하나님의 뜻이 더욱 분명하게 드러나고 있기 때문입니다.

고백하며 뒤따르는 신앙

오늘 본문 말씀은 복음서의 핵심 내용과 관련된 것으로 예수님에 대한 신앙고백과 제자직 수행의 의미를 함께 연결시켜 놓은 말씀입니다. 그런데 전자는 예수님에 대한 제자들의 신앙고백과 그것이 가져올 '결과'와 관련되어 있고, 후자는 예수님을 뒤따르는 제자직 수행의 '과제'와 연결되어 있습니다. 그래서 우리는 본문 말씀을 통해서 제자들의 신앙고백과 제자직 수행이 갖는 결정적인 의미를 새롭게 깨닫게 됩니다.

먼저 제자들의 신앙고백과 의미를 살펴보면, 예수님께서 사역을 시작하시면서 도래하는 하나님 나라를 선포하신 후 그것을 여러 비유 말씀으로 가르치셨습니다. 또 병자들을 치유하심으로 그 놀라운 능력을 드러내 보이시며 제자들과 함께 여기저기 다니시다가 어느 날 가이사랴 빌립보(Caesarea Philippi)라는 지역에 이르렀을 때 제자들에게 갑자기 질문을 던집니다. "사람들이 나를 누구라 하느냐?"가 바로 그것입니다. 그러나 갑자기 이런 질문을 하신 것은 사람들에게 자신이 얼마나 알려졌는지를 확인해 보기 위해서가 아니라 제자들로 하여금 주님 자신에 대한 바른 이해를 갖게 하는 것과 관련되어 있습니다. 지금까지는 예수님 자신의 정체를 누구에게도 알리지 않았지만, 이제 무엇인가를 분명히 드러내야 할 '때'가 되었다고 생각한 것이지요. 그래서 로마 황제 아우구스투스와 헤롯왕의 이름이 함께 사용되고 있는 가이사랴 빌립보에 와서 갑작스럽게 이런 이야기를 나누고 있는 것입니다. 이런 맥락을 고려할 때 황제와 왕의 권력을 극대화시켜 상징적으로 보여주고 있는 이 도시에서 주님께서 자신의 메시아로서의 정체를 밝히는 것은 너무나 의도적이었다 생각됩니다.

물론 예수님의 질문에 대한 제자들의 대답은 '세례 요한', '엘리야', 혹은 '선지자 중의 하나'였습니다. 이들은 이스라엘 신앙 전통에서 매우 큰 비중을 차지하고 있었던 인물들이었기에 이 대답은 나름대로 의미 있는 대답이었습니다. 그러나 예수님에게는 이 대답이 결코 만족스러운 대답일 수가 없었기에 제자들에게 또다시 질문을 던졌던 것입니다. 그렇다면 "너희는 나를 누구라 하느냐?"가 그것이지요. 예수님을 가까이 모시고 함께 했던 제자들이었지만, 이 질문에 대답하는 것이 결코 만만치 않았습니다. 최소한 사람들이 이야기하는 대답과는 다른 대답을 해야 한다 생각했을 것이고, 정말 예수님이 누구인지를 정확하게 알아야만 대답할 수 있는 질문이라 여겼기 때문입니다.

왜 예수님께서는 제자들에게 이런 난감한 질문을 했을까요? 단지 제자들의 생각이나 능력을 시험하기 위해서 그랬을까요? 그러나 오늘 전개되고 있는 본문 말씀의 내용을 살펴보면 이런 질문을 한 이유가 그런 것에 있지 않았다는 게 분명합니다. 이 질문에는 매우 중요한 뜻과 의도가 감추어져 있음을 보게 되기 때문입니다. 무엇보다도 이 질문은 예수님의 정체와 그분이 하시는 사역의 의미를 드러냄으로써 하나님의 뜻을 바르게 깨닫는 것과 긴밀하게 관련되어 있었기 때문이죠.

그런데 그때 용감한 제자 베드로가 나서며 대답했습니다. "주는 그리스도 메시아입니다"(마태복음에서는 "주는 그리스도시요, 살아계신 하나님의 아들", 누가복음에서는 "하나님의 그리스도"). 베드로가 어떻게 그리고 무슨 생각으로 이런 엄청난 고백을 하게 되었는지 우리는 알 수 없습니다. 그러나 이 고백이 인간의 생각만으로는 쉽게 할 수 없는 그런 고백이었음을 마태의 말씀에서 확인하게 됩니다. 마태복음에서는 "예수께서 대답하여 이르시되 바요나 시몬아 네가 복이 있도다. 이를 네

56 제부 _ 믿음의 근거와 확실성

게 알게 한 이는 혈육이 아니요, 하늘에 계신 내 아버지시니라"(16:17)
고 말씀하고 있기 때문입니다. 무슨 말인가요? 이 고백은 예수님의 정
체에 합당한 신앙적인 내용을 보여주지만, 바로 그렇기에 이것은 또
한 인간의 지식이나 지혜로는 온전한 이해에 도달하는 것이 매우 어
려운 고백이었던 것입니다. 그렇기에 오늘날에도 우리 신앙인들의 신
앙 지식 가운데 가장 혼란스러운 문제가 바로 이 고백의 의미를 제대
로 아는 것과 긴밀하게 관련되어 있는 겁니다.

　무엇보다도 이 신앙고백은 오로지 하나님을 그 중심에 두어야만 비
로소 그 바른 의미가 깨달아질 수 있는 고백이기 때문이죠. 그렇기에
우리가 하나님의 뜻보다 우리 인간의 일을 더 생각하게 될 때 이 고백은
결코 그 온전한 의미를 드러낼 수가 없습니다. 베드로가 이 신앙고백
후에 곧바로 주님으로부터 크게 꾸중을 들은 것도 바로 이런 이유 때문
이었습니다. 하나님의 일보다 인간의 일을 더 생각하는 것은 이 신앙고
백의 본질적 의미를 가장 위태롭게 만드는 것이었기 때문입니다.

　왜 그럴까요? 이 고백은 예수님의 메시아로서의 정체를 밝히고 있
지만, 바로 이 메시아는 전통적인 메시아 상과는 의미가 너무 다른 '수
난당하는 메시아'를 내용으로 하고 있었기 때문입니다. 베드로는 매
우 놀라운 고백을 했지만, 올바른 의미를 드러내는 데서는 실패할 수
밖에 없었던 이유가 바로 여기에 있었습니다. 예수님께서 베드로의
신앙고백을 칭찬한 후에 곧바로 "이것을 아무에게도 말하지 말라" 이
르시면서 앞으로 일어날 자신의 수난과 죽음에 대해 드러내 놓고 말
했던 것도 바로 이 때문이었던 겁니다. 그렇기에 하나님의 일을 인간
의 일의 연속선상에서만 생각했던 제자들이 이 고백의 진정한 의미를
깨달을 수 없었던 것은 너무 당연했습니다.

자기 부정과 자기 십자가?

그렇다면 이 고백과 더불어 주어지는 주님을 뒤따르는 제자직이 갖는 의미는 무엇이었을까요? '수난의 길'을 가는 예수님을 뒤따르는 '제자직'은 무엇보다도 두 가지 조건을 충족시켜야 하는데, 자기를 '부정'하는 것과 '자기 십자가'를 지는 것입니다. 그래서 주님께서는 "나를 따라오려는 사람은 자기를 부정하고, 자기 십자가를 지고 나를 따라오너라"고 말씀하셨던 겁니다. 그러나 주의를 요하는 것은 여기서 십자가는 우선적으로 어떤 죄를 속하는 대속적 의미보다는 생명을 얻는 구원의 길과 관련되어 있으면서 또한 예수님을 뒤따르는 제자의 길로 말해지고 있다는 사실입니다. 이 말은 그 의미가 매우 큰데, 주님께서 말씀하시는 십자가는 우리가 우리 구원을 위해서 바라보고 기도해야만 하는 그 무엇이 아니라 우리가 직접 그것에 참여해서 생명 구원의 의미를 깨달아야만 하는 것이기 때문입니다. 그런 점에서 '십자가를 믿어라'가 아니라 '십자가를 지라'고 한 것은 우리 신앙인에게 매우 특별한 교훈의 말씀을 주신 것이라 할 수 있습니다. 십자가를 지라는 말씀은 그렇게 간단하게 이해되는 말씀이 아니기 때문입니다.

도대체 어떻게 십자가를 지라는 말인가요? 주님께서 지신 십자가는 잔인한 로마식 처형 방식이었는데, 우리가 어떻게 그런 십자가를 질 수 있단 말인가요? 그래서 그런지 오늘 본문 말씀은 예수님을 뒤따르는 사람들이 짊어져야 하는 십자가에 대해 말하면서 그것이 자기를 '부정'하면서 지는 '자기 십자가'라고 말하고 있는 것입니다. 자기를 부정하라는 말, 그것은 단지 우리 꿈을 이루고 우리 소원을 성취하는 것이 아니라는 것을 보여주는 것이고, 그렇기에 여기서 중요한 것은 주님의 운명에 동참하고, 그러기 위해서는 우리 자신을 넘어서야 한다는 말로 이해됩니다. 한마디로 주님을 뒤따르는 신앙인이 된다는 것은 주님께 모든 것을 맡기고 그분의 뒤를 따르는 것이지, '나 좋으면 좋다'는 식의 내 뜻과 생각에만 사로잡혀 사는 것이 아니라는 것입니다. 먼저 나를 부정해야 하고, 그럼으로써 나를 넘어서는 것에 더 많은 의미를 부여해야 한다는 말인 거죠. 우리가 신앙인이면서도 십자가를 기피하고 두려워하는 이유가 바로 여기에 있습니다. 자기를 부정한다는 것은 신앙인이건 아니건 간에 주체적 자의식을 절대화하고 있는 오늘의 우리가 받아들이기 매우 어려운 문제이기 때문입니다.

그래서 오늘 말씀에서 주님께서 '자기 부정'을 '자기 십자가'와 함께 연결해서 언급하고 있는 것은 매우 의미 있다고 생각합니다. 우리는 이 말씀에서 주님이 요구하시는 뒤따름의 신앙이 '주님의 십자가'를 직접 지는 것과 관련되지 않고, 우리의 삶의 자리에서 새롭게 주어지는 삶의 과제와 관련되어 있다고 여겨지기 때문입니다. 따라서 '자기 십자가'는 우리 존재와 삶 전체를 전면적으로 부정하는 것이 아니라 우리 각자의 삶의 처지와 그 자리를 오히려 인정해 주는 것이라 생각됩니다. 그래서 그랬을까요? 놀랍게도 누가는 특별히 본문 말씀을 자신의 복음서(눅 9:18-24)에 기록하면서 "제 십자가를 지고"라는 말씀 앞에 "날마다"(눅 9:23)란 말을 덧붙이고 있는 겁니다. 그렇다면 여기서 우리는 '자기 십자가'가 일회적으로 주어지는 순교의 십자가가 아니라 일상에서 반복해서 수행되어야만 하는 자기 부정(성찰)과 책임적인 신앙 실천에 연결된 '삶의 십자가'라 말할 수 있는 것입니다.

그렇다고 한다면 십자가는 단순히 한 번의 죽음으로 그 모든 의미를 드러내는 그 무엇이 아니라, 우리의 일상의 삶에서 하나님 나라 현실에 상응하는 가치 있는 삶의 과제를 실천하게 하는 것이면서 또한 우리 자신을 이 세계 안의 의미 있는 일에 투신하게 하는 새로운 삶의 추구와 연결된 그 무엇이라 말할 수 있습니다. 여기서 우리는 뜻밖에 우리에게 부과된 자기 부정의 십자가의 길 속에 감추어져 있는 생명의 독특한 현상과 관련된 새로운 진리를 깨닫게 됩니다. 우리 주님께서는 그것을 오늘 말씀을 마감하면서 다시금 제자들에게 또 하나의 의미 있는 말씀으로 주시고 있습니다. 우리가 생명 구원의 길에서 경험하게 되는 '생명의 역설 현상'이 바로 그것인데, 생명을 얻기 위해서는 '자기 목숨'을 구하려 해서는 안 되고, 오히려 자기 목숨을 버리는 데서 구원이 가능해진다고 말씀하시기 때문입니다. 그런데 여기서도 우리가 다시 한번 주목하게 되는 것은 생명 구원의 역설 속에서도 여전히 문제가 되는 것이 바로 '우리 자신'이라는 사실입니다. 신앙의 바른 실천과 생명 구원의 세계에서 늘 문제가 되고 있는 것, 그것은 바로 '우리 자신'에게 있기 때문이라는 거죠. 그래서 우리가 진정 우리 생명을 구원하기 위해서는 먼저 우리 자신을 넘어서야 하고, 새롭게 주어지는 생명 구원을 위한 모험적인 삶으로 나아가야 한다는 것입니다.

그러나 어떻게요? 도대체 무슨 신앙의 확신과 힘으로 우리 자신을 내버리는 데까지 나아갈 수 있게 되나요? 물론 우리 자신만을 바라보면 이것은 너무 어렵고 불가능한 일임이 틀림없습니다. 그러나 오늘 본문이 말하고 있는 것처럼 우리가 만일 전심으로 고난의 길을 걸어가셨던 주님만을 바라보며 그분이 주셨던 복음 말씀의 능력과 생명 구원의 약속을 의미 있는 것으로 받아들일 수 있게 된다면, 그때 우리에게는 새로운 뒤따름의 길이 주어질 수도 있다고 여겨집니다. 그것을 주님께서는 오늘 말씀을 통해 "누구든지 자기 목숨을 구원하고자 하면 잃을 것이요, 누구든지 나와 복음을 위하여 자기 목숨을 잃으면 구원하리라"고 말씀하고 있습니다.

근본과 전체와 미래를 생각하는 신앙

오늘 우리는 개인의 소유와 성공과 행복에 대한 관심이 너무 높아져서 모든 것을 삼켜버리는, 삶의 균형이 깨진 현실을 살고 있습니다. 그래서 무언가 우리 생명의 근본과 전체와 미래에 대한 생각이 그 힘을 발휘하지 못해 이 시대의 근본적인 문제 상황을 제대로 인식하지 못하고 있습니다. 오늘 '그리스도인이 된다는 것'과 관련해 그 독특한 신앙적인 자의식이 약화되고 있는 것도 결코 이것과 무관치 않습니다. 언제부터인가 우리는 신앙인이면서도 주 하나님보다는 우리 자신의 욕망과 신념에 집착하는 종교인이 되어가고, 현실적인 축복과 자기 강화에만 매달리는 기이한 모습을 보이고 있습니다. 올해 다시 주님의 고난의 길을 묵상하는 사순절을 맞아 주님을 믿고 뒤따르는 우리가 지금 무엇을 지향하며 살고 있고 또 우리 신앙은 어떤 상태에 있는지를 깊이 점검해 보아야 하는 이유가 바로 여기에 있습니다.

하늘 생명을 얻고자 하는 자는 먼저 이 땅의 자기를 부정해야 하고, 자기 삶의 자리에서 자기 십자가를 져야 한다는 주님의 말씀은 그런 점에서 우리에게 우리 생명의 근본과 전체와 미래를 보게 하는 삶의 교훈을 준다고 여겨집니다. 아무쪼록 생명을 살리는 주님의 말씀을 다시 가슴에 새겨서 주님을 믿음으로 고백하며 뒤따르는 생명 구원의 놀라운 의미와 남모르는 기쁨이 우리 안에서 늘 힘을 얻는 하늘 축복으로 이어지기를 기원합니다.

한 가지 부족한 것

(막 10:17-22)

예수께서 그를 보시고 사랑하사 이르시되
네게 아직도 한 가지 부족한 것이 있으니
가서 네게 있는 것을 다 팔아 가난한 자들에게 주라
그리하면 하늘에서 보화가 네게 있으리라
그리고 와서 나를 따르라 하시니(21절)

신앙인의 새해 소망?

새해가 시작되었습니다. 지난해 여러모로 어렵고 혼란스러웠기에 새해에 대한 우리들의 바람과 기대는 사뭇 남다릅니다. 우리는 모두 올해 우리 안에서 새해가 주는 새 삶의 희망과 열정이 힘을 얻길 간절히 바라고 있습니다. 그러나 우리가 소망하는 새 시간은 그저 시간이 흐르면 자연스럽게 주어지는 것은 아니기에 신앙인인 우리가 먼저 생각과 마음을 모아 하나님의 새 시간을 내다보면서 삶의 의미와 새 희망을 확보해 나가기 위해 노력해야 합니다. 그런 점에서 올해 우리 신앙인에게는 그 어느 때보다도 하나님 신앙이 주는 혜안으로 이 시대의 징조를 잘 분별하면서 각자의 삶의 자리에서 의미 있는 일들을 꾸준히 해 나가야 합니다.

이것은 또한 우리가 올해 우리 자신을 깊이 돌아보는 자기성찰의 시간을 더 많이 가져야 하는 것을 의미하는데, 아무런 생각 없이 욕망만을 따라 살면서 우리 안에서 새 희망이 나타나기를 기대할 수는 없기 때문이지요. 이런 새로운 시간은 바뀐 달력에 의해서 자동적으로 우리에게 주어지는 것은 아니기에 우리 삶의 새 시간을 위해서는 주 하나님에 대한 신앙과 그 사랑에 이끌리는 어떤 새로운 삶의 결의와 각오가 주어져야 하는 겁니다. 오늘 부자 청년 이야기를 함께 나누려고 하는 것은 오늘 우리 신앙인들의 삶의 지향과 그 행태에서 드러나는 여러 문제점을 보면서 신앙의 근본을 다시 성찰하는 계기를 얻고자 하기 때문입니다. 근래 들어 신앙인들에 대한 여러 비판적인 이야기를 들을 때마다 도대체 저들의 삶에서 하나님 신앙은 무슨 의미가 있으며, 왜 신앙이 없는 사람들보다도 더 터무니없는 생각에 사로잡혀 문제를 일으키고 있는지 잘 이해되지 않습니다.

오늘 본문 말씀의 주인공인 부자 청년은 이와는 대조적인 매우 모범적인 신앙의 삶을 산 사람이었습니다. 그래서 이 청년은 예수님을 찾아와 '영원한 생명'과 관련된 신앙적 삶의 가르침을 받는 행운을 누렸지만, 그럼에도 불구하고 여전히 자신이 믿고 있었던 그 '신앙적 상식'과 삶의 기준에 내재되어 있었던 근본적인 문제성을 보지 못함으로써 신앙의 결정적 실패를 보여주고 있는 것, 우리 모두에게 매우 의미 있는 교훈을 주고 있습니다.

영생을 추구하는 한 경건한 청년

오늘 본문 말씀은 세 복음서가 모두 전하고 있는 말씀인데, 영생을 추구하는 어떤(부유한) 사람(마가) 혹은 청년(마태)과 관원(누가)의 이야기로 증언되고 있는 내용입니다. 어느 날 하나님 나라 사역을 수행하시며, 병자들을 고치시고 유대 율법학자들과 신앙적 삶의 주제들에 대해 토론하며 가르치시던 예수님을 한 청년이 찾아왔는데, 영원한 생명을 얻는 가르침을 받기 위해서였다고 합니다. 그가 젊은이로서 이런 신앙적인 관심을 가지고 있는 것을 보면서 우리는 청년이 유대교 신앙에 열심인 자로서 매우 모범적인 삶을 살아왔다는 것을 짐작하게 됩니다. 마태는 이 사람을 젊은 청년이라 하고, 누가는 관원이었다고 말하고 있는데, 이 모든 것들을 종합해 보면 그는 교양도 있고, 예의도 갖출 줄 알며 또 무엇보다도 분명한 삶의 목적과 더불어 성실하고 당당하게 삶을 살아온 젊은이로 여겨집니다.

그러나 우리가 더욱 주목하는 것은 청년은 이런 자신의 신앙적인 관심을 실현하기 위해 예수님을 직접 찾아올 만큼 신앙적 열정이 남다른 사람이었다는 사실입니다. 오늘 본문 말씀에서는 예수님이 지나가신다는 말을 듣고 '달려와 무릎을 꿇었다'고 말해지고 있는데, 이것은 청년의 인품과 됨됨이를 잘 보여주는 대목이라 여겨집니다. 게다가 그가 예수님을 찾아와 함께 나눈 대화 내용을 살펴보면, 그는 매우 자신만만한 삶을 산 사람처럼 보인다는 사실입니다. 그러나 그럼에도 불구하고 그가 서둘러서 예수님을 찾아온 것은 여전히 무언가 부족함을 느끼고 있었기 때문이라 여겨집니다.

영원한 구원에 대한 갈망을 가진 젊은이, 오늘 우리로서도 정말 대

견하다는 생각을 하지 않을 수가 없는데, 그래서 그랬을까요? 예수님
께서도 매우 큰 관심을 보이시면서 청년의 질문에 의미가 깊은 교훈
의 말씀을 주시고 있습니다. 그런데 안타깝게도 청년은 예수님을 만
나 이런 의미 있는 대화를 나누고서도 오히려 근심하며 떠나가는 모
습을 보이고 있습니다. 도대체 무엇 때문에 그는 슬픔에 젖어 근심하
며 떠나갔을까요? 외견상 그가 하는 질문이나 주장 등은 그렇게 잘못
되어 있다고 여겨지지 않기에 더욱 궁금증을 갖지 않을 수가 없습니
다. 물론 오늘 말씀처럼 그가 단순히 부자였기에 그랬다면 이것은 문
제를 너무 단순화시키는 것입니다. 따라서 우리는 모든 대화의 내용
을 다시 되새기면서 신앙과 삶의 실천 문제를 전반적으로 숙고해야
합니다. 이것은 부자 청년이 직면했던 문제의 표피만을 보고 내리는
결론이라 여겨지기 때문입니다. 그렇다면 도대체 이 청년이 가진 신
앙과 삶의 근본적인 문제란 무엇이었나요?

부자 청년의 신앙, 그 문제성

이 청년은 외적으로는 더할 수 없는 모범적인 젊은이였습니다. 그
러나 예수님을 만나 나눈 대화를 상기해보면 하나님 신앙과 관련해
매우 근본적인 신앙 실천의 문제를 안고 있었음을 보게 됩니다. 무엇
보다도 선과 선한 분이 갖는 차이를 잘 분간하지 못한 것이 바로 그것
인데, 그래서 "선하신 선생님! 영원한 생명을 얻기 위해서는 무엇을
해야 합니까?"라고 주님께 질문을 했던 것입니다. 얼핏 보면 매우 겸
손하면서도 신앙적인 열정과 관심을 보여주는 질문처럼 보이는데, 그
것은 신앙인이라면 모두가 항상 가슴에 담고 있는 영원한 삶과 그 가

치에 대한 질문이기 때문이죠. 그런데 잘 들여다보면 이 질문은 어떤 전제가 깔려 있습니다. 그것은 사람은 선한 자가 될 수 있으며, 영원한 삶은 바로 선한 행위와 연결되어 있다는 것입니다.

그런데 예수님께서는 선한 분은 오직 하나님 한 분이라고 대답함으로써 이런 전제를 완전히 부정하고 있습니다. 왜 예수님은 이런 말씀을 하시는 걸까요? 이 말은 학자들 사이에서도 논란이 많았던 말씀인데, 예수님께서는 자신조차도 이런 선한 분의 범주에 포함시키고 있지 않기 때문입니다. 도대체 왜 이런 말씀을 하시는 걸까요? 우리는 예수님께서 주신 대답의 의미를 청년의 '선'에 대한 이해와의 관련성 속에서 새롭게 깨닫게 되는데, 청년은 '선한 분'보다는 오히려 '선한 덕목'에 더 관심을 가졌다는 사실을 그의 질문 속에서 확인하게 되기 때문입니다. 마태의 버전은 이것을 더욱 분명하게 보여주는데, 청년의 질문은 '무슨 선한 일'이라 되어 있기 때문입니다. 한마디로 '선한 일은 많은데, 어떤 일이냐'는 것이지요. 매우 그럴듯해 보이는 질문이지만, 이 질문은 선한 행위에 대한 분화된 인식으로 인해 신앙의 통전성 문제를 드러내고 있습니다. 즉, 선한 행위들에 대해서는 관심을 가지고 있지만, '선'의 주인 되시는 '선한 분'에게서는 너무 자명한 선의 통전적인 의미에 대해서는 어떤 관심도 나타내고 있지 않기 때문입니다. 그렇기에 선한 분은 오직 하나님 한 분이라 말씀하시는 예수님의 대답은 바로 이런 선에 대한 분화된 인식의 문제성을 되돌아보게 하는 말씀이라 여겨집니다.

예수님께서 십계명의 계명들을 언급하시고 있는 것은 그렇기에 바로 이런 맥락에서 그 문제성을 확인하기 위함이었던 겁니다. 그러나 "계명들을 지켜라"고 말씀하는 예수님의 대답에 대해 또다시 청년

은 "어느 계명입니까"라고 질문함으로써(마태) 그의 문제성을 더 극명
하게 보여주고 있습니다. 예수님에게 하나님은 모든 계명들의 주인이
면서, 그것을 통전하시는 분인데, 이 하나님을 외면하고 단지 계명들
에 대한 분화된 생각에만 사로잡혔던 청년은 이런 잘못된 질문을 하
지 않을 수가 없었던 겁니다. 계명은 여러 가지고, 그 주제는 다 다른
데, 도대체 어떤 계명이 선을 드러내고 영생을 얻게 하느냐는 것이 질
문의 요지였기 때문입니다.

예수님의 최종 판단

흥미 있는 것은 예수님께서는 여기서 그를 테스트(?)하기 위해 먼
저 십계명 가운데 후반부의 계명, 즉 "살인, 간음, 도둑질, 거짓 증거,
속여 빼앗는 것, 부모공경"에 대해서만 말하고 있다는 사실입니다. 그
러나 이 계명들은 이웃과 관련된 둘째판 계명인데, 십계명은 언제나
하나님과 관련된 첫째판과 이웃과 관련된 둘째판을 상호 긴밀하게 관
련시키지 않으면 문제가 생긴다는 사실이 그 핵심 내용이기에 모범적
인 청년의 신앙과 삶의 문제가 무엇에 기인하고 있는지를 분명하게
알 수 있게 되는 겁니다. 우리는 여기서 구약성서의 십계명과 의미해
석의 문제를 잠시 숙고할 필요를 느끼는데, 무엇보다도 십계명 둘째
판은 첫째판에 근거해서만 본래의 의미를 되살려 낼 수가 있기 때문
입니다. 십계명은 우리가 알고 있는 것처럼 의미의 차원이 서로 다른
하나님 사랑과 이웃 사랑을 첫째판과 둘째판으로 나누어 기록하고 있
는데, 바로 이것이 십계명이 두 개의 돌판으로 새겨진 근본 이유이고,
십계명 둘째판 계명들이 세상의 어떤 윤리나 도덕과 관련해서도 '독특

한 의미'를 견지할 수 있는 근거가 두 개의 돌판의 이런 긴밀한 관련성에서 주어지고 있기 때문입니다. 따라서 십계명 둘째판인 이웃에 대한 계명들이 그 행위와 관련해 본래의 독특한 의미를 견지할 수 있는 것은 계명들 자체로부터가 아니라 첫째판인 하나님과 관련된 계명들과의 긴밀한 관련성 속에서만 주어질 수 있는 겁니다.

그런데 청년은 십계명 이해와 관련된 이런 의미 맥락을 전혀 깨닫지 못했습니다. 그랬기에 그는 단지 '어떤 계명'을 지켜야 하느냐는 매우 의아한 질문을 한 것입니다. 청년이 모든 계명들을 내적으로 통전시키고, 그것에 살아있는 의미를 부여하는 분이 바로 모든 선의 주인이신 하나님이라는 사실을 전혀 알지 못했기에 이런 질문을 했던 겁니다. 이런 맥락에서 보면 청년이 아무 거리낌 없이 예수님의 물음에 대해 자신만만하게 "이 모든 것은 어려서부터 다 지켰습니다"라고 감히 대답할 수 있었던 것도 바로 이런 무지의 용기 때문이었다고 여겨집니다. 이것은 그렇게 쉽게 할 수 없는 대답이었지만, 이 대답을 통해서 청년은 이제까지의 자신의 삶이 매우 바르고, 자랑스러운 삶이었음을 나타내 보이고 있는 겁니다. 물론 이것은 정말 매우 놀라운 대답이고, 그래서 예수님조차도 그를 매우 "사랑스럽게 여기셨다"고 성경은 말하고 있습니다. 그는 결코 율법의 정도를 벗어나 살지 않았고, 그 나름대로 최선의 선한 노력을 한 사람이었으며, 그것을 통해 삶에서 일정한 성취를 이룬, 매우 보기 드문 젊은이였던 겁니다.

그런데 이 대답을 듣고 난 예수님께서는 자랑스러운 청년을 쳐다보시면서 이제 최종 판단을 내리기 위해 한 가지를 더 요구합니다. 그것은 바로 다름 아닌 이 청년에게 한 가지 부족한 것이 있는데, 그것을 채우기 위해서(마태: "완전해지기 위해서")는 바로 그가 가진 소유를 팔아 가난한 자들과 나누고, 주님의 뒤를 따라야 한다는 것이었습니다. 그러나 이 말을 들은 청년은 어찌된 영문인지 매우 슬퍼하고 근심하면서 떠나갔다고 성경은 말하고 있습니다. 왜 이 말에 청년은 그처럼 근심하며 떠나갔을까요? 단지 자신의 소유를 포기할 수가 없어서 그랬을까요? 그러나 주님의 요구는 하나님 신앙과 그 삶의 실천에서 매우 중요한 핵심을 드러내는 것이었는데, 청년은 이 하나님 신앙의 근본적인 실천 의미를 전혀 간취하지 못함으로써 신앙과 삶을 새롭고 의미 있게 이끌어 갈 수 있는 기회를 놓치고 말았던 겁니다. 이것은 바로 모든 피조물과 인간을 사랑하는 긍휼하신 하나님에 대한 신앙, 즉 하나님에 대한 전적인 사랑이 모든 율법 실천을 포함한 그 무엇보다도 더 중요하고, 신앙인은 하나님 사랑으로부터 이웃 사랑을 포함한 모든 새로운 삶을 향해 나아가는 넉넉한 힘과 지혜와 용기를 얻는다는 사실을 청년은 전혀 깨닫지 못했기에 떠날 수밖에 없었던 겁니다.

한 가지 부족한 것, 온전한 하나님 사랑

그렇기에 청년의 결정적 문제는 그의 신실한 삶과 경건 생활에도 불구하고 하나님과 그분의 긍휼하심을 마음과 뜻과 중심에서 사랑하며 섬기는 일에서 무관심했다는 것에 있다 할 수 있는 겁니다. 이것은 다르게 말하면 예수님께서 우리 신앙인에게 가장 중요한 삶의 계명으로 강조하며 말씀해 주셨던 주 하나님을 "마음과 목숨과 뜻과 정성을 다해 사랑하는 것"의 참 의미를 알지 못한 것이고, 그렇기에 계명을 지킨다는 것이 무엇보다도 먼저 하나님을 온 마음과 목숨과 뜻과 정성을 다해 사랑하는 것으로부터 그 온전한 실천 가능성이 주어진다는 것을 깨닫지 못했던 겁니다. 그렇다면 이제 우리는 "가진 것을 팔아 가난한 자에게 주라"는 예수님의 말씀이 사실은 청년에게는 신앙과 삶의 중심에 무엇이 자리하고 있는지를 묻는 말씀이었고, 이것은 나누어지지 않은 하나님에 대한 마음, 즉 그분에 대한 전적인 사랑으로 그 중심을 채우라는 연민의 말씀이었던 겁니다. 그렇기에 우리는 이제 청년이 가진 '한 가지 부족한 것'의 내용이 사실은 바로 주 하나님에 대한 '절대 의존적인' 사랑과 깊게 관련된 것이었음을 깨닫게 되는 겁니다.

우리의 지난 삶과는 상관없이 우리 모두는 다시 새해를 맞이하고 있습니다. 사람들은 여러 가지 새해의 복과 소원을 빌지만, 우리 신앙인에게는 무엇보다도 우리 자신을 돌아보며 우리 삶을 의미 있게 이끌어 가는 새로운 마음과 생각으로 우리의 삶을 새롭게 결단해야 하는 시간입니다. 우리의 마음과 생각을 새롭게 한다는 것, 그것은 우리 신앙인에게는 무엇보다도 중요하고 또 새날을 이끄시는 주 하나님을 우리 중심에 모시는 것과 깊이 관련되기에 우리가 하나님 신앙을 통해 우리 삶에서 의미 있는 결실을 얻기 위해서는 마음과 뜻과 정성과 온 힘을 다해 주 하나님을 사랑하고, 그분의 말씀에 의지하며, 우리 삶을 새롭게 이끌어야 하는 겁니다.

주 하나님을 온 마음과 뜻과 정성을 다해 사랑하는 것은 우리 신앙인에게는 무엇하고도 바꿀 수 없는 가장 소중하고 절대적인 의미를 갖는 것이고, 그렇기에 주님께서도 부자 청년의 신앙의 근본적인 문제가 사실 일차적으로는 재물에 대한 과도한 관심 때문만이 아니라 바로 주 하나님에 대한 사랑의 결핍과 무관심에 있었음을 깨닫게 해 주고 있는 겁니다. 우리는 이런 맥락에서 주님께서 주셨던 "하나님과 재물을 겸하여 섬길 수 없다"(마 6:24; 눅 16:13)라는 말씀을 상기하게 되는데, 이것은 하나님 사랑과 재물 사랑은 결코 동일한 지평 위에 자리매김할 수 있는 것이 아니라는 사실을 잘 보여줍니다. 그렇기에 새해를 맞는 우리에게 가장 중요한 신앙적 과제는 주 하나님에 대한 우리의 사랑과 관심을 다시 재점검하는 것이라 생각합니다.

우리에게 다시 허락된 이 귀한 새해, 우리와 사랑의 관계로 연결되기를 원하시는 주 하나님의 마음을 잘 새겨서 주님께서 주시는 믿음과 사랑과 소망의 말씀으로 우리 삶이 새롭게 힘을 얻고 선한 생명의 결실들로 이어지기를 기도합니다.

내게 걸려 넘어지지 않는 사람 복이 있다

(마 11:1-6)

요한이 옥에서 그리스도께서 하신 일을 듣고 제자들을 보내어
예수께서 대답하여 이르시되 너희가 가서 듣고 보는 것을 요한에게 알리되
맹인이 보며 못 걷는 사람이 걸으며 나병환자가 깨끗함을 받으며
못 듣는 자가 들으며 죽은 자가 살아나며 가난한 자에게 복음이 전파된다 하라
누구든지 나로 말미암아 실족하지 아니하는 자는 복이 있도다(2-6절)

그분이 세상에 왔으나…

새해를 맞이하면서 우리는 모두 여러 가지 소원과 바람들을 가지고 기도하면서 한해를 의미 있게 살아내는 데 필요한 여러 가지 계획들을 세우고 또 그것을 이루기 위한 마음의 각오를 다지고 있습니다. 올해를 무술년이라 부르기에 사람들은 이 말속에 들어 있는 '술' 자로 인해 올해는 모든 일이 술술 잘 풀리리라 기대하기도 하는 것 같습니

다. 한 해를 잘 보내고 좋은 결실을 얻기가 그리 쉽지 않기에 아마도 이런 말 한마디에도 중요한 의미를 부여하고자 하는 것이겠지요. 그러나 우리의 삶이란 것은 좋은 일보다는 궂은일이 더 많고 또 언제나 원치 않는 위험과 어려움 속에서 살아야 한다는 것을 잘 알기에 올해 우리 삶을 잘 이끌어 가기 위해서 우리는 또한 우리 자신을 단단하게 붙들어 맬 수 있는 그 무엇이 필요하다 생각됩니다.

오늘 말씀은 이런 맥락에서 한 해의 의미 있는 삶을 생각하며 우리가 정말 신앙적으로 붙잡고 기댈 수 있는 가장 본질적인 것을 다시 확인하는 시간이 되었으면 좋겠다고 생각하며 준비했습니다. 무엇보다도 우리 모두의 신앙과 삶의 인도자와 구원자 되시는 예수님을 더 깊고 바르게 알아가는 시간이 되길 원하는데, 그것은 우리의 짧지 않은 신앙 경험에도 불구하고 우리 주님을 제대로 알고 믿는다는 것은 여전히 신앙의 큰 과제로 남아 있기 때문입니다. 우리의 신앙은 주님과의 바른 관계에서만 비로소 그 진정한 능력과 의미를 얻을 수 있기에 우리가 늘 주님을 바르게 알고 믿는 것을 소중하게 여기는 것은 그 무엇보다 중요합니다.

이런 맥락에서 우리가 잊지 말아야 하는 중요한 사실이 있습니다. 우리 주님은 공생애의 삶을 사시는 동안 늘 오해와 배척 속에서 살았다는 사실입니다. 그래서 성서는 이것을 "그가 세상에 왔으나 사람들은 그를 받아들이지 않았다"라고 말합니다. 왜 그랬을까요? 무언가가 달랐기 때문이죠. 아니 달라도 너무 달랐기에 엄청난 오해와 편견 속에서 하나님 나라 사역을 수행해야만 했던 것입니다. 무엇이 그렇게 달랐을까요?

첫째, 예수님께서는 자기 자신을 드러내고 주장하는 것이 아니라 오직 주 하나님이 어떤 분인지를 나타내 보여주려 했다는 겁니다. 그래서 주님께서는 당신의 생각이나 지혜가 아니라 오직 아버지 하나님의 뜻만을 온전히 드러내고자 하셨는데, 우리가 예수님을 통해서 비로소 하나님이 어떤 분인지를 알 수 있게 되는 것은 바로 이 때문입니다. 성서가 예수님을 "보이지 아니하는 하나님의 형상"(골 1:15)으로 말하기도 하고, 예수님 스스로도 "나를 본 자는 아버지를 보았다"(요 14:9)라고 말하는 것도 이런 맥락에서 이해될 수 있는데, 바로 여기에서 주 하나님과 예수님 사이에는 '계시(뜻)의 일치' 혹은 '파송의 일치'가 주어지고 있다는 사실을 알게 됩니다.

둘째, 예수님께서는 우리와 하나님의 새로운 관계(구원)를 가능케 하신 분이라는 겁니다. 다시 말하면 예수님을 통해서 이제 우리에게 구원의 새 기초가 놓여졌다는 말입니다. 그래서 예수님은 단지 위대한 한 스승이 아니라 우리들의 '구원자'(savior)로 고백되는 겁니다. 처음 그리스도인들은 자신들의 신앙을 '물고기' 상징으로 표시했는데, 그 이유는 물고기라는 헬라어가 "예수 그리스도, 하나님의 아들, 구원자"라는 슬로건의 머리글자와 같았기 때문이라고 합니다. 예수님은 단지 특별한 진리를 깨우친 영적인 스승이 아니라 하나님의 구원자였다는 말입니다.

셋째, 예수님께서는 하나님 중심의 삶을 몸소 보여주신 분이라는 겁니다. 다시 말하면 예수님은 구속받은 자의 삶의 모델이었다는 말인 거죠. 이런 그분의 삶의 모습은 그분이 모든 사람을 차별 없이 받아들이고, 섬김과 사랑의 삶, 곧 지배하지 않는 삶을 지향하며 살았던 사실에서 잘 드러났습니다. 그 정점이 주님께서 십자가 고난을 통해 이루신 구원의 사건입니다. 예수님을 육을 입은 하나님의 말씀으로

고백하며 하나님의 계시 자체로 일치시켜 말하는 이유가 바로 여기에
있습니다. 그렇기에 이제 우리에게 무엇보다도 중요한 것은 바로 이
분과의 긴밀한 관계인데, 예수 그리스도 없이는 우리의 신앙적 삶이
나 교회 공동체의 그 어떤 역사도 무의미하며 또 우리 신앙인들 사이
의 어떤 일치성이나 통일성도 주어질 수 없기 때문입니다.

넷째, 바로 이런 사실들 때문에 예수님을 인간 역사에 나타난 여러
훌륭한 영적 스승들이나 지도자들과 비교해 가면서 말하기가 쉽지 않
다는 겁니다. 학자들이 말하고 있듯이 예수님은 사제(사두개인)도 아니
고, 랍비(바리새인)도 아니며, 수도자(쿰란 종파)도 아니고, 정치 혁명가
(젤롯당)도 아니기 때문입니다. 게다가 이분은 또한 종교적 신비가나
은둔자도 아니고, 학자나 도덕가도 아니기 때문이지요. 예수님을 둘러
싼 여러 가지 논쟁과 회의와 불신이 끊이지 않는 것도 바로 이것과 무
관치 않습니다. 그렇다면 도대체 예수님은 어떤 분이신가요?

"오실 분이 당신입니까?"

오늘 본문 말씀은 바로 예수님의 이런 정체성과 관련된 말씀입니
다. 한마디로 예수님에 대한 회의적인 질문이 제기된 것이지요. 예수
님이 잘 이해되지 않았다는 겁니다. 무엇보다도 "오실 분이 당신입니
까?"라는 예수님에 대한 회의적인 질문을 하는 사람은 평범한 사람이
아니기에 우리를 더욱 놀라게 합니다. 세례자 요한이 보낸 사람들의
입을 통해 이 질문이 제기되고 있기 때문이지요.

요한이 누구입니까? 2,000년 전 유대 땅, 많은 사람이 길을 잃고
방황하던 그때 홀연히 광야에 나타나 백성들에게 참다운 삶의 길과

희망을 보여주었던 사람 아닙니까? 그는 광야의 사람으로 세속의 헛된 욕망을 따라 살지 않는 올곧은 사람이었고, 어떤 거짓이나 허세를 용납하지 않았습니다. 무엇보다도 그는 백성들에게 헛된 생각을 버리고 하나님께로 돌이키도록 회개를 촉구했으며, 그 징표로 세례를 주었습니다. 그래서 사람들은 그를 세례자 요한이라 불렀던 겁니다. 그는 가진 것이 없었지만, 그 대신 다른 지도자들이 갖지 못하는 신비한 카리스마를 소유하고 있었는데, 이 능력을 자기 자신의 안락함이나 욕망 성취를 위해서가 아니라 그 시대 전체와 맞서 백성의 삶을 혁신하는 데 사용한 사람이었습니다. 그래서 성경은 그를 메시아의 길 예비자로 말하고 있고, 예수님조차도 그를 "여자가 낳은 자 중에 가장 큰 자"라고 말했던 겁니다.

그런데 바로 이 요한이 제자들을 보내 "오실 분이 당신입니까?"라는 매우 도발적이고 회의적인 질문을 예수님께 던지고 있습니다. 왜 그랬을까요? 오늘 성서는 너무 답답했는지 요한은 이때 옥에 갇혀 있었다는 사실을 전제하면서 이 이야기를 시작하고 있습니다. 아마 그가 옥에 갇혀 있다 보니까 그런 실수를 한 것이 아니냐는 뉘앙스를 풍기고 있는 것이지요. 왜 예수님을 바로 아는 것이 그렇게 힘들었을까요? 그래서 그런지 마태(11: 27)는 이것을 다음과 같이 말하고 있습니다. "아버지 밖에는 아들을 아는 이가 없다"라고. 무슨 말인가요? 간단히 이해하기가 쉽지 않은 말인데, 그렇다고 우리가 알지 못하는 하나님의 전능하심과 신비스러움을 말하고자 하는 것은 아닙니다. 하나님은 전능하시고 신비한 분이니까 잘 이해하기 어렵다는 말은 그런대로 납득할 수 있지만, 오늘 말씀은 "아들 외에는 아버지를 아는 자가 없다"고 말하지 않고, 거꾸로 "아버지 외에는 아들을 아는 자가 없다"라고 말하고 있기 때문입니다.

그렇다면 예수님께서 너무 신비스럽고 이해하기 어려운 분이었기에 이런 말을 하고 있는 건가요? 아니지요. 그분은 오히려 그 무엇도 감추지 않고 드러내고자 했으며, 늘 담백한 생명의 말씀을 주셨던 겁니다. 그런데 왜 주님께서는 늘 오해받는 처지에 있어야만 했을까요? 단순하게 말한다면 당대 사람들의 생각과 가치 기준에서 볼 때 주님은 너무나 다르고, 시대의 상식을 거슬러 행동하고 있었기 때문이 아닐까요? 그래서 세상의 상식과 눈으로는 그분을 바르게 아는 것이 불가능했던 것입니다.

그런데 바로 여기서 우리는 주님과 그 사역 안에서 역사하고 있었던 하나님 나라 복음의 감춰진 비밀을 엿보게 됩니다. 학자들은 그래서 이것을 '메시아 비밀'이란 말로 표현했는데, 예수님은 분명 하나님의 메시아지만, 감추어진 메시아, 다시 말하면 사람들의 편견과 질시와 오해로 인해 늘 배척당하며 결국에는 죽음으로 내몰리는 수난당하는 메시아, 그분이 바로 우리 주님이셨다는 말입니다. 당대 유대 사회의 정신적인 지도자였던 세례 요한조차도 예수님을 제대로 이해하지 못했던 이유가 여기에 있었습니다. 예수님께서 세례 요한의 저 회의적인 질문에 대해 "무엇을 보려고 광야에 나갔더냐?"(7절)라는 한탄의 말을 내뱉지 않을 수가 없었던 것도 바로 이 때문이었습니다.

그런데 우리를 더 놀라게 하는 것이 있습니다. 바로 요한의 회의적인 질문에 대한 예수님의 대답입니다. "너희가 가서 듣고 보는 것을 요한에게 알리되 맹인이 보며 못 걷는 사람이 걸으며 나병환자가 깨끗함을 받으며 못 듣는 자가 들으며 죽은 자가 살아나며 가난한 자에게 복음이 전파된다 하라." 한마디로 메시아 '표징'을 제시하신 것입니다. 우리는 세례 요한이 이 대답을 듣고 어떤 생각을 했는지 알지 못합니다. 성서는 그것에 대해 침묵하고 있기 때문이지요. 그럼에도 불구하고 예수님께서 "나에게 걸려 넘어지지 않는 사람은 복이 있다"라고 말씀하시는 것으로 보아 이런 표징들에도 불구하고 요한이 예수님을 제대로 이해하게 되었다고 생각할 수는 없어 보입니다.

예수님의 메시아 표징과 그 의미

그래서 이제 우리는 예수님께서 주신 대답의 의미를 우리 삶의 '근본적인 의미 맥락'에서 다시 생각하지 않을 수가 없습니다. 무엇보다도 눈에 띄는 것은 예수님의 메시아 사역에서는 병자 치유 사건이 대부분을 차지하고 있었다는 사실입니다. 왜 그랬을까요? 질병으로 고생하는 자들이 치유 받아 나음을 얻는 것, 이것은 모든 사람에게서만이 아니라 하나님의 뜻을 드러내고자 하는 주님의 사역과 관련해서도 매우 중요한 상징적인 의미를 갖기 때문입니다. 따라서 이것은 단순히 인간 신체의 병 치유만이 아니라 그 정신과 삶 전체의 회복을 아우르는 것으로 그 의미가 특별하다고 여긴 것입니다. 병자가 치유 받아 회복되고, 그럼으로써 건강한 마음과 정신으로 새 삶을 살아갈 수 있게 된다는 것은 우리 삶의 가장 근본적인 의미를 드러내기 때문입니다. 따라서 예수님께서는 저 대답을 통해서 바로 이런 치유 행위가 하나님의 구원 사역에서 갖는 그 본질적인 의미를 새롭게 깨닫게 하고자 했던 것입니다.

그러나 문제는 사람들이 저 치유 행위의 의미와 중요성을 잘 깨닫지 못했다는 데 있습니다. 그들은 하나님 신앙을 가지고 살고 있었지만, 하나님의 인간 구원과 사랑의 마음에서 너무 멀리 있었기에 이 치유 행위의 의미와 중요성을 제대로 이해할 수가 없었던 겁니다. 예수님의 대답은 '치유'와 '회복'이 필요한 한 인간을 천하보다 귀하게 여기는 주 하나님의 긍휼과 사랑의 마음을 드러내 보여주고 있었기 때문입니다. 그렇기에 하나님의 뜻과 마음을 드러내는 예수님의 메시아 사역의 방향이 '위'를 향하는 것이 아니라 '아래'를 향하여 있고, '부유하고, 건강한 자'가 아니라 '가난하고, 병든 자'를 향했다는 사실은 그 의미가 너무 소중하고 큰 것입니다. 예수님의 메시아 사역 내용이 주로 사람들의 치유와 회복 그리고 새 삶의 시작에 집중되었던 것도 그리고 그 사역의 대상이 주변인들일 수밖에 없었던 것도 결코 이와 무관치 않습니다. 그래서 예수님의 메시아 사역은 늘 이런 '치유'와 '회복'과 '새로운 삶을 시작하는 것'과 깊이 관련되어 있었던 것입니다.

근래에 와서 학자들이 바로 예수님께서 행하셨던 수많은 병자 치유 이야기 속에서 하나님의 구원 사역의 근본적인 의미를 새롭게 확인하고 있는 것도 바로 이런 맥락과 무관치 않습니다. 이것은 단지 병 치료라는 하나의 의료 행위로 간주 될 수 없는 주 하나님의 '통전적인' 구원 사역의 핵심적인 의미가 그 안에 담겨 있기 때문입니다. 그래서 '통전성'을 담보하는 이 치유(Heilung)와 구원(Heil)은 매우 밀접한 의미 연관성을 가지고 있을 뿐만 아니라, 인간 생명의 온전성의 의미인 회복과 치유를 통해 단지 신체의 건강만이 아니라 '삶 전체의 건강함'을 얻는 것까지를 내포한다는 사실을 새롭게 깨닫게 되었던 겁니다.

그래서 오늘날 이 치유가 단지 인간 신체의 한 '부분적인' 치료만이 아니라 삶 전체와 나아가서는 사회적 안녕과 복지의 의미까지도 포함되는 통전적인 의미를 가지는 것으로 새롭게 이해되는 것도 주님의 메시아 사역이 우리에게 준 근본적인 삶의 교훈과 무관치 않은 겁니다. 주님의 메시아 사역의 의미는 우리 인간 삶의 근본적이면서도 전체적인 차원과 내용을 아우르는 것이었고, 이 사역은 그 무엇하고도 비교할 수 없는 하나님의 인간 사랑과 깊이 연결되어 있었기에 주님께서는 감히 내게 걸려 넘어지지 않는 자는 복되다고 말할 수 있었던 겁니다.

따라서 이제 우리가 잊지 말아야 하는 것은 주님의 말씀이 주는 근본적인 삶의 교훈과 그 의미입니다. 주님께서 주셨던 말씀과 의미는 오늘 우리에게도 여전히 큰 도전과 울림과 깨달음을 주는 교훈의 말씀이기 때문입니다. 믿는다고 하지만 여전히 하나님의 긍휼하심의 마음에서 멀리 떠나 있는 우리에게 인간 삶의 온전함과 그 근본적인 의미가 무엇인지를 다시 성찰케 하는 살아있는 생명의 말씀이기 때문입니다.

오늘 우리는 모든 것이 이벤트로 경영되는 시대, '전략적 사고'가 우리 일상의 삶에서까지 큰 영향력과 힘을 발휘하는 시대를 살고 있기에 더욱 깊은 정신적인 성찰이 요구되고 있습니다. 이것은 삶의 경쟁력을 그 무엇보다도 우선시하는 오늘 우리 시대의 한 경향성이기도 하지만 또한 성공과 이기는 것만을 지향하는 획일적인 사고로 귀착되기에 위험성 또한 적지 않다는 사실을 염두에 두지 않을 수가 없습니다. 오늘 우리가 삶의 큰 위기를 경험하고 있다면, 그것은 바로 인간 삶에 대한 이런 근본적인 인식과 지혜가 약화되고 있기 때문이라 여겨집니다. 우리는 늘 남의 말에 흔들리고 온갖 세상 소문에 휩싸여 허망한 것을 쫓아 이리저리 방황하다가도 종국에는 우리 삶의 평범하면서도 가장 '근본적인' 것으로 돌아오게 되고, 그것을 통해 삶의 흔들리지 않는 새로운 인식과 안정을 얻게 되기 때문입니다.

그렇기에 주님의 메시아 사역은 하나님의 긍휼과 사랑에서 비롯된 것이지만, 그 대상은 우선적으로 어려움 가운데 있는 사람들의 정신과 삶을 회복시키고 새롭게 하는 것이었다는 사실은 우리가 늘 마음에 두어야 하는 큰 교훈이라 여겨집니다. 주님께서 허락하신 이 귀한 새해, 사랑과 긍휼의 마음으로 늘 우리를 굽어보시는 하늘 아버지의 마음을 다시 헤아리며, 우리 믿음과 삶에서 새로운 회복과 결실이 풍성하게 주어지는 귀한 축복의 한 해가 되길 기원합니다.

신앙의 확실성

(마 17:1-8)

베드로가 예수께 여쭈어 이르되 주여 우리가 여기 있는 것이 좋사오니
만일 주께서 원하시면 내가 여기서 초막 셋을 짓되
하나는 주님을 위하여, 하나는 모세를 위하여,
하나는 엘리야를 위하여 하리이다
말할 때에 홀연히 빛난 구름이 그들을 덮으며
구름 속에서 소리가 나서 이르시되
이는 내 사랑하는 아들이요 내 기뻐하는 자니
너희는 그의 말을 들으라 하시는지라(4-5절)

'봄'이 주는 신앙의 교훈

봄이 오는 새 계절의 길목에서 하나님 말씀을 나누게 되어 기쁘게 생각합니다. 무엇보다도 이 봄이 갖는 의미와 더불어 교회 절기로도 사순절을 맞고 있기에 우리 신앙의 근본 문제들을 다시 한번 돌아보며 점검하는 것도 의미 있겠다고 생각하며 말씀을 준비했습니다.

새삼스럽게 신앙의 문제를 제기하는 것은 오늘 우리가 그 어느 때보다도 신앙인의 진정성과 그 삶에 대해 큰 혼란을 경험하고 있기 때문입니다. 오늘 한국교회와 신앙인들에 대해 제기되는 여러 가지 혹독한 비판들은 무엇보다도 변화된 오늘의 교회와 사회 환경 속에서 우리 신앙이 너무나 자의적으로만 이해되어 그 독특한 본래의 생명력과 의미를 제대로 살려내지 못하고 있기 때문입니다. 다양한 생각이나 신념들로 인해 여러 가지 풍성한 삶의 기회가 주어지고 있는 것은 분명 좋은 일이지만, 우리 신앙이 그 본래적 중심과 의미를 잃어버리게 될 때 그것은 긍정적인 의미보다는 오히려 우리 신앙의 독특한 생명력과 그 삶의 전망을 희석시키고, 그것을 왜곡된 방향으로 이끌어가는 오류를 범할 수 있다고 여겨집니다.

이런 점에서 우리를 다시 찾아오는 이 '봄'의 계절은 매우 교훈적인데, '봄'은 단순한 계절적 의미를 넘어 특별한 신앙적 교훈도 함축하고 있다고 여겨지기 때문입니다. 무엇보다도 '봄'은 그 이름대로 '보는 것'(see-ing)과 관련되어 있는데, 무엇을 본다는 것, 그것은 어떤 감춰진 것, '아직 보이지 않는 것'의 드러남을 전제하기에 만물이 이 '봄'에 드러내는 모든 것들은 우리에게 새로운 삶의 교훈으로 다가올 수 있습니다.

무엇이 새롭게 보여진다는 것은 신앙적으로도 큰 의미를 갖는데, 우리 신앙은 그 자체로 새로운 삶의 의미와 직접 연결되는 것이 아니라 언제나 그 대상을 통해서만 그것을 얻게 되기 때문입니다. 그런 점에서 특별히 이 계절은 교회 절기적으로도 주 하나님의 뜻과 사랑을 극명하게 드러내 보여주었던 주님의 십자가와 부활 사건을 묵상케 하는 사순절과 부활절로 이어지고 있기에 우리 신앙이 내포하고 있는 그 의미 연관성을 뚜렷하게 드러내 주고 있습니다. 그 어느 절기들보다도 이 절기가 우리 기독교 신앙 전통에서 가장 역설적이며 숭고한 하나님의 뜻(계시)과 그 근본적인 신앙적 교훈을 일깨워 주는 절기로 자리매김되고 있는 것도 바로 이 때문입니다. 그래서 이 시간 우리 모두에게 하나님 신앙의 확실성을 다시 한번 확인하는 깨달음이 주어지길 기원하면서 말씀을 나누어 보려고 합니다.

변화산 체험, 그 신앙적 의미

오늘 본문 말씀은 예수님께서 몇몇 제자들과 함께했던 변화산상의 신비한 하늘 체험의 한 단면을 보여주는 이야기입니다. 그러나 이는 주님의 공생애 동안 단 한 번 일어났던 신비한 체험이기에 그 온전한 의미를 드러낸다는 것은 결코 쉽지 않은 말씀이기도 합니다. 그럼에도 불구하고 적지 않은 신앙인들이 이 말씀에 큰 관심을 갖는 것은 이 신비한 이야기 속에 우리 신앙의 근본적인 의미를 확인시키는 소중한 교훈이 감추어져 있다고 생각하기 때문입니다.

예수님께서 이제 사역의 후반부에 접어들면서 세 제자와 함께 높은 산으로 올라가셨는데, 거기서 전혀 예기치 않은 모습으로 변모하시면서 제자들을 매우 놀라게 했습니다. 무엇보다도 예수님의 모습이 평소와는 달리 크게 달라졌는데, "얼굴은 해같이 빛나며, 옷은 빛처럼 희어졌다"라는 겁니다. 뿐만 아니라 그 자리에 갑자기 이스라엘의 신앙 전통을 대표하는 모세와 엘리야가 나타나 예수님과 더불어 말씀을 나누고 계셨다는 겁니다. 너무나 큰 충격을 받았던 베드로가 이 순간을 영원히 유지하고픈 갈망에 그곳에 초막 셋을 짓겠다는 말을 예수님께 건네게 되는데, 그 순간 빛나는 구름이 저희들 위를 덮으며 구름 속에서 들려오는 하늘 말씀을 듣게 됩니다. 그것은 바로 예수님 자신에 대해 주시는 말씀으로 "이는 내 사랑하는 아들이요, 내 기뻐하는 자니 너희는 그의 말을 들으라"는 내용이었습니다.

우리는 이 이야기를 읽으면서 이 신비한 사건이 무엇을 의미하는 것인지를 가늠하기가 쉽지 않음을 느끼게 됩니다. 다만 한 가지 분명한 것은 이 변화산 이야기가 단지 신비한 종교적 초월 경험을 시위하기 위한 것은 아니었다는 사실입니다. 이 이야기의 핵심은 '하나님의 뜻을 계시'하는 것과 깊이 관련되어 있다고 여겨지기 때문입니다. 성서에서 '산'이라는 것은 무엇보다도 하나님의 '계시의 장소'로 여겨졌고, 오늘 본문에서 예수님께서 산에 올라가신 것도 아버지 하나님의 뜻을 새롭게 확인하기 위한 것이었다고 여겨지기 때문입니다. 구약에서 모세가 하나님의 '역사적 계시'인 율법을 받은 곳이 '산'이었다는 사실(출 24:12-18)은 이것을 잘 보여주고 있습니다.

그렇기에 본문 말씀은 무엇보다도 그 핵심에서 예수님의 '정체성'을 하나님의 새로운 계시로 분명하게 확증해 주고 있다고 여겨집니다. 예수님의 정체성은 이미 본문 앞장인 16장에서 베드로의 '그리스도 고백'을 통해 드러났기에 오늘 본문 말씀과 저 그리스도 고백 사건은 내용상 깊은 관련성을 가진 것으로 이해됩니다. 무엇보다도 오늘 본문 말씀 초두에서 "엿새 후에"라는 말로 시작하고 있는 것은 바로 앞 장인 16장의 가이사랴 빌립보에서 일어났던 베드로의 '그리스도 고백 사건'을 염두에 두고 있다고 여겨집니다. 그러나 베드로의 고백 사건은 오히려 큰 문제만을 드러내고 종결됨으로써 예수님의 '정체성'이 그렇게 쉽게 이해되거나 바르게 고백되어질 수 있는 것이 아니라는 사실이 분명해졌던 겁니다.

우리는 이 사실을 오늘 본문의 앞 장인 마태 16장 13절 이하에서 확인하게 됩니다. 16장 말씀은 예수님께서 제자들과 더불어 가이사랴 빌립보 지방에서 예수님의 정체성과 관련해 나누었던 중요한 이야기이고, 그 내용은 우리가 익히 들어 잘 알고 있습니다. 예수님께서 제자들에게 사람들이 자기를 어떻게 생각하는지를 물었던 것이지요. 제자들이 세간에서 회자되고 있는 여러 가지 이야기들을 예수님께 전해드렸는데, 예수님께서 그렇다면 "너희는 나를 누구라 생각하느냐?"고 재차 제자들에게 묻게 되었던 것입니다. 그러자 열정적인 제자 베드로가 나서면서 "주는 그리스도시요 살아계신 하나님의 아들이시니이다"(마 16:16)라고 고백적인 대답을 했던 것입니다. 그런데 이 대답을 들으신 예수님께서 매우 만족해하시면서 베드로를 크게 칭찬하시고 하늘의 큰 축복을 약속하셨던 겁니다. 그런데 충격적인 것은 예수님께서 베드로의 고백을 들은 다음 곧바로 이것을 다른 아무에게도 말하지 말 것을 당부하시면서 앞으로 자신에게 일어날 수난과 죽음과 부활 등에 대해 말씀하셨다는 사실입니다. 그러자 베드로가 다시 나서면서 그렇게 되어서는 안 된다고 강하게 만류하게 되었고, 그것으로 인해 베드로를 칭찬하셨던 예수님께서 곧바로 베드로를 크게 꾸짖으면서 "사탄아 물러가라. 너는 나를 넘어지게 하는 자로다. 네가 하나님 일을 생각하지 아니하고 도리어 사람의 일을 생각하는 도다"라고 베드로를 매우 혹독하게 비판하셨던 겁니다.

이런 일련의 의미 연관성을 생각할 때 오늘 본문인 17장은 바로 이 일이 있은 지 6일 후에 일어난 사건으로, 베드로의 그리스도 고백 사건과의 연결성을 다시 확인하는 것을 내용으로 하고 있는데, 그것은 베드로의 고백이 '인간'의 지식이나 지혜로는 쉽게 할 수 없는 고백이었기 때문입니다. 이 고백은 오직 '하나님에 의해서만' 생명력과 '확실성'이 주어지는 고백이고, 오로지 하나님을 그 중심에 모실 때에만 비로소 전심에서 고백될 수 있는 의미의 고백이었다고 여겨지기 때문입니다. 그렇기에 만일 사람들이 '하나님의 일이나 뜻'보다 '인간의 생각과 일'에 더 관심하게 될 때 이 신앙고백은 생명력과 의미를 잃어버리게 되는 고백이었음이 드러났던 겁니다. 오늘 본문에서 변화산의 신비한 하늘 경험의 맥락에서 다시 한번 예수님의 정체성에 대해 동일한 의미의 말씀을 듣게 했던 것도 바로 이 사실을 잘 보여준다고 할 수 있습니다. 그것은 후에 베드로가 그의 서신(벧후 1:16-18)에서 다시 한번 이 사건을 언급하면서 신앙적인 교훈과 관련된 이야기를 하고 있는 것도 저 변화산 경험이 자신의 신앙고백의 확실성을 위해 얼마나 큰 영향을 끼쳤는지를 잘 보여주고 있습니다.

신앙의 확실성과 근거

여기서 우리는 이제 우리 신앙의 생명력과 그 확실성이 어디에 근거를 두고 있는지를 새롭게 깨닫게 됩니다. 일반적으로 인간의 인식과 지식의 확실성은 그 대상이 아니라 주체와 관련 있는 것이지만(데카르트의 "나는 생각한다. 고로 나는 존재한다"), 신앙의 확실성과 생명력은 오히려 그와는 달리 신앙의 주체와 대상 사이의 역설적 관계 정립을 통해서만 비로소 바르게 주어질 수 있는 것이기 때문이죠. 우리가 믿지만, 우리 자신이나 우리의 믿음이 아니라 오히려 그 믿음의 대상이 더 큰 의미를 가져야만 비로소 우리 신앙은 확실성과 생명력을 담보할 수 있게 되기 때문입니다.

베드로가 주님에 대한 신앙고백 후에 다시 주님으로부터 크게 꾸중을 들은 것도 바로 이것과 관련되어 있는데, '하나님의 일'보다 '인간의 일'을 더 생각하는 것은 신앙의 주체와 대상의 이런 역설적 관계성을 뒤집는 것이고, 그럼으로써 예수님의 정체성과 관련된 고백의 진정한 의미와 확실성을 가장 위태롭게 만들고 있다고 여겨졌기 때문입니다. 주님께서 이것을 알게 한 이는 "혈육(사람)이 아니요, 하늘에 계신 내 아버지시니라"(마 16:17)고 말씀하셨던 것도 바로 이런 이유 때문이었습니다. 이 고백은 예수님의 메시아로서의 정체를 드러내고 있지만, 전통적인 '지배적인 메시아 상'과는 의미가 아주 다른 '수난당하는 메시아 상'을 그 내용으로 하기 때문입니다.

그렇기에 본문의 이런 맥락들과 그 내용이 갖는 신앙적 의미들을 생각할 때 신앙의 확실성과 생명력을 담보하기 위해서 우리가 염두에 두어야 하는 몇 가지 신앙적 명제를 생각하게 됩니다. 신앙이란 일상 언어적으로는 개연성을 가진 추측의 의미를 가진 말이어서 그 어떤 확실한 지식보다는 '관계적 신뢰'가 그 중심에 있는 말인데, 신앙의 이런 근본적인 개연적 특성은 때로 우리가 추구하는 신앙의 생명력과 확실성을 담보하려는 노력에 깊은 좌절을 안기는 요인이 되기도 한다는 겁니다. 이런 맥락에서 보면 우리 신앙을 교리적인 내용으로 강화하려 한 교회의 노력은 이런 신앙의 개연성이 갖는 문제성을 해결하기 위한 한 방편이었다고 여겨지기도 합니다. 신앙인인 우리가 늘 비본질적인 것에 흔들리며, 그 신앙의 생명력을 잘 발휘하지 못하는 것도 바로 이것과 무관치 않다고 여긴 것이지요.

그러나 신앙이란 한때 반짝이는 열정보다는 지속적이며 살아 있는 생명력과 관련된 것이기에 이것을 잘 견지하며 신앙의 생명력과 확실성을 얻기 위해서 우리가 유념해야 하는 것은 본문 말씀 내용의 교훈과 관련해서 생각할 때 다음의 신앙 명제들이 주는 내용이라 할 수 있습니다. 신앙은 첫째로 베드로가 했던 것처럼 분명한 살아 있는 신앙고백을 내포해야 한다는 것이고, 둘째로 베드로가 꾸중 들었던 것처럼 고백의 주체가 아니라 대상에 의해 진정성과 확실성이 결정되는 것이기에 대상과 주체의 역설적 관계 설정이 신앙의 가장 본질적인 것이며, 셋째로 신앙인을 그 신앙의 생명력과 확실성으로 이끌어 가는 가장 구체적인 지침은 하나님께서 변화산 구름 속에서 말씀하셨던 것처럼 바로 하나님의 '계시된 말씀'인 예수님과 그분의 말씀으로부터 찾아져야 한다는 것이 그것입니다.

오늘 우리는 성숙한 신앙인을 지향하며 살고 있지만, 신앙이 갖는 근본적인 문법을 생각할 때 여전히 앞서간 신앙의 선배들처럼 우리 신앙의 확실성과 생명력을 찾고 발견해야 하는 본질적인 과제로부터 자유로울 수가 없습니다. 이 과제는 특히 오늘 우리 시대에 그 중요성이 더 커지고 있다고 여겨집니다. 세상은 이제 확실하고 지속적인 삶의 능력과 가치들을 제공하지 못하며, 그래서 너무 혼란스럽고 희망적이지 않습니다. 다시 한번 하나님을 우리 중심에 모시고 마음과 뜻과 정성을 다해 그분을 사랑하면서 우리 신앙의 확실성과 생명력을 확보하기 위해 힘써야 하는 이유가 바로 여기에 있습니다. 이 확실성과 생명력이 주어져야만 세상 안에서 겪는 우리 존재의 불안이나 약함도 이겨낼 수 있고, 흔들리지 않는 신앙의 의미 있는 삶을 지속시킬 수 있기 때문입니다.

따라서 '신앙의 확실성과 생명력'은 우리 인간의 인식이나 지식의 확실성에서가 아니라 하나님에 대한 절대적 신뢰와 의존 의식으로부터만 주어질 수 있다는 사실을 명심해야 하는 겁니다. 따라서 신앙의 주체('우리'가 믿지만)와 그 대상의 역설적 관계(우리가 아니라 그 '대상'이 갖는 '절대적인 의미')는 우리 신앙을 바로 세우는 데 가장 중요하고 근본적인 것이며, '우리'가 아니라 하나님께서 우리를 위해 행하신 놀라운 사건의 의미가 우리를 사로잡을 때만 우리의 것이 될 수 있습니다. 이 신앙의 문법은 그렇기에 우리 신앙인이 마음에 새겨야 하는 귀한 신앙의 확실성을 위한 근본 명제라 할 수 있습니다. 우리가 진정으로 이런 신앙의 확실성과 생명력에 다가가게 될 때 우리는 바울이 확신했던 저 신앙적 선언, 즉 "사망이나 생명이나, 천사들이나 권세자들이나, 현재 일이나 장래 일이나, 능력이나 높음이나 깊음이나 그 어느 것도 우리를 하나님의 사랑에서 끊을 수 없으리라"는 확신을 함께 공유하면서 우리 신앙을 더 확실하게 고백할 수 있게 될 것입니다.

우리 신앙인에게 이 얼마나 힘과 위로가 되는 하나님의 놀라운 배려입니까? 이 감당할 수 없는 하나님의 은총과 사랑을 가슴에 새기며 살아가는 교우 여러분 모두에게 올해도 주님께서 주시는 놀라운 하늘 축복과 삶의 열매가 풍성한 결실로 이어지는 한 해 되시길 기원합니다.

바리새인과 세리의 기도

(눅 18:9-14)

세리는 멀리 서서
감히 눈을 들어 하늘을 쳐다보지도 못하고
다만 가슴을 치며 이르되 하나님이여 불쌍히 여기소서
나는 죄인이로소이다 하였느니라
내가 너희에게 이르노니
이에 저 바리새인이 아니고 이 사람이 의롭다 하심을 받고
그의 집으로 내려갔느니라(13-14절)

신앙의 문제들

오늘은 한국교회 신자들의 신앙생활에서 두드러지는 몇 가지 신앙의 문제들을 생각하며 말씀을 나누어 보려고 합니다. 우리가 신앙인으로 살고 있지만, 이 신앙에서 성찰적인 차원이 결여될 경우에는 부지불식간에 이 신앙이 초래하는 삶의 문제들을 제대로 인지하지 못할 수도 있기 때문입니다. 일반적으로 우리의 신앙의 문제는 3가지 유

형으로 나누어 볼 수 있는데, 무조건 믿는 신앙의 문제, 나만 옳다는 신앙의 문제, 이것도 저것도 상관없다는 신앙의 문제가 바로 그것들입니다.

첫째, 무조건 믿는 신앙의 문제입니다. 여기에서는 우리 신앙에서 앎과 지식이 전적으로 배제되는 믿음의 문제가 대두됩니다. 그래서 신앙은 지식의 차원으로 연결될 수가 없기에 앎을 추구하는 신앙의 의미가 전적으로 배제될 수 있습니다. 이런 믿음은 무엇보다도 정체가 모호한 광신적이고, 신비적인 신앙으로 이끌어 가기에 매우 문제적이라고 할 수 있습니다. 따라서 여기서는 신앙과 이성의 관계 문제, 즉 '지식을 추구하는 신앙'(*fides quaerens intellectum*)의 과제와 그 바른 해명이 매우 중요합니다.

둘째, 내 믿음만이 옳다고 여기는 신앙의 문제입니다. 한마디로 매우 독선적인 믿음이 그 신앙생활의 중심을 차지하기에 여기서 신앙은 매우 배타적인 신념과 삶으로 이어지게 됩니다. 따라서 공동체적으로 신앙을 함께 나누며 공유하기보다는 독선과 배제의 문제성만을 노정함으로써 교회 공동체의 미래에 역기능으로 작용하게 됩니다. 따라서 여기서는 신앙의 보편적 의미를 시대적인 문제 상황과 관련해 적절하게 해명하는 노력이 도움을 줄 수 있습니다.

셋째, '이것도 저것도' 괘념치 않는 신앙의 문제입니다. 우리가 오늘 경험하는 다원사회에서 일반적으로 주장되고 있는 신앙적인 입장입니다. 여기서는 신앙의 포용성이 중요하며, 자칫 "좋은 게 좋다"는 식의 혼합주의적인 신앙에 빠지는 문제가 두드러집니다.

어떤 바른 신앙을?

그렇다면 이제 어떤 신앙적 입장을 견지해야 하는지가 그 핵심 물음으로 제기됩니다. 물론 정답을 얻기가 쉽지는 않지만, 여기서 먼저 유념해야 하는 것은 이런 신앙의 문제들 모두가 다 믿는 자의 관점에서 신앙의 문제를 말하고 있다는 사실입니다. 진정한 신앙의 확실성은 그 초점이 믿는 자가 아니라 믿음의 대상(하나님)으로부터 주어진다는 사실이 전혀 고려되고 있지 않은 것이지요. 바로 여기에 우리 신앙의 문법과 그것이 보여주는 신비한 신앙의 역설이 있습니다. 믿음이 좋다거나 좋지 않다고 쉽게 판단하는 것이 우리 신앙생활에서 문제가 되는 것도 바로 이 때문인데 우리 신앙에서 중요한 것은 믿는 자자신보다 그 대상이기 때문입니다. 다시 말하면 우리의 생각이나 뜻이 아니라 우리 신앙의 대상이며, 주인이신 하나님(그 아들 예수 그리스도와 그분의 성령)과 그분의 뜻이 늘 우리 신앙의 중심에 자리해야 하는 겁니다.

'값비싼 기독교'?

언젠가 우연히 오늘의 교회 현실에 대해 매우 도전적인 책을 읽게 되었습니다. 존 맥아더가 쓴 『값비싼 기독교』(Hard to believe, 직역하면 '믿기 어려운 신앙')라는 책입니다. 한마디로 오늘날의 마케팅적이고, 고객 지향적인 교회에 대해 매우 신랄한 비판을 가하는 책이었습니다. 그럼으로써 오늘날 문제가 되고 있는 '값싼 기독교'의 문제성을 잘 드러내고 있는 책이었는데, 예수 그리스도의 값비싼 복음을 너무 신앙인 고객의 입맛에 맞춤으로써 받아들이기 쉬운 복음, 가벼운 복음으로 변질시켰다는 것이 그 주요 요점이었습니다. 결국 이런 경향성은 오늘 우리 현대인들에게 '자기 존중'이라는 새로운 복음을 선포하게 하며, 그리스도께서 허락하신 구원을 건강과 부와 번영의 맥락과 일치시켜 믿게 하고, 행복의 보증 수표로 만들어 모든 것을 긍정적으로만 생각하게 한다는 겁니다. 결국 기독교는 이 고객 중심성으로 인해 기독교 신앙의 중요한 핵심 내용을 '버리는' 대신 '원하는 것'을 얻는 종교가 되어 버렸고, '필요한 것'만을 얻게 하는 값싼 신앙인 양산소로 전락해 버렸다는 겁니다. 이런 상황에서 신앙인들이 갖게 되는 신앙적 태도는 너무 가벼워져서 "이 정도면 충분한 신앙"이다, "구원을 얻기에 전혀 부족함이 없다", "복잡한 것은 몰라도 된다"라는 식으로 왜곡, 변질되고 있다는 겁니다. 그런데 이런 신앙인들에게서 공통적으로 나타나는 삶의 태도는 주님의 교훈의 말씀과는 정반대의 것인 '넓은 문'과 '넓은 길'을 가는 것입니다. 그래서 여기에서는 '하나님의 의'나 그것이 제시하는 진솔한 삶의 요청보다 '인간의 필요성'이 더 중요하게 여겨지고 있다는 겁니다.

이 책은 이외에도 많은 비판적인 이야기를 하고 있지만, 그 핵심은 오늘의 기독교가 현대적 경향성과 관련된 것들을 신중한 고려 없이 수용함으로써 하나님의 의와 인간의 의를, 하나님의 종교와 인간의 종교를 그리고 결국에는 생명의 하나님과 종교의 하나님을 혼동시키고 있다고 비판한다는 점입니다. 그리고 이것은 기독교 신앙에서 매우 본질적인 내용인 신앙의 주체와 그 대상의 의미를 극단적으로 왜곡시킴으로써 결국 하나님을 신앙인의 관심과 필요에 종속시키는 우상 숭배적인 경향에 빠지게 만든다는 겁니다. 오늘 새삼스럽게 우리

가 잘 알고 있는 바리새인과 세리의 기도를 설교 제목으로 삼은 것은
바로 이런 왜곡된 신앙의 문제를 다시 돌아보는 데 있어 우리에게 의
미 있는 교훈과 도움을 준다고 생각했기 때문입니다.

바리새인과 세리의 기도 문제

오늘 본문 말씀은 기도의 문제와 관련된 듯이 보이지만, 그 내용은
신앙의 본질적인 문제를 돌아보게 하는 매우 의미 있는 말씀입니다.
무엇보다도 이 말씀은 주님께서 예루살렘으로 올라가는 그 사역의 마
지막 여정에서 주신 것으로 매우 특별한 신앙적 교훈이 내포된 말씀입
니다. 형식은 비유의 말씀이지만 내용이 기도와 관련된 비유의 말씀이
기에 기도의 모범을 보여주기 위한 말씀처럼 오해될 수도 있습니다.
놀라운 것은 이 비유에 등장하는 인물인 바리새인과 세리는 사람들이
함께 언급하는 것조차 꺼리는 두 집단의 사람들인데, 오늘 말씀은 또한
이들의 현실에서의 모습을 있는 그대로 보여주고 있기에 더욱 그러합
니다.

성서 인물 가운데서 바리새인과 세리는 너무나 극단적으로 대비
되는 사람들이기에 함께 비교하며 이야기한다는 것은 메시지의 핵심
을 흐리게 할 수도 있습니다. 무엇보다도 한쪽은 그 당시 사회에서 의
인의 대표적 인물로, 다른 한쪽은 유대 백성들이 매우 기피하는 죄인
의 대표적 인물로 여겨졌기 때문이죠. 바리새인은 율법을 그들의 신
앙과 삶의 근간으로 삼고 살았을 뿐 아니라 그것을 일반 대중의 삶의
현실과 연결시킴으로써 신앙적인 대중 의식화 운동으로 민족의 새로
운 미래를 열어가고자 했던 집단인 반면 세리는 이방 지배자들을 위

해 자기 종족을 착취하는 사람으로 여겨져 백성들로부터 심하게 경멸받던 사람들이었습니다. 그래서 언제나 '세리와 죄인', '세리와 창기'란 말로 불림으로써 매우 백안시되었습니다.

그런데 예수님께서는 서로 상극인 이 두 부류의 사람들을 비유의 주인공으로 삼아 말씀을 주십니다. 그것도 기도에 대한 비유 말씀을 말입니다. 그렇기에 이제 우리는 무엇보다도 두 사람의 기도문에 대한 조심스러운 분석을 통해 비유의 말씀을 주신 예수님의 의도가 무엇인지를 먼저 확인해야 합니다. 바리새인이 드린 기도의 특징은 바리새인들의 흔한 기도로서, 기도자 자신을 과시하는 것으로 일관하고 있다는 데 있습니다. 그래서 길지 않은 기도문에서 '나'라는 말이 무려 4번이나 사용되고 있습니다. 따라서 우리는 여기서 바리새인이 기도를 드렸으나 그 기도의 중심에는 하나님이 아니라 자기 자신이 서 있었다는 사실을 확인하게 됩니다.

이것은 또한 기도의 내용에서도 잘 나타나고 있는데, 하나님에 대한 간구나 이웃에 대한 기도가 전혀 나오지 않는 것이 이것을 잘 보여 줍니다. 그 대신 처음부터 끝까지 다른 사람과 비교하면서 자기를 내세우는 내용으로 일관하고 있습니다. 그는 먼저 자기 자랑을 늘어놓는데, 자신이 남의 재산을 훔치는 도적이 아니며, 율법의 계명을 어긴 불의한 자도 아니고 또한 간음한 죄를 범한 자가 아님을 자랑하고 있습니다. 그뿐만 아니라 그는 일주일에 두 번씩 금식했고, 십일조를 철저하게 드린 것을 또한 자랑합니다. 그런데 이 기도는 어떤 특정 바리새인이 아니라 바리새인 일반이 드리는 기도였다고 하는데, 우리는 이와 유사한 기도를 드리는 한 랍비를 통해 이것을 확인하게 됩니다. 이 바리새인은 매일 세 번씩 하나님께 감사했는데, 첫째, 이교도로 태어나지 않게 하심에 감사하고(이교도는 하나님 앞에서 아무런 가치가 없기에), 둘째, 여자로 태어나지 않게 하심에 감사하며(여자는 율법을 지킬 의무를 갖지 않았기에), 셋째, 교육받지 않은 사람이 되지 않게 하심에 감사했다(교육받지 않은 사람은 죄를 억제하지 못하기에)고 합니다.

그렇다면 세리의 기도는 어땠나요? 이 비유에서 세리는 많은 사람이 보는 성전 뜰이 아니라 한적한 모퉁이에 서서 기도를 드리고 있습니다. 그것도 얼굴을 들고 하늘을 향해 자랑스럽게 기도하는 것이 아니라 부끄러움과 죄스러움 때문에 고개를 숙여 기도합니다. 뿐만 아니라 세리는 거룩한 계명을 지키지 못한 자신의 부끄러운 삶을 돌아보면서 가슴을 치며 기도합니다. 세리가 드리는 기도는 자신이 죄인임을 고백하면서 하나님의 용서를 바라는 것이 그 전체의 내용입니다. 한마디로 "하나님이여 나를 불쌍히 여기소서"가 그 핵심입니다.

그런데 놀라운 것은 바로 이 기도에 대한 예수님의 판단입니다. 주님은 여기서 매우 충격적인 선언을 하시는데, 하나님께서는 세리의 기도를 들으셨을 뿐만 아니라 세리를 바리새인보다 더 "의로운 자로 여기셨다"고 말하고 있기 때문입니다. 더 놀라운 사실은 오늘 본문 어디에서도 세리는 자신이 빼앗거나 착취한 것을 다시 갚겠다고 말하지 않는다는 사실입니다. 그런데 왜 예수님께서는 이 세리를 하나님께서 받아들이셨다고 선언하신 걸까요? 그 어떤 설명도 더 이상 주어지지 않기에 우리는 이유를 알 수 없지만, 한 가지 분명한 것은 우리에게는 잘 이해가 되지 않는 바로 여기에 하나님의 복음의 비밀이 감추어져 있다는 사실입니다. 그런데 이 비밀은 자신의 힘이나 필요에 따라 살지 않고 오직 하나님의 은혜에만 의지하여 살겠다는 메시지와 연결되는 것으로, 바로 세리의 기도를 지배하는 중심적인 내용입니다.

　그렇다면 예수님께서 주신 비유의 의도는 무엇이었을까요? 무엇보다도 '기도의 모델'을 보여주려는 의도에서 주신 것은 아니라는 사실입니다. 그랬다면 세리의 기도를 모범적인 것으로 제시했어야 했을 것이기 때문이죠. 그러나 그 어디에도 그것을 암시하는 말이 나타나고 있지 않습니다. 또한 단순히 바리새인의 영적인 교만을 드러냄으로써 세리를 통해 주어지는 겸손의 미덕을 가르치려는 것도 아니라는 사실입니다. 무엇보다도 이 비유는 두 인물을 비교함으로써 이들의 실상을 드러내고자 하는 것에 목적을 두고 있지 않습니다. 오히려 이 비유는 우리 신앙인들이 저지르는 하나님 신앙의 왜곡된 문제성을 보여주려 하고 있습니다. 다시 말하면 이것은 인간이 하나님과의 내밀한 관계에서 드리는 기도 가운데서도 매우 왜곡된 태도를 취할 수 있다는 것을 드러내 보여주고 있는 겁니다. 그 무엇보다도 세리를 본받아야 할 신앙 모델로 제시하지 않고 있다는 사실은 이것과 맥을 같이하는데, 오늘 본문에서 세리는 죄인이었고 하나님은 그의 죄책 고백을 들으셨으며, 그를 용서해 주셨다는 사실만을 말하고 있는 것도 이 때문입니다.

　따라서 우리는 이 비유의 주인공이 바리새인은 물론 아니고, 그렇다고 세리도 아니라는 사실을 알게 됩니다. 이 비유의 주인공은 바로 잘 드러나지는 않지만 모든 것을 알고 계시는 주 하나님이십니다. 그분은 우리 신앙과 기도의 대상이시지만, 이 비유에서 중요한 것은 그분과 그 뜻을 드러내는 것이 주된 목적이기 때문입니다. 오늘날 우리의 신앙과 기도에서 가장 중요한 것이 바로 하나님의 주되심을 인정하며 드러내는 것이라 말하고 있는 것도 바로 이 때문입니다. 그렇기에 이 비유는 하나님에 대한 새로운 이해, 그분의 은총과 긍휼의 세계를 보여주는 것을 목적으로 하고 있습니다. 의인 99명보다 회개하는 죄인 한 사람을 더 기뻐하시는 이상한 하나님과 그분의 복음의 비밀을 보여주고 있는 것이지요. 건강한 자가 아니라 병든 자를 치유하고 회복시키는 것을 더 원하시는 그분의 은총의 복음과 그 의미를 새롭게 드러내고자 한다는 말입니다.

그리스도인, 신앙인이란?

이것은 오늘날 매우 혼란스러운 말이 되었는데, 그것은 무엇보다도 신앙인인 우리가 우리 신앙의 주체와 그 대상의 역설적 관계와 의미를 크게 혼동하고 있기 때문입니다. 우리 신앙의 본질은 우리의 바람이나 관심의 선함과 직접적으로 관련된 것이 아니라 오직 하나님과 그분의 복음에서 찾아져야 하는데, 이 복음적인 것이 놀랍게도 세리의 기도를 통해서 더 잘 드러나고 있다는 것이 우리에게 큰 깨달음과 교훈을 주고 있는 겁니다. 우리 믿는 자들이 아니라 하나님께서 하신다는 믿음을 단지 하나님의 자비와 사랑만을 간구하고 있는 저 세리의 기도를 통해 잘 보여주고 있습니다.

세리의 기도를 들으면서 신앙인인 우리가 아주 진지하게 우리 자신의 신앙 상태를 돌아보며 점검해야 하는 이유는 바로 저 기도가 우리 신앙인이 저지를 수 있는 가장 심각한 신앙적인 오류를 매우 분명하게 드러내 보여주고 있기 때문입니다. 우리가 오늘 하나님 신앙 안에서 추구하는 것은 바로 우리 신앙의 선한 열매이지만 문제는 주객이 전도된 우리들의 잘못된 신앙 상식으로 인해 오히려 주 하나님을 왜곡시키는 근본적인 문제성이 우리 신앙인들에게서 자주 나타나고 있다는 사실입니다. 그래서 우리는 먼저 이 시대가 바로 인간의 주체적 선택이 과도하게 강조되고 있는 시대임을 깊이 의식하고, 그 어느 때보다도 하나님의 주되심과 그분의 신비한 저 은총의 복음을 우리 삶에 접목시키는 것이 매우 어렵다는 사실을 진지하게 받아들이면서 우리 자신을 늘 성찰해 나가야 하는 겁니다. 오늘 우리의 신앙은 우리의 선택과 그 주관적인 생각만을 앞세워 우리 신앙의 정당성을 확보하고자 하는 바로 거기에서 돌이킬 수 없는 근본적인 문제성을 노정하고 있기 때문입니다.

그렇기에 이제 우리는 저 세리의 기도와 그 의미를 깊이 묵상하면서 다시 한번 하나님의 신비한 은총과 능력에 의지하며 우리 신앙과 삶을 새롭게 형성해 나가는 노력을 시작해야 합니다. 우리의 의미 있는 신앙의 여정에 주 하나님의 큰 은총의 축복이 늘 함께하시기를 기도합니다.

저주받은 무화과나무의 교훈

(막 11:12-25)

예수께서 나무에게 말씀하여 이르시되
이제부터 영원토록
사람이 네게서 열매를 따 먹지 못하리라 하시니
제자들이 이를 듣더라 (14절)

하나님의 복음과 사건

예수님의 이야기를 최초로 기술했다고 하는 마가복음서를 중심으로 하나님의 복음과 그 감추어진 의미를 되새겨 보고자 합니다. 마가복음은 사복음서 중에서 가장 최초로 쓰인 짧은 복음서이며, 가장 재미없는 복음서이기도 합니다. 우선 글의 수준이 너무 평범하고 누구든 힘들지 않게 읽을 수 있는 단순한 말로 예수님과 그 복음을 증언하고 있기 때문입니다. 이에 반해 제일 수준 높은 복음서는 요한복음입니다. 소위 말하는 영적인 말씀들이 내용의 중심을 이루며, 그 전개

방식도 매우 독특하기 때문입니다. 그래서 사람들은 요한복음을 애호한다고 합니다.

그런데 마가복음서의 또 하나 독특한 점은 예수님의 말씀이 거의 생략되어 있다는 사실입니다. 그래서 이 마가복음에서는 교훈이 될만한 좋은 말씀을 찾기가 쉽지 않기에 책으로서의 가치를 평가하기가 어렵습니다. 마가복음은 단지 예수님께서 행하신 '활동들'과 '일'을 중심으로 예수님을 단순하게 증언하고 있을 뿐입니다. 그런데 놀랍게도 바로 여기에서 하나님의 뜻을 전하는 그 독특한 증언 방식과 의미가 드러나고 있는데, 예수님에 의해 행해졌던 그 사역의 중요한 활동들과 사건들이 보여주는 사변적이지 않은 분명한 하나님의 뜻이 바로 그것입니다. 마가복음이 다른 복음서와는 달리 그가 증언하는 모든 예수님의 이야기를 "하나님의 복음"으로 선포할 수 있었다는 사실은 이것을 잘 보여줍니다. 그래서 마가는 "하나님의 아들 예수 그리스도의 복음의 시작은 이러하다"(1:1)는 말로 그의 복음서를 시작하고 있는 것입니다.

마가의 이런 시작은 사도 바울과 비교할 때 매우 독특한 의미가 있다고 여겨지는데, 바울에게 있어 하나님의 '복음은 율법과 대조되어' 이해되는 매우 뜻이 깊은 신학적인 주제이기 때문입니다. 그러나 마가는 복음을 그렇게 어렵게 설명하지 않으며, 예수님에 대한 이야기 전체를 복음과 관련하여 증언하고 있습니다. 마가가 하나님의 복음을 설명하기보다는 중요한 동적인 활동들이나 사건들과 관련된 삶의 이야기로 증언하고 있는 것은 이 때문입니다.

예루살렘 입성, 그 표징적 의미

이런 맥락에서 볼 때 마가에게 있어 예루살렘 입성은 예수님의 사역과 그 감춰진 의미를 드러내는 데 있어 매우 의미심장한 사건입니다. 이 사건은 예수님의 생애 마지막 여정에서 일어났으며, 그런 점에서 그 사역의 핵심인 하나님 나라 복음의 생동하는 의미를 매우 분명하게 드러내고 있습니다. 그런데 이 예루살렘 입성은 그동안의 사역이 가져온 어떤 영향력을 보여주듯이 한편에서는 군중들의 엄청난 환호를 받고 있는 데 반해 다른 편에서는 예수님과 그 사역에 대한 오해와 갈등이 더욱 심화되고 있음을 잘 보여주고 있습니다. 따라서 이 입성과 더불어 예루살렘과 성전을 중심으로 펼쳐지는 예수님의 마지막 활동과 관련된 갈등과 적대적 대결이 중점적으로 다루어지고 있습니다. 그럼으로써 그 이전의 사역에서 간헐적이고 소규모로 일어났던 예수님과 그 사역에 대한 오해와 적대감들이 더욱 심화되어 이제는 정점에 이르고 있음을 느끼게 해 줍니다.

흥미 있는 사실은 여기에서 등장하는 인물들은 여러 다양한 위치에 있는 사람들이라는 점입니다. 예컨대 예수님과 제자들 외에도 대제사장들, 서기관들과 장로들, 바리새인과 헤롯당원들, 사두개인들, 상인들, 예루살렘 주민들 등이 바로 그들입니다. 한마디로 이들은 유대의 여러 삶의 부문들을 망라하는 인물들인 거죠. 그런데 간과할 수 없는 것은 이런 많은 인물이 등장하지만, 예수님은 결국 '외톨이'로 남게 되고, 이것은 무언가 마지막을 예고하는 분위기로 이어지고 있다는 사실입니다. 그런데 놀랍게도 우리는 여기서 예수님께서 행하시는 사역의 감추어진 의미를 새롭게 알게 됩니다. 예수님과 그 사역은 오로지 하나님 나라의 기쁜 소식인 복음과 관련되어 있지만, 그 본래의 의미와 모습이 드러날수록 사람들로부터 환영받지 못하고 있다는 사실이 그것입니다.

오늘 본문 말씀은 예루살렘에 입성하신 예수님께서 성전을 둘러보신 다음 베다니에 가셨다가 이튿날 성전으로 향하는 길목에서 일어났던 한 사건을 전해 주고 있습니다. 예수님께서 몹시 시장하신 상태에서 한 무화과나무를 발견하셨습니다. 잎이 무성해서 열매가 있는 것으로 여겨져 가까이 다가가 살펴보았는데 열매가 없었다는 겁니다. 본문 말씀은 그것을 "멀리서 잎사귀가 있는 한 무화과나무를 보시고 혹 그 나무에 무엇이 있을까 하여 가보았더니, 잎사귀 외에 아무것도 없었습니다. 때가 무화과 철이 아니었기 때문입니다"라고 말하고 있습니다. 그런데 충격적인 것은 예수님께서 이 무화과나무를 저주하신 것입니다. "이제부터 영원까지 사람이 네게서 열매를 얻지 못하리라." 너무나 끔찍한 저주입니다. 그런데 문제가 있습니다. 본문 13절은 아직 철이 아니라고 말하고 있기 때문입니다. 철도 아닌데 열매를 기대했다가 열매를 얻지 못함으로 저주하셨으니 무언가 납득이 잘 되지 않는 일이 일어난 겁니다. 그래서 물음이 생겨납니다. 왜 예수님은 무화과나무를 저주하셨을까요? 예수님은 사역 중 많은 능력을 행사하시고 기적을 베풀어 주셨는데, 그 모든 것들은 다 긍정적인 의미를 갖는 것들이었습니다. 병자 치유, 오병이어 등등이 그것들이지요. 그런데 유독 오늘 본문에서는 예수님의 능력이 '파괴적인 것'으로 귀결되고 있습니다. 그렇기에 이 대목에서 우리는 저 파괴적인 기적의 의미를 묻지 않을 수가 없습니다. 왜 그랬을까요?

기적이란 본래 일상적이지 않은 어떤 '신기한 사건'이 일어나는 것을 말합니다. 대체로 이 기적은 초월적인 힘과 관련되어 있기에 늘 기적을 행하는 자와 그 기적의 결과에 더 큰 관심이 집중됩니다. 따라서 기적 자체가 아니라 오히려 이런 기적으로 어떤 결과와 의미를 드러내고 있느냐가 더 중요해집니다. 표적(sign)이라는 말은 바로 이런 의미를 함축하는 말입니다. 복음서에서 예수님께서 행하신 놀라운 가르침과 행동, 기적들과 관련해 많은 놀라움들이 표현되고 있는 것도 바로 이것과 맥락을 같이 하고 있는 현상입니다. 예컨대 마가복음 1장 27절의 군중들의 질문, "이것이 무엇인가? 권세 있는 새 가르침인가?"와 2장 7절, "이 사람이 어찌 이렇게 말하는가?", 2장 16절 서기관들, "어찌하여 그는 죄인들과 함께 먹는가?", 2장 24절 바리새인들, "저희가 어찌하여 불법적인 일을 하는가?", 4장 41절 제자들, "저가 뉘기에 바람과 바다도 순종하는가?", 6장 2절 고향 사람들, "이 사람이 어디서 이런 지혜를 얻었는가?", 7장 5절 바리새인들, "당신의 제자들은 왜 전통에 따라 살지 않는가?" 등등이 그것들입니다.

왜 예수님의 사역 활동이나 가르침과 관련해 이런 놀라운 의문들이 주어져야만 했을까요? 모든 사람에게 예수님과 그 사역이 잘 이해되지 않았기 때문이 아닌가요? 예수님은 무언가 남다른 분이었다는 것을 드러내 주고 있는 것이지요. 예수님은 유대인으로 살고, 그들과 같은 하나님 신앙을 가지셨지만, 유대교 신앙 전통으로는 받아들이기가 매우 어려운 분이었다는 겁니다. 만약 그렇다면 저 무화과나무에 대한 저주 사건도 이런 맥락 속에서 이해될 수 있는데, 바로 이 대목에서 우리는 예수님을 통해 드러나는 하나님의 뜻을 새롭게 보게 되기 때문입니다. 이제 이것을 확실히 하기 위해서 이 사건의 관련 맥락을 살피지 않을 수 없습니다. 본문 말씀에서 이 사건을 이해하는 데 가장 중요한 열쇠가 바로 이 사건이 일어난 그 직접적인 맥락에 있기 때문입니다.

먼저 우리가 유념해야 하는 것은 이 일은 성전 정화 사건과 관련하여 일어난 사건이라는 사실입니다. 왜 주님께서는 성전 정화 사건을 일으키셨을까요? 성전이란 이스라엘 백성들의 신앙과 그 삶의 중심지였기에 그 무엇보다도 하나님과 그분의 뜻을 우선적으로 드러내야 하는 곳이라 생각했기 때문이지요. 그런데 이 성전이 가장 큰 문제가 되고 있었다는 겁니다. 예수님께서 갈릴리 사역을 접고 서둘러 예루살렘에 올라오신 것도 바로 이 성전 문제 때문이었던 것입니다. 도대체 성전의 무슨 문제 때문인가요? 이 문제는 바로 주님께서 성전 정화 사건과 관련해 언급했던 그 이유에 잘 나타나고 있는데, "하나님의 집을 장사치의 소굴로 만들었다"라는 것이 바로 이 성전에 대한 예수님의 판단이었습니다. 그렇다면 이것은 바로 저 성전이 하나님의 뜻을 섬기는 것보다 오히려 그것을 관리하는 종교 지도자들의 이해관계에 지배당하는 곳이 되었음을 보여주고 있는 것입니다. 그랬기에 이것은 유대 백성들을 잘못된 신앙으로 인도하는 가장 큰 원인이 되었습니다. 그래서 매우 시급하게 척결되어야 할 문제라 아니할 수가 없었던 것입니다. 예수님께서 그 어떤 곳에서 보다도 크게 분노하신 이유가 바로 여기에 있었습니다. 하나님의 거룩한 뜻을 드러내야 할 성전이 오히려 인간들의 이해관계 다툼을 위한 투기장으로 전락하고, 그럼으로써 하나님과 그분의 뜻을 가리며 왜곡시키고 있다고 여겼던 겁니다.

그러므로 이제 우리는 주님께서 무화과나무를 저주하신 이유가 바로 이 성전 문제를 근간으로 하는 유대 종교 지도자들의 잘못된 신앙과 삶에 있었다는 것을 확인하게 됩니다. 무화과나무는 포도나무와 더불어 이스라엘을 상징하는 나무였는데, 잎새만 무성할 뿐 열매가 없는 무화과나무, 그것은 바로 이스라엘 종교 지도자들의 현주소를 잘 드러내고 있었던 것입니다. 믿음과 경건의 형식은 있었지만, 그 중심에서는 오히려 하나님과 그분의 거룩한 뜻을 가리고 있는 저 이스라엘의 잘못된 신앙과 삶의 모습을 이 열매 없는 무화과나무를 통해 분명히 볼 수가 있었다는 겁니다. 종교 지도자들과 백성들의 신앙과 삶이 형식적인 위선과 외식에 지배당하고 있었던 것도 바로 이것과 무관치 않았던 것이지요. 그래서 그들은 늘 주님으로부터 외식하는 자들로 비판받을 수밖에 없었습니다. 그들이 하나님 신앙이 주는 의미나 능력 그리고 그 삶의 열매가 주는 기쁨과 보람을 전혀 알 수가 없었던 것도 이 때문이었습니다.

주님께서 저주한 무화과나무를 보면서 나무가 말랐다고 말하는 제자에게 "주 하나님을 믿으라!"고 말하고 있는 것도 이런 맥락에서 이해될 수 있습니다(21-22절). 수제자 베드로가 말했던 거죠. 무화과나무가 말랐다고! 그때 예수님께서 주신 말씀이 바로 "하나님을 믿으라"는 요구였는데, "무엇이든지 믿음으로 기도하며 구하면 이루어진다"라고 말씀하신 것도 이런 맥락에서 이해될 수 있는 겁니다. 왜 갑자기 이런 말씀을 하셨을까요? 무화과나무가 마른 것하고 믿음의 기도가 도대체 무슨 상관이 있다는 건가요? 오늘 본문 말씀 사이에 '성전 정화 사건'이 들어와 있는 것은 바로 이 때문이라 여겨지는데, 여기서 우리는 무화과나무가 메말라버린 것과 저 성전 정화 사건이 매우 긴밀한 의미 연관성을 가지고 있는 것을 보게 됩니다. 성전 정화를 수행하시던 주님께서 이 성전은 '기도하는 집'이라 말씀하신 것도, 저주받은 무화과나무 이야기에서 믿음과 기도를 언급하고 있는 것도 다 이런 맥락에서 그 연결성이 주어지고 있는 겁니다. 이것들의 핵심 문제는 바른 하나님 신앙에 있었던 것이고, 결국 이것이 문제가 되어 하나님과의 소통 단절로 이어졌고, 그 어떤 유의미한 삶의 열매도 기대할 수가 없었기에 단지 쓸모없는 것으로 여겨졌던 겁니다. 주님께서 성전과 열매 없는 무화과나무를 함께 묶어 크게 문제 삼은 것도 바로 여기에 이유가 있었습니다.

그러므로 이 사건으로부터 우리가 배우는 신앙과 삶의 교훈은 주 하나님에 대한 바른 신앙을 회복하는 것이 갖는 우선적인 의미인데, 이것이 주어질 때만 우리는 주 하나님과 다시 연결되고, 그것과 더불어 우리 삶의 열매로 귀결되는 하늘 축복을 맛볼 수 있기 때문입니다. 주님께서 무엇보다 믿음을 강조한 것도 바로 여기에 근본적인 의미가 있었습니다. 이런 맥락에서 예수님은 오늘 본문의 결론 말씀으로 바른 믿음에 기초한 기도의 능력에 대한 교훈을 더해 주셨던 겁니다. 그리고 새삼스럽게 마지막 절에서 다시금 '기도'와 '용서'에 대해 말하고 있는 것도 바로 주 하나님과의 소통을 회복하는 데 이 '기도와 용서'가 갖는 의미가 너무 중요하다고 생각했기 때문입니다.

"당신의 뜻대로…"

성경은 다양한 내용을 포함하고 있지만, 그 근본 목적은 주 하나님과 그분의 뜻을 드러내는 데 있습니다. 예수님께서 행하신 모든 활동과 사역이 다 하나님의 뜻을 드러내기 위한 것과 관련되어 있었던 것도 이 때문이었습니다. 그래서 주님께서는 늘 "내 뜻대로 마옵시고, 당신의 뜻대로 하시옵소서"를 기도의 중심 내용으로 삼았던 겁니다.

그러므로 우리 신앙에서 가장 중요한 것은 그 무엇보다도 주 하나님과 그분의 뜻을 드러내고 헤아리는 것이요, 그분이 우리에게 늘 말씀하시도록 우리의 마음과 귀를 열어 놓는 것입니다.

우리가 믿음을 필요로 하는 것도, 단지 우리의 영원한 삶이나 이 세상에서의 축복된 삶을 위한 것만이 아니라 하나님의 말씀을 바로 듣고 깨닫기 위함이고, 이 땅에서 주 하나님과 그분의 뜻을 드러내는 삶으로 나아가기 위함입니다. 우리가 '나 좋아서 믿거나' '덮어놓고 믿는 것'이 아니라 아버지 하나님의 뜻을 소중히 여기며 온전한 믿음을 따라 살아가고자 노력하는 중요한 이유가 바로 여기에 있습니다. 그때 우리는 아버지 하나님의 뜻과 그 삶의 의미를 새롭게 깨닫게 되고, 그분의 능력과 사랑을 드러내는 지혜를 얻게 되어 하늘 축복과 연결된 특별한 삶으로 나아갈 수 있게 됩니다.

올해 아직도 적지 않은 여러 어려움이 우리를 힘들고 지치게 하지만, 십자가를 지시기까지 우리를 긍휼히 여기셨던 주님의 큰 사랑에 대한 깨달음이 우리를 새롭게 이끌어서 우리의 믿음과 삶이 저 하늘 말씀과 열매로 채워져 나가길 기원합니다.

"그런즉 깨어 있으라"

(마 25:1-13)

> 그들이 사러 간 사이에 신랑이 오므로
> 준비하였던 자들은 함께 혼인잔치에 들어가고 문은 닫힌지라
> 그 후에 남은 처녀들이 와서 이르되 주여 주여 우리에게 열어 주소서
> 대답하여 이르되 진실로 너희에게 이르노니 내가 너희를 알지 못하노라 하였
> 느니라
> 그런즉 깨어 있으라 너희는 그 날과 그 때를 알지 못하느니라(10-13절)

도래하는 하나님의 나라

'열 처녀 비유' 말씀을 함께 나누며 우리 신앙을 돌아보고자 합니다. 이 비유 말씀은 예수님께서 주신 '하나님 나라 비유'에 속한 말씀입니다. 이미 많이 들어 잘 알고 있는 말씀이지요. 그러나 하나님 나라는 '인간의 나라'가 아니기에 자칫 인간적 지혜나 관습에 따라 상식적으로 이해하면 오해될 수 있는 말씀이기도 합니다. 이 하나님 나라 비유는 인간 사회에서 통용되고 있는 여러 삶의 경험들을 매개체로 사용하

고 있지만, 그 의미는 매우 다르며, 우리 삶의 경험 지평을 넘어서는 내용들을 드러내 보여주고 있기 때문입니다. 그러므로 이 비유를 바르게 이해하기 위해서는 우리 일상의 경험 지평을 넘어서는 새로운 삶의 차원들을 염두에 두는 지혜가 필요합니다.

하나님 나라와 관련해서 무엇보다 중요한 것은 그 나라의 '도래성' 이란 것인데, 이것은 쉽게 인식할 수 없는 매우 독특한 삶의 어떤 '때' 와 연결된 것이기에 더욱 그러합니다. 예수님께서는 사역을 시작하시면서 이 '도래하는 하나님 나라'를 이 세상의 독특한 어떤 '때'와 관련하여 선포하셨는데, 이것은 하나님의 지배라는 감추어진 생명력을 근간으로 하는 역동적인 새로운 현실을 이 땅 위에 드러내는 것이었기에 그 의미는 단순히 우리가 살아가는 이 역사의 일반적인 시간과 직접적인 의미 연관성을 가진 그 무엇으로 간주할 수는 없습니다. 예수님께서는 이 나라를 어떤 특정 공간과 관련된 '하늘나라'(마태적인 표현)로 말하지 않고, 오히려 이 땅의 특별한 시간인 '때'와 관련된 '하나님의 지배'를 드러내는 의미로 선포했기에 이 나라의 무시간적인 '영원성'(영생)에만 관심하는 사람들은 이 나라의 감추어진 이런 동적인 특성과 그 생동하는 생명의 의미를 알기가 어렵다 할 수 있습니다.

본문 말씀은 예수님께서 예루살렘에 입성하신 후에 주신 '마지막 때'와 관련된 비유의 말씀입니다. 예수님께서는 예루살렘에 입성하신 후 주님 사역의 의미와 그 비밀을 드러내는 종국의 시간이 다가왔음을 아시고 여러 가지 비밀스러운 말씀들을 주시고 있습니다. 마태 24 장부터 시작되는 이런 말씀들 때문에 사람들은 이 말씀을 '복음서의 소묵시록'이라 부르고 있습니다. 주님께서 그 백성이 자랑스럽게 여기는 예루살렘 성전을 보시면서 파괴를 예언한 것도 이런 맥락에서 이해될 수 있는데, 이 예언 이후에 당혹감을 느꼈던 제자들이 질문을 하게 되었던 겁니다. 도대체 "언제 이런 일들이 일어나겠습니까?"가 바로 그것이었습니다. 이 질문에 대한 대답을 통해 주어진 한 비유의 말씀이 바로 오늘 본문 말씀입니다. 그래서 이 말씀은 하나님 나라 비유 말씀이지만, 그중에서도 특별히 그 나라의 '도래성'과 긴밀한 관련을 가진 말씀이라 여겨집니다.

그런데 특이한 것은 오늘 본문에서 예수님은 이 도래하는 하나님 나라를 결혼식에 비유하여 말씀하고 있다는 사실입니다. 다시 말하면 하나님 나라는 신랑을 기다리는 신부의 처지에 비유할 수 있다는 겁니다. 신랑을 기다리는 결혼식? 오늘 우리에게는 매우 낯선 풍경입니다. 그러나 옛날 고대 팔레스타인에서 혼례는 하루가 아니라 일주일씩 축제가 계속되었다고 합니다. 그래서 결혼식은 대낮이 아니라 보통 저녁이나 한밤중에 거행되었다고 합니다. 그것은 신랑이 자기 친구들과 함께 어울려 즐기다가 한밤중이 되어서야 신부의 집으로 오기 때문이었답니다. 그래서 일반적으로 신부는 언제 올지 모르는 신랑을 기다리게 되는데, 그러다가 신랑이 도착하면 신부는 등불을 켜고 친구들인 들러리들과 함께 나가 신랑을 맞이하게 되고, 그 후에 신랑의 집으로 가는 연등 행렬로 이어졌다고 합니다. 그런데 오늘 본문처럼 신랑의 행차가 의외로 늦어지는 경우도 종종 있었다고 하는데, 그 경우에 신부는 여러 가지 좋지 않은 소문들을 듣곤 했다고 합니다.

그런데 오늘 본문의 비유는 열 처녀가 저마다 등을 가지고 신랑을 기다렸다고 하는데, 그 결말은 완전히 의외였다는 겁니다. 여기에 오늘 말씀의 핵심이 내포되어 있습니다. 본문은 그것을 다섯은 미련하고 다섯은 슬기로웠다고 말하고 있는데, 미련한 다섯은 등은 가지고

있었지만 기름을 준비하지 않았고, 슬기로운 다섯은 등과 함께 기름
을 준비했다는 겁니다. 그래서 기름과 등을 준비한 다섯 처녀는 신랑
이 왔을 때 그와 함께 등불을 밝히고 잔치에 참여하는 즐거움을 가질
수 있었지만, 기름을 준비하지 못한 다섯 처녀는 잔치에 참여할 수가
없었다는 겁니다.

그런즉 깨어 있으라?

그런데 의아한 것은 예수님은 이 비유 말씀을 마치면서 "깨어 있으
라"는 권면의 말씀을 결론으로 삼고 있다는 사실입니다. 깨어 있으라?
잠을 자지 말라는 말씀인가요? 왜 이런 말씀을 하시는 건가요? 이것
은 자칫 슬기로운 다섯 처녀가 잠을 자지 않았기에 결혼 잔치에 참여
하는 영예를 얻은 것처럼 보이는 대목이기도 합니다. 그러나 본문 말
씀은 신랑이 오지 않는 동안 열 처녀 모두가 졸며 잠들었다고 말하고
있습니다.

그렇다면 이 비유가 주는 교훈을 바로 이해하기 위해서 우리는 다
시 한번 슬기로운 다섯 처녀와 미련한 다섯 처녀가 보여주는 모습을
음미해 볼 필요가 있습니다. 확실한 것은 슬기로운 다섯 처녀가 그 모
습에서 미련한 다섯 처녀와는 다른 특별한 모습을 보여주고 있지는
않다는 사실입니다. 그들이 더 좋은 등을 준비했다거나 혹은 신랑을
더 간절히 기다렸다거나 하는 것은 전혀 말해지지 않고 있습니다. 이
열 처녀는 똑같이 결혼 잔치에 초대받았으며, 그들은 똑같이 등을 가
지고 신랑을 기다렸다는 겁니다. 등을 가지고 신랑을 기다렸다는 말
은 오늘 우리의 신앙생활에 빗대어 말한다면 모두 다 믿음을 가진 신

앙인으로 살고 있었다는 이야기라 할 수 있습니다. 그런데 도대체 무엇이 문제가 된 것일까요?

사람들은 일반적으로 주님이 주신 결론 말씀을 근거로 슬기로운 처녀들은 깨어 있었다고 말하기도 합니다. 이런 이해는 한국교회의 철야 기도 영성에 대한 긍정적인 인식이 끼친 영향이 아닌가 여겨지기도 합니다. 오늘 본문은 그 어디에도 슬기로운 처녀들이 깨어 있었다고 말하고 있지 않기 때문입니다. 오히려 신랑의 도착이 늦어져서 결혼 잔치가 지연되었을 때 지치고 피곤한 열 처녀 모두가 졸음을 이기지 못해 잠들었다고 분명히 말하고 있기 때문입니다. 미련한 처녀들만이 잠을 잔 것이 아니라 슬기로운 처녀들도 잠이 들었다는 겁니다. 그렇다면 깨어 있다는 것, 그것은 무언가 다른 의미를 갖는 말이라 여겨집니다. 주님께서는 도대체 무슨 의미로 이런 말씀을 하셨을까요?

이 깨어 있는 것의 의미를 제대로 확인하기 위해서 우리는 이제 슬기로운 다섯 처녀가 잘했다고 여겨지는 특별한 것을 가지고 다시 생각해 볼 수밖에 없습니다. 여기서 분명해지는 것은 그것이 다름 아닌 '기름'을 준비한 것이기 때문입니다. 그래서 성서를 연구하는 학자들은 이 기름이 무엇을 의미하는지를 밝히기 위해 또한 여러 가지 이야기들을 하고 있습니다. 충분한 기름을 준비한 것이 슬기로운 처녀들이 유일하게 잘한 일이라 여겨지기 때문이지요. 그래서 일반적으로 이 기름은 신앙 혹은 성령 체험 등으로 해석되기도 합니다. 그러나 문제는 이런 해석은 너무 신앙의 일반화된 의미나 외적인 형식에 짜 맞춘 것이기에 우리 신앙생활에서 그 적합한 내용을 확정하는 데에는 별다른 도움을 주지 못합니다. 뿐만 아니라 이런 일반적이고 형식적인 이해는 자칫 우리 믿음과 그 삶의 내용을 분리시키는 문제로 이끌어

갈 위험성도 있습니다. 신앙이 적합지 않은 형식으로 대체됨으로써 잘
못 이해된 교리적 내용과 결합된 믿음이 한국교회를 지배하고 있다는
비판은 바로 이런 잘못된 신앙 이해와 무관치 않기 때문입니다. 그러므
로 여기서 기름은 단지 믿음이라는 형식적 틀이라기보다는 그 삶의 내
용을 의미하는 것으로 이해되어야만 합니다. 본문에서 기름만 말하지
않고, 등을 함께 말한 의미가 바로 여기에 있습니다. 등이 신앙의 형식
을 의미한다면, 기름은 그 내용이 된다 여겨지기 때문이지요. 미련한
다섯 처녀가 신랑이 왔다는 소리에 놀라 급하게 기름을 찾았지만, 그것
을 얻지 못하는 비극을 맛본 것도 단지 신앙이 없어서가 아니라 깨어
있는 삶의 내용이 결여된 이런 신앙의 내용적 측면을 시사한다 여겨집
니다.

준비하는 삶과 그 의미

기름이란 것을 이처럼 신앙적 삶의 내용으로 본다면, 이제 우리는
이 본문으로부터 매우 중요한 신앙적인 삶의 교훈을 얻게 됩니다. 신
앙은 그 자체로 고립시켜 이해될 수는 없고, 늘 그 대상에 합당한 삶의
내용을 준비하는 것과 연결되어 이해되어야 하기 때문입니다. 다시
말하면 신앙을 갖는다는 것은 그 대상의 뜻을 우리 삶의 내용으로 채
우는 것을 의미하기에 도래하는 하나님 나라와 관련된 저 '때'에 적합
한 삶을 '준비하는 것'과 긴밀하게 연결되어야 하는 겁니다. 이런 삶의
준비가 우리 신앙적 삶에 본질적인 것이라 여기는 것도 바로 신앙은
그것을 단지 소유하는 데 그 주목적이 있는 것이 아니라 그 믿음에 합
당한 삶으로 나아가는 준비와 연결되어야 한다 여겨지기에 그렇습니

다. 이렇듯 전체적 맥락에서 보면 신앙을 갖는 것이나 삶 자체가 사실은 내용 면에서는 우리의 '내일을 위한 준비'라는 것을 알게 됩니다. 신앙인에게 준비 없는 삶이란 생각할 수 없다고 말할 수 있는 것도 바로 이 때문입니다.

그렇기에 미련한 다섯 처녀가 기름을 준비하지 못한 것도 바로 이 것과 무관치 않다고 여겨지는데, 삶은 삶이고 준비란 다른 것이라고 생각했기 때문이었던 거죠. 이것을 이해하는 데 도움이 되는 말씀을 우리는 누가복음의 '어리석은 부자의 비유'(12:16-21)에서 다시 보게 됩니다. 어느 해 풍년이 들어 곳간을 크게 지은 한 부자가 모든 곡식과 물건을 거기에다 쌓아 놓고, 여러 해 먹고 쓸 곡식과 물건을 마련했으니 이제 "평안히 쉬고 먹고 마시고 즐거워하자"(19절)라고 말합니다. 우리는 여기서 삶을 소유하는 것을 중심으로 생각함으로써 삶에서 준비라는 것이 갖는 그 본질적 내용과 의미를 잃어버린 부자가 보여주는 왜곡된 자기 만족에 사로잡힌 모습만을 보게 됩니다. 그렇기에 곧바로 하나님께서 개입하셔서 "어리석은 자여, 오늘 밤에 네 영혼을 도로 찾으리니 그러면 네 준비한 것이 누구의 것이 되겠느냐"(20절)고 말씀하고 있는 것은 이런 문제성을 극명하게 보여주는 것이라 여겨집니다.

그렇다면 이제 남아 있는 물음은 도대체 무엇이 슬기로운 처녀들에게 이런 준비를 가능케 했을까 하는 것입니다. 말할 필요도 없이 신랑이 언제 올지 모른다는 그 '때에 대한 긴장된 의식'이 바로 그것이었습니다. 하나님 나라와 관련해서 말한다면 '종말론적인 도래성'이지요. 그런데 바로 이것이 그들의 삶의 준비에서 매우 중요한 역할을 하게 한 겁니다. 시간의 흐름에서 우리에게 주어지는 이 '때'와 관련해 가장 중요한 깨달음이 있다면, 그것은 바로 '때'에 대한 분별된 의식이기 때문입니다. 그래서 예수님께서도 늘 이 '때'를 강조하시면서 제자들에게 그것에 대한 '분별된 의식'을 요구했던 것이고, 실제로 초대교회 신앙인들에게서 여러 모범적인 삶과 사역이 가능했던 것도 따지고 보면 바로 이런 하나님 나라의 '도래성'과 관련된 '때'에 대한 분별된 의식이 그들을 이런 삶의 준비, 곧 새로운 삶으로 이끌어 갔던 것입니다.

그렇기에 우리가 여기서 얻는 교훈은 우리의 삶이란 것이 늘 어떤 '때'와 관련이 있다는 것이고, 그래서 이 때를 잘 분별하는 '삶의 준비'라는 것은 매우 근본적인 의미를 갖는다는 사실입니다. 준비한다는 것, 그것은 우리 인간 삶에 가장 본질적인 것이고 또한 불가피한 것이기 때문이죠. 인간은 준비하고 있을 때 가장 자기 존재에 부합하는 삶을 살게 되기 때문입니다. 그래서 이 세상에서 가장 멋있고 무서운 사람은 바로 준비하는 사람이라 말할 수 있는 겁니다.

근본을 보고, 전체를 보며, 미래를 보는 신앙

많은 변화가 예상되는 세계의 변화 속에서 살고 있기에 우리 삶의 미래와 그 운명을 내다보면서 많은 사람들이 여러 가지 예측을 쏟아 놓고 있습니다. 제4차 산업혁명 시대, 포스트 휴먼 시대의 도래 등으로 이야기되는 저 변화들이 가져올 미래는 이 예측에 따르면 아마도 우리가 지금까지 경험했던 그간의 여러 변화들 가운데서 가장 그 변화의 넓이와 깊이가 질적으로 다른, 그래서 비교하기 쉽지 않은 것이라 여겨지기도 합니다. 그렇기에 이런 변화 앞에서 우리가 할 수 있는 것을 준비의 맥락에서 생각해 보면, 그것은 바로 이 '때'가 주는 독특한 의미를 우리들의 삶의 여러 차원에서 새롭게 다시 분별하여 살펴보는 것이라 여겨집니다. 그 경우에 우리는 그 무엇보다도 우리 신앙 안에 내포된 세 가지 삶의 차원을 염두에 두어야 한다 생각되는데, 바로 '근본'을 보고, '전체'를 보며, '미래'를 내다보는 것이 그것입니다. 우리가 신앙을 갖게 되면 먼저 우리의 근본을 생각하게 되고 또 우리 자신을 넘어 피조 세계 전체를 염두에 두는 안목을 갖게 되며, 하나님께서 우리를 위해 열어젖히는 저 미래를 내다보며 새로운 분별된 의식과 깨달음을 얻게 되기 때문입니다.

이 설교를 준비하는 가운데 우연히 이어령 선생의 마지막 인터뷰를 읽어 보게 되었습니다. 암 환자로서 항암 치료를 포기한 채 죽음을 기다리면서 마지막 책인 『탄생』을 써 내려가면서 얻은 깨달음을 의미 있는 언어로 거침없이 쏟아내며 인터뷰한 내용입니다. 그러니까 이 책은 죽음을 앞두고 쓴 유언 같은 책이라 할 수 있는데, 무엇보다도 죽음이라는 마지막을 생각하며 삶의 처음 자리인 '탄생'을 이야기하고 있는 것이 큰 놀라움으로 다가왔습니다. 선생의 말에 의하면 '죽음'을 기다리면서 새롭게 '탄생'의 신비를 깨닫게 되었다고 하는데, 우리 생의 끝인 죽음은 그 누구도 알 수 없지만, 그 의미는 바로 저 '탄생의 신비' 속에서 드러나고 있다는 것을 알게 되었기 때문이랍니다. 그것은 죽음이란 것이 우리말로 하면 우리 생명의 본래 자리로 되돌아가는 것인데, 바로 이 사실을 깨닫게 되니까 죽음을 아는 것보다 더 중요한 것이 우리가 어디에서 왔는지를 아는 것이었답니다. 선생은 오랫동안 새로운 때와 그 의미를 묻고 준비하는 지성적 작업에 매달려 살아왔지만, 이제 그 마지막 '때'의 결실을 신앙적 '영성'을 통해서 얻게 되었다는데, 그 내용은 그가 받은 모든 것이 저 하늘의 '선물'임을 알게 된 것이었답니다. 그런 점에서 그 누구보다도 치열한 생의 마지막 자리에서 얻은 삶의 결론이 하늘의 선물로 귀결되고 있다는 깨달음은 준비를 신앙적 삶의 과제로 여겨야 하는 우리 신앙인에게도 의미 있는 삶의 교훈이 될 수 있다고 생각되었습니다.

준비하지 않는 자에게는 미래가 없다는 말, 준비는 늘 미래적인 삶과 관련되고, 우리의 삶을 새롭게 '형성'시켜주는 계기를 주는 것이라 여겨지기 때문입니다. 그렇기에 예수님께서 오늘 비유 말씀을 마감하면서 주신 깨어 있는 삶에 대한 교훈은 우리에게 요동하는 오늘의 세계 현실 속에서 새 시대를 여는 신앙적 삶의 준비와 그 결실의 의미를 새롭게 깨우쳐 주는 축복의 말씀이라 여겨집니다. 이제 다시 시작되는 새 계절, 주님의 말씀이 육신을 입는 이 귀한 계절에 우리를 찾아오시는 주님의 축복의 말씀이 우리 모두에게 큰 깨달음과 능력으로 함께하길 기도합니다.

제 II 부

인간의 정체성과
신앙적 삶의 비전

사람이 무엇이길래

(시 8:1-9)

> 사람이 무엇이기에 주께서 그를 생각하시며
> 인자가 무엇이기에 주께서 그를 돌보시나이까
> 그를 하나님 보다 조금 못하게 하시고
> 영화와 존귀로 관을 씌우셨나이다(4-5절)

계절이 주는 삶의 교훈

이 좋은 계절에 교우님들 다시 뵙고 말씀을 나누게 되어 기쁘게 생각합니다. 개인적으로는 나이가 들어서 그런지 해가 갈수록 가을이 주는 의미는 다른 어떤 계절보다도 남다르게 느껴집니다. 지난여름 온 산야를 초록으로 물들였던 초목들이 이제 모든 것을 내려놓고 낙엽이 되어 새롭게 물들어 가는 이 가을의 정취는 그 화려한 변화를 통해 우리 인생에 대한 특별한 의미를 깨닫게 해 줍니다. 무엇보다도 우리의 지난 삶과 남은 세월의 의미를 다시 음미하게 되는 것, 이 계절만

이 주는 독특한 삶의 교훈이라 생각됩니다.

　교회가 이 계절에 감사절을 설정한 것도 이와 무관치 않은데, 사계절 가운데서도 특별히 우리 자신과 지난 삶을 돌아보게 하며, 그것을 통해 감사하는 마음을 불러일으키는 독특한 계절이기 때문입니다. 따라서 우리가 이 계절에 감사하는 마음으로 우리 존재와 삶을 다시 생각한다는 것은 매우 의미 있다고 여겨집니다. 감사는 무엇보다도 우리로 하여금 그것을 가능케 한 여러 삶의 요인들을 돌아보게 할 뿐만 아니라 그것과 더불어 우리 존재에 대한 근본적인 성찰로 나아가게 해 주기 때문입니다.

　이 계절을 지내면서 우리에게 허락된 헤아릴 수 없는 창조주 하나님의 은총과 사랑을 생각하게 될 때 우리는 감사하는 마음을 갖지 않을 수 없습니다. 감사에 대한 이런 마음은 신앙인인 우리가 드리는 감사가 갖는 그 독특한 의미를 잘 보여주는데, 철학자나 성인들이 드렸던 감사와는 다른 근본적인 차이점이 여기에서 잘 드러나고 있기 때문입니다. 플라톤에게 있어 감사는 첫째, 짐승이 아닌 인간으로 태어난 것, 둘째, 야만인이 아니라 헬라인으로 태어난 것, 셋째, 철학자인 것과 관련되어 있습니다. 그리고 맹자에게 있어 감사는 첫째, 부모와 함께 있고 형제가 무고하니, 둘째, 하늘을 우러러보고 땅을 내려다봐도 부끄러운 것 없으니, 셋째, 천하의 영재들을 한 집에 모아 교육할 수 있는 것과 관련되어 있다고 합니다. 오늘은 이런 의미들을 염두에 두면서 인간 존재와 관련된 신앙적인 감사의 근본적인 의미를 본문 말씀을 통해 함께 생각해 보고자 합니다.

인간, 그 존재의 의미는?

오늘 본문 말씀은 한 시인이 인간 존재와 그 의미를 창조주 하나님에 대한 신앙 속에서 반추하면서 새롭게 얻은 깨달음을 전해 주고 있습니다. 이 시인은 먼저 창조주 하나님의 놀라운 피조 세계인 하늘과 땅을 바라보면서 그 안에 충만한 하나님의 위엄과 영광을 발견하게 되고, 그분의 능력 가운데서 온 피조 세계가 질서정연하게 운행되고 있는 것에 대해 찬양을 드리고 있습니다.

그런데 여기서 우리를 주목하게 만드는 것은 이런 피조 세계가 갖는 놀라운 다양성과 질서 가운데서 우리 인간이 차지하고 있는 그 위상을 생각할 때 그 의미가 너무 크고 신비스럽다는 것을 깨닫고 크게 놀라고 있다는 사실입니다. 하나님의 창조와 그 위엄 속에 있는 피조물들의 다양한 모습들을 보면서 우리 인간을 대비시켜 돌아보게 될 때 그 존재적 위상과 가치가 너무 과분하게 부여됐다는 사실에 큰 경이감과 놀라움을 느끼고 있는 것이지요.

그래서 이 시인이 인간 존재를 생각하면서 '물음'으로 시작하고 있다는 점은 매우 특별한 의미를 갖는다 생각됩니다. "사람이 무엇이기에 주께서 그를 생각하시며, 인자가 무엇이기에 주께서 그를 돌보시나이까?"라는 물음 속에는 인간 존재에 대해 너무 과분한 관심이 주어지고 있었음을 깨달았기 때문이지요. 이 시인은 우주 만물과 그 안에 거하는 다른 피조물들과 그 의미들을 생각하다가 그 존재 가치가 매우 모호한 인간을 생각하게 되자, 저 물음 외에는 다른 그 어떤 말을 더하기가 어렵다는 것을 느끼지 않을 수 없었던 것입니다. 그런데 이것은 뜻밖에도 우리에게 인간 존재의 가치나 의미와 관련된 중요한 신앙적인 통찰을 얻는 데서 큰 깨달음을 주고 있습니다. 우리는 인간이 '하나님의 형상'으로 창조된 특별한 존재라 여기지만, 자신으로부터는 어떤 확정적인 규정도 끌어낼 수 없는, 단지 끝없는 '물음'을 가진 존재라는 사실을 새롭게 알게 되기 때문입니다. 인간은 스스로 자기를 완성할 수 있는 자기 완결적인 존재가 아니라, 자신의 존재를 다른 어떤 대상과의 '관계' 속에서 인지함으로써만 자신의 존재를 확인할 수 있게 되는 관계적인 존재로 창조되었기 때문입니다. 인간을 깊이 생각하는 사람들이 우리 인간을 '대자적'인 열린 존재라고 말하는 것도 이 때문입니다.

그런데 인간을 아직 완성되지 않은 비확정적인 열린 존재로 말하는 것은 인간만이 갖는 특성이면서 또한 우리 인간의 '존재적인 의존성'이라는 약함을 드러내는 표지라 할 수 있습니다. 여기서 우리는 생물학자들이 '본능적 결핍성'이라 말하는 인간 존재의 약함과 관련된 두 번째 특성을 보게 됩니다. 오늘 시편 기자는 이 인간을 '사람'이나 '인자'란 용어로 말하고 있는데, 이것은 사람이란 것이 '깨지기 쉬운 존재'(에노쉬)를 그리고 인자는 '흙의 아들'(벤 아담)을 뜻하는 말이기 때문입니다. 왜 이런 말을 사용했을까요? 성서는 인간을 여전히 요동하는 그 '약한 존재'의 본질에서 바라보고 있기 때문이 아닌가요? 그래서 도대체 '사람이 무엇입니까?'라고 묻고 있는 겁니다. 항상 관심과 돌봄을 필요로 하는 존재가 인간이고, 불확실한 삶에서 벗어날 수 없는 '불안한 존재', 바로 그가 인간이라 생각되었기 때문입니다.

그러나 시인이 인간을 이처럼 부족하고 약한 측면과 관련해서 새롭게 인지할 수밖에 없었던 이유는 바로 하나님의 피조물인 저 하늘을 보고, 그 안에 있는 달과 별들을 보면서 하나님의 창조의 위엄과 경이로움에 비교할 수 없는 큰 감동과 깨달음을 얻었기 때문입니다. 그런데 더 놀라운 것은 시인이 생각할 때 인간은 그 존재의 약함과 비확정성으로 인해 이 피조 세계의 무의미한 존재로 전락하는 것이 아니라, 오히려 역설적으로 창조주이신 하나님으로부터 너무나 큰 관심과 사랑을 받고 있는 존재로 여겨지고 있다는 사실입니다. 바로 여기에서 우리는 인간이 그 존재적 독특성에서 소유하고 있는 세 번째 특성을 봅니다.

인간 밖의 삼라만상은 다양하고 거대하면서도 질서정연하게 움직이고 있지만, 창조주 하나님의 생각과 관심은 오히려 이 인간에게 더 많이 주어지지 않을 수 없었다는 건데, 그것은 바로 우리 인간의 이런 부족함과 약함 때문이라는 겁니다. 그렇기 때문에 인간이 저 창조주 하나님의 특별한 생각과 관심의 대상이 된다는 것은 생각하면 할수록 우리 인간에 대한 놀라운 진실을 드러내는 말이라 할 수 있는 겁니다. 생각의 대상이라는 것은 한마디로 사랑의 대상이라는 말에 다름 아니기 때문이지요. 생각한다는 것은 그 대상이 무언가 돌봄과 사랑을 필요로 하는 부족함과 약함을 지니고 있다는 것을 드러내고 있기 때문입니다. 부모가 자식 중에서 가장 약하고 부족한 자식을 더 생각하듯이 사람은 피조물 중에서 가장 약하고 부족한 존재로 창조되었기에 항상 주 하나님의 생각과 관심과 돌봄의 대상이 될 수밖에 없었다는 겁니다. 따라서 이 말씀은 창조주 하나님께서 우리 인간에 대해 갖는 관계와 관련해 가장 심오한 의미를 부여하는 것이라고 말할 수 있습니다.

약함과 결핍을 가진 인간, 따라서 하나님의 생각과 돌봄의 대상이 될 수밖에 없는 인간의 존재적인 약함, 바로 이것이 창조 신앙의 눈으로 본 인간의 모습이라고 한다면, 그 어떤 상태에서도 자만하거나 절망해서는 안 되는 존재가 또한 사람이라는 것을 말해 주고 있는 것입니다. 그렇기에 인간의 존재적인 의미를 소유와 존재라는 대립 구도적인 물음으로 설명하려 하는 것도 사실상 그 본질에 있어서는 바로 이것 때문이었다고 여겨집니다.

신앙인이 드리는 감사, 그 축복의 의미

그래서 본문의 시인은 우리 인간이 얻을 수 있는 진정한 '축복'이란 것이 인간 그 자신의 재능이나 능력으로부터가 아니라, 하나님의 관심과 배려와 돌보심으로부터 주어지는 것이라 생각하기에 우리에게 가장 중요한 것은 그분을 지속적으로 신뢰하는 신앙적인 관계라 여기고 있습니다. 본문 말씀이 창조주 하나님께서 부족하고 약한 우리 인간에게 그분의 영화와 존귀의 관을 씌워주셨다고 말하고 있는 것도 인간만이 갖는 하나님과의 신앙적 관계성으로 인해 주어지는 인간에 대한 큰 축복을 보여주는 것이며 또 인간에게 모든 피조물을 다스리는 권한을 주셨다는 것도 바로 이 약한 인간이 피조물 가운데서 하나님을 신앙하며 함께 할 수 있는 유일한 존재라 여겼기에 그랬다 생각되는 겁니다.

그런데 바로 여기에서 인간 존재의 네 번째 특성이 드러나고 있는데, 그것은 신앙 안에서 감사하며 사는 것이 우리 인간에게는 그 무엇보다도 중요한 것이고, 오늘 우리가 얻고 소유한 모든 것이 다 주 하나님의 배려와 도움에 의해 가능했음을 고백하며 살아가는 것이 주님의 축복을 얻는 가장 지혜로운 삶이 된다는 겁니다. 인간이 누리는 삶의 모든 것은 우리의 능력이나 업적 때문이 아니라, 창조주 하나님께서 약한 우리 인간을 특별히 배려하면서 당신의 모든 피조물들에 대한 관리와 지배 권한을 주셨기에 비로소 가능한 것이었다 여겨지기 때문입니다.

그렇다고 한다면 우리가 신앙인으로 창조주 하나님을 믿고 감사드리며 살고 있다는 이 사실은 우리 존재의 근원과 삶이 헤아릴 수 없는 주 하나님의 사랑과 돌보심에 연결된 사귐의 관계 속에 있음을 보여주는 축복의 징표라 할 수 있는 겁니다. 우리가 이 계절에 창조주 하나님에 대한 감사의 마음을 다시 확인하고자 하는 것은 우리 존재의 지속가능성을 주 하나님의 피조 세계와의 연결성 속에서 공고히 하고, 창조주 하나님의 지혜와 능력에 힘입는 축복된 삶을 이어가고자 하기 때문입니다. 그러므로 오늘 이 결실의 계절을 생각하며 감사의 의미를 되새기는 것은 우리를 만물의 근원으로 이끌어 가는 주 하나님의 축복의 문을 열기 위함입니다.

세계의 비약적인 발전에도 불구하고 아직도 '인간이란 무엇인가?'라는 물음은 여전히 그 어떤 확실한 대답을 얻기가 어렵지만, 오늘 우리는 시인의 입을 통해 고백된 창조주 하나님 신앙으로 인해 이 물음에 대한 의미 있는 대답을 들을 수 있게 된 것입니다. 여기서 우리는 인간에 대한 존재 물음이 사실은 창조주 하나님에 대한 신앙적 물음과 깊게 연결되어 있음을 다시 한번 확인하게 되는데, 인간은 하나님의 형상으로 창조되었지만, 또한 모든 피조물 가운데 가장 마지막으로 창조된 피조물이기에 이 양자에 대한 그 존재적 연결성과 제한성을 소중하게 여기며 살아갈 수밖에 없는 겁니다. 그렇기에 하나님을 우리 존재의 중심에 두고 삶의 참된 의미와 그 삶의 가능성을 늘 새롭

게 확인하는 것은 우리에게 그 어떤 것보다도 더 소중한 과제가 되는
겁니다. 인간을 알고자 하는 자는 하나님을 알아야 하고, 하나님을 알
고자 하는 자는 인간을 알아야 한다는 종교개혁자들의 주장은 이런
점에서 우리에게 매우 소중한 신앙적 인식과 삶의 근본 원리를 깨닫
게 해 주고 있습니다.

앞서간 신앙의 선배들이 성경 말씀을 통해 우리에게 "범사에 감사
하라"고 권면하고 있는 것도 신앙인에게는 창조주이신 하나님과 그분
의 피조 세계에 대한 감사한 마음을 잃지 않는 것이 그 무엇보다도 중
요하고 의미 있다고 여겼기 때문입니다. 나뭇잎이 꽃잎이 되면서 자
연의 감추어진 아름다움과 신비스러움을 새롭게 보여주는 의미 있는
이 계절에 주 하나님께서 베풀어 주시는 사랑의 관심과 피조 세계를
통한 여러 소중한 도움들이 우리의 삶에 큰 기쁨과 희망으로 함께하
길 기원합니다.

곤고한 인간

(롬 7:21-25)

내 속사람으로는 하나님의 법을 즐거워하되
내 지체 속에서는 한 다른 법이 내 마음의 법과 싸워
내 지체 속에 있는 죄의 법으로 나를 사로잡는 것을 보는도다
오호라 나는 곤고한 사람이로다
이 사망의 몸에서 누가 나를 건져내랴(22-24절)

신앙인의 자기성찰

세상이 급변하면서 우리 삶에서 소중하게 여겨지던 많은 것들이 그 의미를 잃고 있습니다. 그 가운데서 우리가 잃어버리고 있는 소중한 것 가운데 하나가 '자기성찰'이라는 것입니다. 언제부터인가 우리 삶이 치열한 경쟁 속에 있게 되고, 오직 성공하는 것만이 삶의 목적이 되어버린 후 사람들은 더 이상 자기성찰의 중요성과 그 의미를 염두에 두지 않고 살고 있는 것 같습니다. 우리 삶에서 균형과 절제의 삶이

사라지고, 관심이 오직 부풀려진 욕망을 충족시키는 쪽으로만 향하는 것은 바로 그 반증입니다.

그러나 우리 신앙인에게 이 '자기성찰'은 매우 근본적인 의미를 갖는 것이기에 결코 쉽게 단념할 수 없는 것입니다. 우리가 믿는 하나님과 그 복음을 따르는 우리의 삶은 그 안에 자기성찰의 계기를 가지고 있어야 하기 때문입니다. 예수님께서 사역을 시작하기 전에 광야의 시험을 치렀던 것도 바로 이런 맥락에서 이해될 수 있습니다. 그 시험의 내용은 매우 상징적이었지만, 우리 인간의 감추어진 욕망과 관련된 것이었습니다. 따라서 인간의 저 욕망을 부추기는 악마의 유혹은 우리 현실의 삶과 결코 무관치 않은 것이라 여겨집니다.

종교개혁자들의 인간 이해

칼뱅 탄생 500주년을 기념하는 해를 보내면서 그의 종교개혁 사상을 되새기는 시간을 가진 적이 있었습니다. 칼뱅은 우리가 잘 아는 것처럼 루터와 함께 개신교 종교개혁을 이끈 대표적인 인물에 속하는데, 은혜의 복음, 하나님 말씀, 신앙 등은 이 종교개혁을 이끈 세 가지 중심 주제라 할 수 있습니다. 그런데 루터와 비교해 보면 루터가 오직 순수한 복음과 그 내면의 확신에 관심했다면, 칼뱅은 복음과 그 삶의 질서 형성에 더 관심했다고 할 수 있습니다. 그래서 루터에게 중요한 것은 의인론이었다면, 칼뱅에게는 성화론이 더 중요했다고 말해집니다.

그런데 칼뱅에 대해 비판하는 것이 있습니다. 하나님의 주권 사상과 예정론이 그것인데, 이것은 한마디로 인간적인 차원을 너무 가볍

게 본다는 겁니다. 그러나 칼뱅이 쓴 책 중 가장 유명한 책이『기독교
강요』라는 책인데, 여러 판으로 출판되어 개신교의 발전에도 큰 영향
을 준 책입니다. 그런데 이 책 첫머리에 보면 놀랍게도 칼뱅은 인간에
대해서 매우 의미 있는 말을 하고 있습니다. 우리가 소유한 참된 지혜
는 두 부분으로 이루어지는데, '하나님에 대한 지식'과 '인간에 대한
지식'이 그것이랍니다. 따라서 "인간에 관한 지식은 하나님에 관한 지
식이며 또한 하나님에 관한 지식은 인간에 관한 지식"이 된다는 겁니
다. 그렇기에 칼뱅을 포함한 종교개혁가들은 하나님을 강조했지만,
인간을 배제했던 것은 아니었다고 여겨집니다. 오히려 현실의 인간을
매우 예리하게 의식하고 있었고, 그 인간을 염두에 두면서 하나님에
대해 말했던 겁니다. 그래서 신앙인을 '의인이면서 동시에 죄인'(*simul
justus et peccator*)이라 말하는 종교개혁가들의 주장은 바로 이런 맥락
에서 바르게 이해될 수 있습니다.

곤고한 인간?

오늘 본문 말씀은 사도 바울이 자기 자신을 신앙적으로 깊이 성찰
하는 말씀입니다. 이 말씀이 율법과 관련된 내면의 갈등과 싸움을 고
백하는 내용으로 되어 있는 것도 이 때문입니다. 바울은 지금 자신이
어떤 심각한 내적 갈등 속에 있음을 말하고 있는데, 중요한 것은 그가
회심 전에는 오히려 그렇게 심하지 않았던 내적 갈등을 겪고 있다는
사실입니다. 어떤 갈등인가요? "내가 해야겠다고 생각하는 것은 하지
않고 도리어 해서는 안 된다고 생각하는 일을 하고 있다"는 것이고,
"내가 원하는 선한 일은 하지 않고 도리어 원하지 않는 악한 일을 한

다"는 겁니다. 매우 당혹스럽고 이해가 쉽지 않은 이야기인 거죠. 특별히 바울이 가졌던 신앙의 깊이와 그 치열한 선교적 열정을 생각한다면 이런 말은 결코 쉽게 이해되지 않습니다. 도대체 왜 이런 말을 하는 건가요?

이 말씀은 여러 학자들을 매우 당혹스럽게 했는데, 무엇보다도 본문에 나오는 '나'가 누구인지에 대해 탐구하며 논쟁했던 것도 이 때문이었습니다. 어떤 이는 이것은 바울의 중생 이전의 경험이라 말하기도 하고 또 어떤 이는 신앙인 일반이 겪는 어떤 보편적인 갈등에 대한 경험이라고 말하기도 합니다. 성 어거스틴도 초기에는 이런 바울의 모습이 그리스도인이 되기 이전의 경험이라고 했다가 후에는 이것이 그리스도인의 내면의 갈등과 싸움을 보여준다고 말하고 있습니다. 또 어떤 학자는 여기서 말하는 '나'가 누구인지와 관련해서 바울인지 아니면 어떤 다른 사람을 생각하며 말하는 것인지, 만약 바울이라면 그가 어떤 낮은 신앙의 단계에 있을 때를 회상하며 한 말인지, 아니면 그의 신앙적 삶을 전적으로 지배했던 경험인지, 만일 후자라고 한다면 도대체 인간의 삶에 있어 그 책임성의 문제는 어떻게 되며, 누가 감히 인간의 삶에 대해 책임을 물을 수가 있는지 등의 문제들을 제기하기도 합니다.

이런 복잡한 문제에 대한 모든 이야기를 다 다룰 수는 없지만, 한 가지 분명한 것은 이것은 신앙인이 자신을 깊이 성찰하고 인식할 때 그 자신에게서 느껴지는 인간 실상의 모습이라는 겁니다. 다시 말하면 인간은 신앙인이 되어도 여전히 모순 속에 있으며, 내적인 갈등을 느끼지 않을 수 없다는 이야기인 겁니다. 왜 그럴까요? 자신을 깊이 알면 알수록 모순적인 의식 속에서 살고 있는 존재가 바로 우리 인간이기 때문이라는 건데, 여기서 중요한 것은 오늘 본문이 말해 주는 인간의 이런 이중적인 실제의 모습입니다.

본문 말씀은 이것을 인간의 이런 이중적 실상의 주제들을 보여주는 두 가지 자아, 두 가지 법, 두 가지 종노릇과 관련해서 이야기하고 있습니다.

두 가지 자아?

21절은 "내가 한 법을 깨달았노니 선을 행하기 원하는 나에게 악이 함께 있는 것이다"라고 말하고 있습니다. 선을 행하려는 '나'와 악에 얽혀 있는 '나'가 함께 있다는 말인데, 그렇다면 이것은 우리 인간이 확실하고 분명한 삶을 살기보다는 오히려 요동하면서 모호한 삶을 살고 있다는 것을 드러내는 말이라 여겨집니다.

그런데 더 놀라운 것은 이것이 바울의 회심 이전의 이야기가 아니라는 사실입니다. 그래서 이것은 우리가 신앙인이라 할지라도 두 가지 법 속에서 살아가지 않을 수가 없다는 사실을 보여주는데, 속사람이 지향하는 하나님의 법과 현실의 우리를 사로잡는 죄의 법이 그것입니다. 우리의 속사람의 법은 저 하나님의 법을 즐거워하지만, 죄의 법은 우리의 지체 속에서 우리 마음의 법과 싸워 우리를 사로잡는다는 것이지요. 그래서 우리는 내적으로는 하나님의 법을 즐거워하지만, 외적으로는 여전히 죄의 법에 사로잡혀 있다는 겁니다. 신앙인을 의인이면서 죄인이라고 말하는 이유가 바로 여기에 있다고 여겨지는데, 그럼에도 불구하고 신앙으로 의롭게 된 인간이 여전히 죄인이라는 저 모순적인 말은 단순히 인간에 대한 사변적이고 교리적인 접근을 통해 얻어지는 결론적인 규정이 아니라 우리의 삶에서 실제로 경험하는 현실인 겁니다.

그렇다면 바울이 말하는 두 가지 종노릇은 바로 이것으로부터 주어지는 자연스러운 귀결로 여겨집니다. 우리 신앙인은 마음으로는 하나님의 법을, 육신으로는 죄의 법을 따르고 있다는 건데, 이것은 우리 신앙인이 신앙이 깊어질수록 더 분명하게 깨닫게 되는 우리 존재와 그 삶의 모습으로, 신앙을 가진 우리 인간의 모순적인 모습이라는 겁니다. 우리가 신앙을 가지고 살면서도 그 외적인 욕망의 삶에서 흔들리며 자유롭지 못한 것도 이와 무관치 않은데, 외적 삶의 욕망과 그 힘이 여전히 우리를 사로잡고 있기 때문입니다. 그래서 바울은 24-25절에서 상반된 두 가지 외침인 실존적인 고백과 신앙적인 선언을 연결시킴으로써 이 문제를 해결하는 새로운 삶의 길을 열고자 했던 것입니다. "오호라 나는 곤고한 사람이로다. 누가 이 사망의 몸에서 나를 건져내랴"(24절), "우리 주 예수 그리스도로 말미암아 하나님께 감사하리로다"(25절)는 바로 이런 맥락에서 바울이 추구했던 새 삶을 향한 외침입니다.

이런 맥락에서 보면 '곤고한 인간'은 우리 인간의 적나라한 실존의 모습을 드러낸 말입니다. 그래서 인간은 단순히 위대한 존재가 아니라 오히려 답이 없는 문제성 속에서 살아가야 하는 비참한 존재라 할 수 있는 겁니다. 우리 삶이 여러 가지 모순과 모호함에 지배당하고 있고, 그렇기에 우리 인간은 극복할 수 없는 실존적 문제성으로부터 자유로울 수가 없다는 것입니다. 따라서 인간이 그 자신으로부터는 그 정체성을 확고하게 규정할 수 없는 "흔들리며 피는 꽃"(도종환)과 같은 존재라 말할 수 있는 것도 바로 이 때문입니다. 그럼에도 불구하고 놀라운 사실은 바로 이 인간이 또한 그 의미가 너무나 다른 새로운 희망의 노래를 부를 수 있다는 사실입니다. 오늘 바울이 부르고 있는 "우리 주 예수 그리스도로 말미암아 하나님께 감사"드린다는 노래가 바로 그것입니다.

속사람의 새로움

그렇다면 곤고한 우리 인간이 이런 새 희망의 노래를 부를 수 있다는 것은 무엇을 의미하는 건가요? 물론 이것은 우리 인간이 소유한 그 어떤 지혜나 능력으로부터 부를 수 있는 노래가 아니라는 사실을 잊지 않는 것이 그 무엇보다 중요합니다. 이 노래는 바로 우리들이 믿고 의존하는 하나님에 대한 신앙으로 인해 주어지는 새로운 삶의 희망 때문에 부를 수 있는 노래이기 때문입니다. 우리가 하나님 신앙이 주는 신비한 능력과 지혜 앞에서 늘 우리 자신을 성찰하며 돌아보아야 하는 이유가 바로 여기에 있는데, 바울이 부르고 있는 저 감사의 노래는 곤고한 우리 인간에게 새로운 삶의 의미와 희망을 주는 해답을 포함하고 있기 때문입니다. 어떤 희망인가요?

우리는 신앙에 의한 중생의 삶을 산다고 하지만, 여전히 내적 갈등과 싸움 속에 있는 존재들입니다. 그렇기에 우리 신앙인은 무엇보다도 먼저 이 모순과 갈등의 불가피성을 인정하지 않을 수가 없습니다. 무엇보다도 인간은 피조물 가운데서 특별히 '열린 존재'로 창조되었기에 자기 완결적 존재가 아닙니다. 게다가 약한 육신을 가지고 있어서 이 땅에서 험한 삶의 여정을 헤쳐 나가지 않을 수 없는 존재입니다. 따라서 신앙인인 우리가 이 세상에서 살아가는 동안 이런 갈등과 싸움을 피할 수가 없다는 사실은 흙으로 지어졌지만, 하나님의 형상인 인간의 운명과 자유가 바로 여기에서 그 존재 의미를 드러낼 수밖에 없기 때문입니다. 따라서 이 싸움은 본질적으로는 하나님과 악마의 대립 속에서 주어지는 것으로 말해지기도 하지만, 우리 삶에 있어서는 외적인 것과 내적인 것의 싸움으로 나타난다는 사실은 우리에게 '속사람의 새로움'과 관련해 매우 의미 있는 교훈을 줍니다. 인간의 문제가 그 외적 인간과 관련된 법적인 차원의 조치만으로는 진정한 해결이 잘 주어지지 않는 것도 이와 무관치 않은데, 인간의 삶을 새롭게 이끌어 가고자 할 때 법을 바꾸는 것만으로 충분치 못한 근본적인 이유가 바로 여기에 있습니다. 법은 기껏해야 인간의 외적 삶만을 규제하는 한계를 노정할 수밖에 없는데, 우리 외적 삶에 결정적인 영향을 끼치는 내적 탐심과 욕망의 문제는 여전히 법적인 치리와 관련된 외적 삶을 넘어가기 때문입니다.

그렇기에 오늘 우리 신앙인에게서 드러나고 있는 삶의 근본적인 문제는 신앙인인 우리가 내적 갈등을 느끼며 씨름해야 하는 싸움의 창조적인 긴장과 의미를 잃어버렸다는 데 있다 할 수 있습니다. 우리 신앙인에게 가장 중요한 신앙과 삶의 문제가 일차적으로는 바로 우리 자신과의 싸움에 있다고 말할 수밖에 없는 것도 바로 이 때문입니다. 이 싸움이 중요한 이유는 인간의 속사람의 새로움과 그 의미가 주는 삶의 희망을 얻기가 어렵다고 회피하게 되면 그때 우리 모두는 외적 삶의 성취에만 매달리게 되기 때문입니다. 사람들이 젊은 나이에 이룬 빠른 성공이나 그 성취가 갖는 위험성에 대해 칭찬과 우려를 함께 말하는 것도 바로 여기에 이유가 있는 겁니다.

인간이 희망일 수 있는 이유

인간의 삶을 더 의미 있고 가치 있게 이끌어 가려는 여러 노력들이 공공의 영역에서만이 아니라 우리의 개인적인 삶의 영역에서도 계속해서 추구되고 있지만, 우리 인간의 내적이고 정신적인 속사람의 새로움과 그 의미 문제를 고려하지 않은 채 인간에 대한 '이상적인 상'만을 주장하는 것만으로는 그 진정한 해결의 길이 열릴 수 없다고 여겨집니다. 사도 바울이 "오호라 나는 곤고한 자로다. 누가 이 사망의 몸에서 나를 건져내랴?"고 외치지 않을 수 없었던 것은 바로 이 문제가 갖는 해결의 어려움을 잘 보여줍니다. 이런 맥락에서 볼 때 오늘 본문에서 바울이 갑자기 삶의 도약을 함축하는 신앙적인 선언을 하고 있는 것은 우리에게 매우 의미 있는 교훈을 주고 있습니다. 이것은 실타래처럼 얽혀 있는 우리 인간의 문제와 그 모순을 너무 잘 알고 있는 바울이 "주 예수 그리스도로 인해 하나님께 감사하노라"고 선언하면서 그것을 문제의 해답으로 제시하고 있기 때문입니다. 물론 이것은 바울이 인간이 가진 어떤 독특한 능력이나 지혜를 새롭게 발견했기에 그렇게 했다 생각되지 않습니다. 단지 인간의 문제와 그 모순의 깊이를 알면 알수록 그리스도 안에서 우리에게 허락하신 하나님의 은혜가 우리 존재와 삶의 새로움을 위해 큰 의미를 갖는다는 것을 새롭게 깨달았기에 이렇게 선언할 수 있었던 겁니다. 그렇기에 저 선언은 이제 인간의 문제는 인간 자체로부터는 그 온전한 해결을 얻는 것이 가능하지 않다고 여긴 것이고, 긍휼의 하나님과 그분의 사랑을 우리 신앙과 삶의 중심에 둘 때에만 그 해결이 주어질 수 있다는 사실을 보여주고 있는 겁니다.

그렇다고 해서 주 하나님의 은혜와 사랑을 통해 속사람의 새로움을 발견했던 바울이 우리 인간이 짊어진 저 갈등과 긴장의 삶에서 벗어난 것은 아닙니다. 그는 단지 예수님을 통해 아버지 하나님의 놀라운 사랑과 은총을 깨닫게 됨으로써 그분으로부터 주어지는 새로운 희망의 삶과 그 미래를 향한 열린 길을 발견하게 되었던 겁니다. 따라서 바울은 아직도 자기 안에 있는 모순과 갈등을 의식하면서 긴장 가운데서 살아가고 있지만, 그것으로 인해 절망할 필요가 없다고 여기게 된 것인데, 이것은 우리에게 매우 중요하고도 의미 있는 신앙적인 삶의 교훈을 줍니다. 이제 바울은 그 무엇하고도 비교할 수 없는 하나님의 무궁한 사랑이 더 큰 힘으로 그 자신을 이끌고 있다는 사실을 깊이 깨닫게 되었고, 수많은 삶의 어려움들과 실패에도 불구하고 믿음과 사랑과 희망의 삶을 사는 새로운 인생의 의미와 비밀을 깨우치게 되었던 것입니다.

인간이 희망이고 경쟁력이라 말하지만, 우리는 여전히 인간이 큰 문제가 되고 있는 시대를 살고 있습니다. 인간은 오늘날 여러 전선에서 힘겨운 싸움을 하고 있지만, 가장 중요한 근본적인 싸움은 바로 우리 자신과의 싸움이라는 사실이 더욱 부각되고 있는 것이지요. 우리가 신앙인으로서 하나님에 대한 신앙의 힘과 지혜에 의존하여 자기성찰을 진솔하게 수행해야 하는 이유가 바로 여기에 있습니다. 이 싸움은 신앙적으로 볼 때 우리 안에서 일어나는 내적인 특성을 갖는 것이기에 신앙인으로서 우리는 이 싸움의 독특한 의미를 잘 견지해야 하는데, 이것이 망각될 때 신앙인으로서 갖는 그 모든 특권과 존재의 의미는 힘을 잃을 수밖에 없기 때문입니다. 그렇기에 오늘 우리의 현실에서 경험하는 의로움과 옳음에 대한 과도한 주장은 사실 우리 신앙인에게는 그렇게 생산적인 삶의 결과로 이어지지 못한다는 사실을 늘 기억해야 합니다. 이 싸움은 우리 신앙의 역사에서는 대체로 늘 그 내용이 전도된 '정의로운 전쟁'으로 이끌려 갔다는 교훈을 망각할 수가 없기 때문입니다.

시대가 너무 혼탁하고 번잡스럽지만, 그렇기에 또한 우리 신앙인에게는 새로운 삶의 희망을 열어갈 수 있는 기회가 주어지고 있다고 생각합니다. 하나님의 은총과 사랑의 승리를 믿는 신앙이 우리 안에서 다시 힘을 얻고, 우리 삶에서 새로운 희망의 문을 열어서 저 하늘 생명과 그 살림의 역사로 면면히 이어지길 간절히 기원합니다.

약한 그때에

(창 28:10-19)

> 야곱이 잠이 깨어 이르되
> 여호와께서 과연 여기 계시거늘 내가 알지 못하였도다
> 이에 두려워하여 이르되 두렵도다 이곳이요
> 이것은 다름 아닌 하나님의 집이요
> 이는 하늘의 문이로다 하고(16-17절)

성서는 신앙의 책

성서는 여러 가지 다양한 이야기들로 가득 차 있습니다. 그러나 그 핵심이 하나님 말씀과 관련되고, 이것을 중심에 두고 모든 이야기들이 연결되어 있기에 신앙의 눈으로 읽어야 비로소 본래의 생명력이 드러나는 책이라 할 수 있습니다. 따라서 성서의 진리를 우리 인간의 상식이나 지식 수준에서만 이해하고 받아들이는 것은 문제라 아니할 수 없습니다. 하나님의 말씀과 그 진리는 인간의 지식이나 지혜만으

로는 그 온전한 이해에 도달하는 것이 어렵기 때문이지요. 성서의 '다양한' 내용은 하나님의 뜻을 근간으로 해서만 그 본래의 의미가 주어질 수 있기에 여기서 우리는 우리 신앙적 삶에서 늘 문제가 되는 '다양성과 일치' 문제에서 이 양자를 아우르는, 흔들릴 수 없는 확고한 전망을 얻게 됩니다.

하나님의 말씀으로서 저 성서 이야기를 사람들은 이 세상의 삶에서 그 궁극성과 현실성의 차원을 아우르는 큰 이야기(거대 담론)인 '거대서사'라 말하고 있는데, 이것은 또한 우리가 성서 말씀을 대할 때 차원이 다른 생각과 폭넓은 관점을 필요로 한다는 사실을 잘 보여줍니다. 성서 이야기는 단지 세상과 우리 인간들의 욕구나 필요에 상응하는 닫힌 이야기가 아니라 이 세상과 인간의 새 미래를 '위한' 하나님의 열린 이야기로 자리매김될 수 있기 때문이지요.

사람들이 성서를 역설의 책이라고 이야기하는 것도 이런 맥락에서 이해할 수 있습니다. 이것은 인간의 상식적이고, 합리적인 생각만으로는 깊은 깨달음을 얻기가 어렵다는 것을 의미하는데, 그렇기에 우리가 성서의 말씀을 제대로 이해하기 위해서는 무엇보다도 그 말씀의 주인되시는 하나님을 먼저 알아야 하고, 우리의 신앙생활에서 하나님과의 연결성과 바른 관계성을 우선적으로 고려해야 합니다.

야곱 이야기와 구속사적 지평 확대

이스라엘 족장사의 중요한 인물이었던 야곱의 이야기는 바로 이런 맥락에서 볼 때 우리의 신앙과 삶을 근본에서부터 새롭게 성찰하게 하는 귀한 교훈과 메시지를 들려줍니다. 야곱이 누굽니까? 성서의

중심 흐름인 하나님의 구속사를 견인해왔던 세 번째 인물이죠. 무엇
보다도 아브라함으로부터 시작된 이스라엘 구속사의 지평을 크게 확
대시킨 사람입니다. 야곱의 이야기가 창세기 25장부터 50장까지 이
어지고 있다는 사실은 바로 이것을 잘 보여주는데, 야곱이 그 이야기
의 길이만큼이나 넓은 '구속사의 스펙트럼'을 보여준 인물로 평가될
수 있는 것도 바로 이것과 무관치 않습니다.

그렇다고 야곱이 인간적으로 흠모할만한 인물은 아니었습니다.
인간적으로 보면 야곱은 매우 욕심이 많고, 적지 않은 문제를 안고 있
는 사람으로 여겨지기 때문입니다. 심리학자들은 그래서 그를 가리켜
'성취형의 인간'이라고 말하기도 합니다. 좋은 뜻으로 보면 목적의식
이 분명해서 많은 업적을 이루어낼 수 있는 사람이라는 말이지만, 다
른 측면에서 보면 사람을 경쟁적으로 대하는 성향이 너무 강해서 수
단과 방법을 가리지 않고 일을 저지를 수 있는 문제 많은 사람이라 볼
수도 있는 것입니다. 그래서 야곱을 '경쟁의 사람'이라 말하기도 합니다.

그래서 그런지 야곱에게서는 태어날 때부터 이런 징조가 강하게
나타나고 있습니다. 야곱은 어머니 리브가의 복중에서부터 형 에서와
싸웠던 사람이었는데, 이 싸움이 얼마나 치열했는지 어머니 리브가는
근심하다 못해 하나님께 기도하는 가운데 물음을 제기할 정도였습니
다. "그 아들들이 그의 태 속에서 서로 싸우는지라 그가 이르되 이런
경우에는 내가 어찌할꼬 하고 가서 야훼께 묻자온대…." 그럼에도 불
구하고 이에 대한 하나님의 대답은 야곱이 앞으로 더욱 치열한 경쟁
의 삶을 살게 될 것을 예고하고 있습니다. "두 국민이 네 태중에 있구
나. 두 민족이 네 복중에서부터 나누이리라"(창 25:22-23). 태어날 때 형
에서의 발꿈치를 붙잡고 세상에 나왔던 사람, 결국 그의 이런 출생적

인 징조는 성장해 가면서 실제로 가족을 양분시키게 되는데, 아버지 이삭은 에서를, 어머니 리브가는 야곱을 편애하게 된 것이 바로 그것입니다. 아마도 이런 가정 분위기는 야곱 이야기의 분수령을 이루는 장자권 탈취와 관련해서도 적지 않은 영향을 미쳤으리라 여겨지는데, 야곱은 사냥에서 돌아온 배고픈 형 에서를 팥죽으로 유혹해 장자권을 포기하게 하고, 어머니의 도움으로 아버지를 속여 장자의 축복을 가로채게 됩니다. 경쟁적 삶의 현실을 벗어나기가 쉽지 않았던 야곱은 그 후에도 외삼촌 라반의 집에서 두 자매 레아와 라헬 사이의 경쟁 관계에 휩쓸리게 되고, 결국에는 장인인 라반과도 경쟁하게 되는 삶으로 이어지는 것을 보게 됩니다.

그런데 더욱 놀라운 사실은 후에 야곱이 애굽의 바로왕 앞에서 했던 그의 지난 삶에 대한 소회를 통해 알게 되는 그의 삶의 실상인데, 그의 이런 경쟁 지향적인 삶은 그를 행복하게 만들어 준 것이 아니라 오히려 '험한 세월'을 감내해야만 하는 고통스런 삶으로 이끌었다는 사실입니다. 그래서 야곱의 나이를 묻는 바로의 질문에 대해서 야곱은 "내 나그넷길의 세월이 130년이었나이다. 우리 조상의 나그넷길의 세월에는 미치지 못하나 (내가) '험한 세월'을 보내었나이다"(창 47:9)라고 고백할 수밖에 없었던 겁니다. 생각하면 할수록 이것은 매우 충격적인 삶의 고백이라 여겨집니다. 이 고백에서 우리는 야곱이 끈질기게 추구해 왔던 경쟁적인 삶을 통해서는 결코 그가 원했던 행복을 얻을 수 없었다는 사실을 확인하게 되기 때문입니다. 여기에서 우리는 야곱의 삶의 진정한 의미와 가치가 그가 추구했던 것과는 전혀 다른 것으로부터 주어지고 있음을 알게 되는데, 오늘 본문 말씀은 바로 이런 맥락에서 우리에게 의미 있는 삶의 큰 깨달음과 교훈을 주고 있습니다.

야곱의 하나님 체험 이야기

오늘 본문 말씀, 우리가 많이 들어왔기에 잘 알고 있는 말씀입니다. 야곱이 집을 떠나 처음으로 하나님을 체험하게 되는 이야기지요. 장자권을 얻기 위해 쌍둥이 형 에서를 속인 것이 화근이 되어 결국 형 에서를 피해 도망치게 되는 여정에서 일어났던 사건입니다. 어머니 리브가의 주선으로 하란의 외삼촌 집으로 도피하는 길이었다고 하지요. 대략 2개월이 소요되는 여정이었다고 합니다. 짧지 않은 여정이었고 무엇보다 처음으로 집을 떠나온 야곱이었기에 그가 느끼는 낯섦과 불안과 두려움은 결코 작은 것이 아니었다고 여겨집니다. 그런데 바로 모든 것이 낯설고 어떤 안전장치도 갖추지 못한 상황, 아무것도 의지할 수 없는 벧엘 광야에서 뜻밖에 꿈속에서 신비한 하늘 사다리 경험과 더불어 주 하나님을 만나는 놀라운 체험을 하게 된 것입니다.

이 체험의 중요성은 무엇보다도 야곱이 오랫동안 아버지 이삭과 어머니 리브가를 통해 하나님에 관해 적지 않은 이야기를 들어왔다고 여겨짐에도 불구하고, 이 사건으로 인해 야곱이 비로소 하나님을 체험적으로 알게 되는 결정적인 계기를 얻게 되었다는 데 있습니다. 야곱이 잠에서 깬 후에 여기가 '하나님의 집'이요, '하늘에 이르는 문'이구나 라고 외쳤던 말은 이 신비한 경험이 그에게 준 충격과 놀람과 두려움을 여실히 드러내 보여줍니다. 비로소 하나님의 '거룩한 현존'과 그 신비한 힘을 느낀 것이지요. 주 하나님과의 최초의 만남이 주어진 것입니다.

그런데 이 체험은 일반적 종교체험이 주는 신비한 두려움 속에서 일어났지만, 그 안에 하나님의 축복의 '약속'이 내포되어 있었다는 점

에서 그 의미는 매우 다르다는 것을 보게 됩니다. 이 약속에는 그의 선
조들에게 주어졌던 땅과 자손에 대한 축복만이 아니라, 하나님께서 늘
그와 함께 하시겠다는 임마누엘의 축복도 포함하고 있었기에 야곱에
게는 매우 큰 힘과 위안이 되었으리라 여겨집니다. 그가 집을 떠나 도
망가는 처지에 있었지만, 그 이후의 삶에서 여러 어려움을 잘 견디어내
고 결국 큰 성공을 거두게 된 것도 결코 이 축복과 무관치 않습니다.
그러나 물론 이 모든 과정이 그렇게 쉽게 지나갔던 것은 아니었고, 우
리가 성서를 통해 알게 되는 것처럼 이 여정은 20여 년의 '험한 세월'을
필요로 했던, 결코 적지 않은 삶의 대가를 치른 시간이었습니다.

하나님 체험과 그 '때'가 주는 교훈

이 야곱 이야기는 한 편의 드라마처럼 매우 흥미롭지만, 또한 우리
에게 다음과 같은 질문을 하게 만듭니다. 도대체 야곱의 삶에 결정적
의미를 주었던 하나님 체험과 그 비밀은 무엇인가? 우리는 '어떻게'(know-
how) 하나님 체험에 다가갈 수가 있는가? 물론 저 체험은 '하나님의 주권
적 섭리' 속에서 일어난 것이기에 이런 질문은 의미가 없다고 말할 수
도 있습니다. 그럼에도 우리가 저 체험 속에서 어떤 삶의 교훈을 얻으
려 한다면 이런 질문은 매우 중요합니다. 우리가 신앙을 갖는 목적은
물론 '하나님의 주권적 섭리'를 깨닫기 위함이지만, 우리 신앙생활은
또한 이런 인간적인 삶의 물음들과 전적으로 무관할 수 없기 때문이
지요.

그러나 유감스럽게도 성서는 이 '어떻게'에 대해서는 일관성 있는
그 무엇도 말하고 있지 않다는 사실입니다. 이상하죠? 하나님을 삶 속

에서 체험하는 것이 우리 신앙인에게는 그 무엇보다도 중요한 일이라 생각되는데, 왜 성서는 그 '방법'에 대해서는 거의 말하지 않는 걸까요? 인간에게 자신을 알리고자 하시는 것이 하나님의 뜻일진대, 왜 하나님을 만나는 방법에 대해서는 침묵하는 것일까요? 개인적으로 저는 오랜 시간이 지나서야 이런 하나님 체험에 대한 의문에 대해서 한 대답을 얻을 수 있었습니다. 하나님 체험의 핵심은 우리가 그것에 어떻게 도달하느냐 하는 그 '방법'에 있는 것이 아니라 오히려 그 '때'에 있었다는 사실이 바로 그것입니다. 다시 말하면 우리가 하나님을 우리 삶 속에서 체험하는 것은 우리 삶의 그 어떤 특별한 '노우-하우'와 관련된 것이 아니라 어떤 독특한 '때'와 관련되어 있었다는 것이지요. 하나님은 우리가 인생길에서 감당할 수 없는 삶의 '위기'에 빠지고, 어찌할 바를 모르는 두려움과 혼란 속에서 약해졌을 '때', 바로 그때(카이로스)에 우리를 찾아오시더라는 이야기입니다.

그렇기에 야곱의 하나님 경험이 의지할 곳이 전혀 없고, 삶의 어떤 안전장치도 주어지지 않은 낯선 광야에서 일어났다고 하는 사실은 매우 특별한 의미를 갖는 겁니다. 그것은 신비한 하늘 체험이 야곱에게는 일정한 '장소'(벧엘)와 관련된 것처럼 보이지만, 그 진정한 '의미'는 야곱의 삶에 있어 어떤 특별한 '때'(가장 힘들고, 약해진 그 '때')와 긴밀하게 연결되어 있기 때문입니다. 그렇다면 이것은 우리에게 매우 특별한 신앙적 삶의 교훈을 주고 있는데, 하나님 체험이 인간적인 삶의 노하우가 아니라 우리 인생의 어떤 '때'와 관련되어 있다는 이 사실은 우리의 신앙과 삶에 매우 특별한 깨달음을 더해 주기 때문입니다. 그 어떤 사람도 자기 인생에서 '약한 때'를 반드시 통과해야 하기 때문이지요. 그런데 이 '약한 때'가 오히려 하나님이 우리를 찾아오시는 축복의

'시간'이요, 우리 인생의 특별한 깨달음과 교훈을 얻는 소중한 시간이라는 것, 이 얼마나 귀한 신앙적인 삶의 깨달음이요 교훈입니까? 그렇기에 이제 우리의 '약함'은 우리의 신앙적 삶에 걸림돌이 아니라 오히려 축복의 통로가 된다는 사실은 우리가 믿는 하나님 신앙에 내포된 역설적 진리라 할 수 있습니다. 따라서 우리를 주 하나님과 연결시키는 역설적인 신앙의 진리가 갖는 그 특별한 의미는 약한 우리 인간에게는 그 무엇하고도 바꿀 수 없는 가장 소중한 삶의 지혜요 자산이라 할 수 있습니다.

코로나 사태로 인한 우리 삶의 위기와 무력감은 우리에게 그 누구로부터도 위로받을 수 없는 답답함과 우울한 마음을 가중시키고 있습니다. 그동안 우리를 이끌어 왔던 삶의 활력과 희망이 사라지고, 힘들고 답답한 고통의 시간만이 계속되기에 이 시간은 우리 모두에게 야곱이 경험했던 '약한 그때'를 보내고 있는 것이 분명하다고 여겨집니다. 무엇보다도 이 시간은 그저 무력하게 모든 것을 홀로 참고 견디어 내야만 하는 닫힌 시간이기 때문이지요.

그러나 이 시간은 또한 신앙적으로는 주 하나님을 그 전심에서 찾아가지 않을 수 없는 새로운 카이로스적인 전환의 시간이 될 수도 있습니다. 우리 모두가 이 답답한 시간을 삶의 새로운 깨달음의 과정으로 채울 수 있다고 한다면, 이것은 우리에게는 우리 신앙의 확실성과 그 능력을 다시 확보하는 새로운 삶의 기회가 될 수 있기 때문입니다.

무엇보다도 코로나 사태 이후 우리는 갑자기 청명한 열린 하늘을 다시 보게 되었는데, 이것은 단지 우연한 현상은 아니라 여겨집니다. 물론 이것은 자연적 현상 가운데 하나이지만, 그러나 우리에게 주는 의미는 그 이상의 것을 보여주고 있습니다. 그동안 너무 지나치게 땅

의 것만을 생각하면서 삶의 욕망만을 부풀리며 살아온 결과가 초래한
오늘 이 위기와 환난의 시간은 우리 모두에게 저 푸른 하늘의 열림과
맑아짐을 통해 새로운 희망적인 삶의 교훈을 주고 있기 때문입니다.

아무쪼록 오늘 우리들이 경험하고 있는 이 '약한 그때'가 그저 무의
미하게 흘러가는 닫힌 시간이 아니라 오히려 저 열린 푸른 하늘로부
터 우리를 다시 찾아오시는 주님의 은총을 새롭게 경험하는 '때'가 되
어서 우리 모두의 인생에서 가장 소중하고 의미 있는 성찰과 회복의
시간이 되길 바랍니다.

나를 보내신 이

(창 45:1-8)

> 요셉이 형들에게 이르되 내게로 가까이 오소서
> 그들이 가까이 가니 이르되
> 나는 당신들의 아우 요셉이니 당신들이 애굽에 판 자라
> 당신들이 나를 이 곳에 팔았다고 해서 근심하지 마소서 한탄하지 마소서
> 하나님이 생명을 구원하시려고 나를 당신들보다 먼저 보내셨나이다(3-5절)

신앙이 주는 삶의 비전

신앙이 주는 여러 삶의 차원들 가운데서 특별히 하나님과 관련된 근본적 의미가 오늘 변화하는 이 세계에서의 우리 삶에 어떤 의미와 도움을 주는지를 알게 되는 것은 매우 중요합니다. 우리가 우리 자신을 신앙인이라 생각할 때 그 과제는, 첫째는 우리의 신앙이 주 하나님과 관련된 그 확실성의 근거를 잘 확보하고 있는지를 확인해야만 하고, 둘째는 우리가 신앙을 가지고 살지만, 우리 또한 이 세상의 변화

속에서 살아가고 있기에 이 변화하는 시간의 의미, 다시 말하면 이 변화하는 시간 속에 함축되어 있는 오늘이라는 이 '때'의 의미에 대한 분명한 자각을 가지고 살아가고 있는지를 살펴서 의미 있는 삶의 열매로 이어지는 신앙생활을 하는 것입니다. 여기서 첫 번째 것은 우리 신앙의 가장 본질적인 근거와 내용을 재확인하는 것과 관련되고, 두 번째 것과 관련해서는 오늘이라는 우리들의 '삶의 현실'에서 인식하게 되는 그 독특한 문제의식에 우리 신앙의 근본적인 의미와 지혜를 연결시키는 것입니다.

설교 제목을 '나를 보내신 이'로 잡았는데, 이것은 오늘 본문 말씀의 주인공인 요셉이 했던 신앙고백을 단순하게 축약한 것이지만, 이 고백은 또한 이 땅의 삶의 문제들을 우리 신앙과 연결시킴으로써 우리 신앙의 삶의 차원들과 그 의미들을 새롭게 깨닫게 해 주는 데도 도움을 주는 주제라 여겨졌기 때문입니다. 이 제목은 '보냄'이라는 말을 매개로 하여 우리 신앙인들을 주 하나님과 연결시켜 줄 뿐만 아니라 우리로 하여금 이 땅의 시대적 문제성의 맥락에서 우리 신앙의 의미를 성찰케 함으로써 신앙인으로 살아가는 데 필요한 삶의 용기와 비전을 얻는 데도 도움을 주는 주제라 생각되었기 때문입니다.

나를 보내신 이?

오늘 본문 말씀은 이런 맥락에서 우리에게 신앙과 현실 삶의 관련성의 의미를 새롭게 성찰하며 음미하게 해 주는 말씀입니다. 이 본문 말씀은 우리가 잘 아는 내용으로 요셉이 애굽의 총리가 되어 이제 그를 애굽에 팔았던 형들과 만나는 장면을 보여주는 이야기입니다. 특별히 오늘 우리의 관심을 끄는 대목은 요셉이 그의 지난 삶을 뒤돌아보면서 그 삶의 어려웠던 여정에 대해 새로운 깨달음을 얻고 신앙적으로 고백하고 있는 대목입니다. "나를 애굽으로 보낸 이는 형님들이 아니요 하나님이십니다"가 바로 그것이지요. 요셉은 왜 이런 고백을 하고 있을까요? 도대체 무슨 일이 있었길래 이런 고백을 하고 있는가요?

요셉은 구속사를 대표하는 이름 군에 속해 있지는 않지만, 그 신앙과 삶의 의미는 매우 크고 중요합니다. 요셉 이야기가 창세기 안에서 큰 분량을 차지하고 있는 것도 이와 무관치 않습니다. 가족사의 테두리 안에서 보면 요셉은 야곱이 가장 사랑했던 아내 라헬로부터 노년에 얻은 11번째 아들로서 부모의 특별한 사랑과 배려를 받아가며 매우 유복하게 자란 사람입니다. 그는 아버지 야곱의 특별한 사랑을 받았고, 어렸을 때부터 형제들과는 달리 채색옷을 입혀 자라게 한 귀한 아들이었습니다(창 37:3-4). 그뿐만이 아닙니다. 그는 어려서부터 꿈을 잘 꾸었고 또한 그 꿈을 해몽하는 능력도 있었기에 부모로부터 특별히 귀히 여김을 받는 아들이었던 겁니다. 고대 사회라는 것이 미래를 예측하는 어떤 남다른 기술이 축적되어 있지 않았던 사회임을 고려할 때 이런 그의 타고난 능력은 삶의 현실에서 쉽지 않은 결정을 내리게 될 때 매우 유용하고 도움이 되는 노하우였다고 여겨집니다.

그러나 요셉은 바로 이것 때문에 그의 형제들로부터 어처구니없는 시기와 질시를 당하게 되었고, 결국에는 그들로부터 지울 수 없는 상처를 입게 됩니다. 요셉의 이런 유복한 삶의 환경과 그 부모로부터 받은 편애적인 사랑이 오히려 그의 삶을 돌이킬 수 없는 큰 위험에 빠트리는 화근이 되었던 것이지요. 그가 형들로부터 이처럼 심한 미움과 질시를 받게 된 것은 부모님으로부터 받았던 저 특별한 관심이나 사랑과 깊게 관련되어 있었습니다. 결국 요셉은 형들의 미움과 질시로 인해 낯선 땅 애굽으로 팔려 가는 신세가 됩니다.

형들에 의해 버림받고 노예로 팔려 가는 신세가 되었지만, 요셉은 이런 낯설고 어려운 처지에서도 성실하게 맡은 일을 잘 수행함으로써 사람들로부터 큰 신뢰를 얻게 됩니다. 요셉이 보디발의 가정일을 맡아 관리하는 일로부터 결국 애굽의 총리가 되어 나라 전체 살림살이를 운영하는 일에 이르기까지 여러 중요한 일들을 책임 있게 잘 수행할 수 있었던 것도 요셉의 인간됨과 그 능력을 잘 보여주고 있습니다. 그래서 성경은 이 모든 것을 한마디로 "여호와께서 요셉과 함께 하심으로 요셉은 형통한 자가 되었다"(창 39:2)라고 말하고 있습니다.

그 아들의 이름 '므낫세'

그러나 이런 출세와 성공에도 불구하고 요셉은 내적으로는 잊을 수 없는 상처로 인해 매우 큰 아픔과 괴로움을 가지고 살아가야만 했습니다. 무엇보다도 그가 애굽의 총리가 된 후에 결혼하여 첫아들을 얻고, 그 아들 이름을 '므낫세'라 지은 것은 바로 요셉이 늘 고뇌했던 말 못 할 괴로움을 단적으로 보여줍니다. 요셉이 아들 이름을 '므낫세'로 지은 그 의미는 지난날의 모든 일을 잊고 새로운 삶을 시작하고픈 열망이 내포되어 있었기 때문입니다. '므낫세'는 잊어버리자는 뜻인데, 이것은 그가 입은 상처가 너무나 크고 끔찍했기에 요셉이 당대 대제국인 애굽의 총리가 되어 그 권세와 부와 영예를 마음껏 누릴 수 있는 처지에 있었으면서도 여전히 잊히지 않는 상처로 인해 괴롭고 힘든 삶을 이어가고 있었다는 사실을 여실히 보여주고 있는 겁니다. 바로 형제들에 의해 저질러졌던 '버림받음'의 상처가 그것인데, 잊을 수도 없고, 잊히지도 않는 상처 때문에 요셉은 그의 아들 이름을 '므낫세'라 지었던 것입니다. 이제 귀한 아들까지 얻었으니 아프고 힘들었던 지난 과거는 잊어버리고 새로운 삶을 살고자 하는 갈망과 결의를 이 아들의 이름에 담았던 것이지요. 무엇이 그렇게 힘들었을까요?

학자들의 말에 의하면 이 버림받음의 상처는 우리 인간에게는 가장 견디기 힘들고, 오랜 시간이 지나도 잊히지 않는 상처라고 합니다. 입양아들이 오랜 시간이 지난 후에도 여전히 친부모를 찾기 위해 애쓰는 이유가 부모와 함께 살기 위해서가 아니라 단지 잊을 수 없는 한 가지 물음에 대답을 얻기 위해서라고 하는데, 그 물음은 "왜 나를 버리셨습니까?"가 그것이랍니다. 왜 그럴까요? 놀라운 것은 우리 주님께서도 십자가상에서 큰 고통과 고독 가운데서 돌아가실 때 부르짖었던 한마디 말이 바로 버림받음에 대한 탄식의 외침("나의 하나님, 나의 하나님, 어찌하여 나를 버리셨나이까?")이었다는 사실은 우리에게 이 버림받음의 아픔과 두려움의 의미를 일깨워 줍니다. 이런 맥락을 고려한다면 오늘 본문은 요셉의 삶에서 가장 의미 있는 하나님 신앙의 의미와 능력을 보여주는 대목이라 할 수 있는데, 요셉은 여기서 다음과 같은 고백을 하고 있기 때문입니다. "나를 이곳으로 보내신 이는 하나님이십니다." 우리는 이 고백에서 요셉이 오랫동안 가슴에 한처럼 품고 살아왔던 버림받음의 상처를 극복하게 되는 놀라운 신앙의 깨달음과 그 의미를 새롭게 확인하게 됩니다. 쉽게 극복될 수 없는 저 버림받음의 상처, 이 세상의 그 무엇으로도 잘 치유되지 않는 상처가 바로 이 하나님 신앙으로 극복되어 새로운 삶의 의미로 승화되고 있기 때문이지요. 여러분 놀랍지 않습니까? 어린 나이에 형제들에 의해 애굽에 팔려

왔던 요셉이 오랜 시간이 흐른 후에 그 형제들을 만난 자리에서 "나를 이곳으로 보내신 이는 형님들이 아니라 하나님이십니다"라고 말하고 있다는 사실은 하나님 신앙의 놀라운 의미와 능력을 깊이 깨닫지 않고서는 결코 할 수 없는 고백이기 때문입니다. 그 어떤 처지에서든지 자신을 잘 견지해내는 요셉의 인간적인 면모도 훌륭하지만, 그가 야훼 하나님 신앙의 역사에서 빛나는 자리를 차지할 수 있었던 것은 바로 저 놀라운 신앙고백과 그 삶의 역설적인 의미에 대한 깨달음 때문이었다고 여겨집니다. 성서학자들이 말하는 것처럼 이 고백으로 요셉은 구약성서에서 거의 유일하게 예수님의 유형론적 모델(예수 그리스도의 인류 구원의 예시)에 가장 가까운 인물이 될 수 있었던 겁니다.

보냄 받은 의식, 그 의미와 축복

왜 이 고백이 그렇게 중요하다고 말하는 걸까요? 요한복음에 따르면 이것은 예수님의 지상 사역의 총체적 목적을 드러내는 말씀에 비교되는 고백이라 여겨지기 때문입니다. 요한복음 6장 38-40절에서 예수님과 그 사역의 의미는 다음과 같이 말해지고 있기 때문이죠. "나는 스스로 온 것이 아니요, 아버지께서 나를 보내서 온 것이니라. 그러므로 내가 온 것은 내 뜻을 행하려 함이 아니요, 나를 보내신 이의 뜻을 행하려 함이니라. 나를 보내신 이의 뜻은 내게 주신 자 중 하나라도 내어버리지 아니하고 마지막 날에 모두 다 다시 살리려는 것이니라." 그렇기에 이 말씀은 요셉의 저 고백에 더 깊고 온전한 하늘 뜻을 담은 것인데, 그것은 첫째, 주님께서 이 지상에 내려와 사역하게 된 것은 하나님께서 보내셨기 때문이고, 둘째, 보냄의 목적은 자신의 뜻을 행하기 위함이 아니라 보내신 분의 뜻을 행하기 위함이며, 셋째, 보내신 분의 뜻은 한마디로 '생명을 살리는 것'으로 요약될 수 있기 때문입니다.

주님의 저 말씀의 의미를 묵상하면서 요셉의 고백을 다시 생각해 보면 이 고백은 우리에게 매우 놀라운 신앙적인 깨달음과 교훈을 주고 있음을 알게 됩니다. 요셉의 고백이 주는 교훈은 무엇보다도 자신의 '존재 이유'에 대한 새로운 '자의식'을 드러낸 말이기 때문입니다. 야훼 하나님을 믿는 신앙인들에게 가장 중요한 자의식, 그것은 바로 보냄 받은(파송) 의식인데, 요셉은 바로 이것을 새롭게 깨닫게 되었던 것입니다. 왜 보냄 받은 의식이 그렇게 중요할까요? 우리 인간이 어떤 처지에서든 의미 있고 목적이 분명한 삶을 산다는 것은 그렇게 자명하거나 쉽지 않기 때문입니다. 우리 인간이 어떤 분명한 목적의식을 가지고 하는 일과 삶에 어떤 지속적인 의미를 부여하며 산다는 것은 매우 어려운 일이기 때문이지요.

그리고 또한 저 자의식은 우리가 스스로에게 다짐하며 만들어 낼 수 있는 게 아니라 하나님 신앙으로부터만 주어지는 주 하나님과의 깊은 연결성을 드러내 주기 때문입니다. 성경의 모든 중요한 사건들과 일들이 바로 주 하나님의 이런 '보냄(파송)과 그에 대한 응답'과 관련되어 있는 것도 바로 이 때문입니다. 따라서 믿는 자에게 가장 중요하며 꼭 필요한 자의식이 있다면 그것은 바로 요셉이 고백한 보냄 받은 의식(파송 의식)이라는 것을 깨닫게 되는 겁니다. 이 보냄 받은 자의식이 우리를 이끌 때 비로소 우리는 신앙인으로서의 그 소명적 삶을 잘 감당할 수가 있게 되는데, 그것은 바로 이 소명에서 가장 의미 있고 중요한 것이 바로 보내시는 주님의 뜻에 대한 바른 인식이기 때문입니다. 그렇기에 우리 신앙인이 이 세상에서 갖게 되는 하늘 '소명의식'

은 '보내시는 분'과 그 뜻이 분명해질 때에만 비로소 우리 삶 속에서 의미 있게 작용하면서 그 힘을 발휘할 수 있게 되는 겁니다.

그렇기에 보내고 보냄 받는 이 파송 사건 속에는 우리가 결코 알 수 없었던 야훼 하나님의 정체와 그분의 하늘 뜻이 더 분명하게 드러나는 놀라운 계시적 의미가 함축되어 있는 겁니다. 그것은 성서의 야훼 하나님께서는 고대 세계의 다른 종교들의 신들처럼 단지 저 천상이라는 공간에 정좌해 있는 '정적인 신'이 아니라, 인간과 세상을 그 관심과 사랑의 대상으로 삼아 역사하고 계시는 '동적인 하나님'이심을 이 파송 사건을 통해 잘 보여주고 있기 때문이지요. 하나님께서 인간을 부르시고 보내시는 것은 다 그분의 놀라운 관심과 사랑 때문이고, 이것이 우리 인간과 이 세계에서의 삶에 비교할 수 없는 소중한 의미를 갖는다고 여겨지는 것도 이 때문입니다. 따라서 성경의 '하나님은 보내시는 분'이라는 고백과 의식은 우리로 하여금 우리를 위해 일하고 계시는 하나님의 경륜과 뜻을 늘 헤아리게 하고, 우리 가운데 일어나는 모든 일들이 단지 한갓 운명의 장난이나 인간의 계획에 의해 좌우되는 것이 아니라, 하나님의 뜻과 깊이 관련되어 있다는 자의식을 갖게 함으로써 험한 세월을 사는 우리에게 비교할 수 없는 큰 도움과 용기와 힘을 주는 겁니다.

그렇기에 하나님의 뜻을 알지 못한 우리 인간의 삶이 허무할 수밖에 없는 것은 지극히 당연하다 생각되는데, 자신을 이 세상에 보낸 인생의 뜻이 모호한데 그 삶에서 분명한 목적과 방향과 의미를 찾는다는 것은 결코 쉽지 않기 때문입니다. 오늘날 과학이 엄청난 발전에도 불구하고 여전히 대답할 수 없는 인생의 문제가 '인간이 어디서 와서 어디로 가며, 인간 삶의 근본 의미는 무엇인가?'에 있다는 점을 고려

한다면, 우리를 보내시는 분이 하나님이라는 고백과 자의식은 우리 존재와 삶에 비교할 수 없는 의미와 중요성을 갖는다고 할 수 있는 겁니다. 따라서 오늘 요셉의 고백은 바로 그가 당한 모든 일이 사실은 단지 형제들의 시기와 미움이 빚어낸 지극히 수평적인 인간관계의 일이 아니라, 우리를 부르시고 보내시는 하나님의 거룩한 사랑과 관심이 일으킨 인간 구원과 생명 살림의 맥락에서 주어진 일이었다는 사실을 새롭게 깨닫게 해 줍니다.

그러므로 보냄 받은 의식을 소유한 사람은 무엇을 선택하지만, 자신의 선택에 하나님의 선택을 더하는 지혜를 늘 생각하게 되는 겁니다. 우리가 이 요동하는 세상에서 흔들리지 않는 새로운 삶의 근본을 붙잡고 살아가며, 새로운 그 삶의 의미와 기쁨을 놓치지 않게 되는 것도 바로 이것이 갖는 그 놀라운 축복과 지혜 때문입니다. 신앙인이 선택의 불완전함을 알면서도 크게 요동하거나 불안해하지 않을 수 있는 것도 사실은 우리를 이곳에 보낸 하나님은 우리의 잘못된 선택조차도 선한 역사로 바꾸어 내실 수 있는 분이심을 믿고 고백할 수 있기 때문입니다.

하나님의 '파송', 그 삶의 교훈

우리가 믿는 성서의 하나님은 보내시는(파송) 분입니다. 그래서 요셉만이 아니라 모든 사람이 다 예외 없이 하나님의 보냄의 대상이 됩니다. 문제는 우리가 하나님을 믿으면서도 이것을 깊이 의식하지 못한다는 데 있습니다. 우리가 우리 인생을 더욱 풍요롭고 의미 있게 만들 수 있는 어떤 거룩한 사명이나 소명을 얻지 못하는 것도 이와 무관치 않습니다. 소명이란 그저 주어지는 그 무엇이 아니라 하늘의 뜻을 깨달아 그것을 소중하게 우리 안에 간직하게 될 때 비로소 그 뜻과 의미가 분명해지는 것이기 때문입니다. 따라서 우리가 소명 있는 삶을 살게 되는 것은 하나님의 보내심에 대한 믿음과 자각이 분명해져야만 비로소 가능한 것이 됩니다. 보냄 받은 신앙과 그것에 대한 자의식을 갖게 된다는 것은 따라서 우리 삶을 그 무엇하고도 바꿀 수 없는 하늘의 뜻과 의미로 채우는 것이고, 그럼으로써 남모르는 기쁨과 보람이 살아 있는 삶을 지향하며 살아가게 되는 겁니다.

　이런 보냄 받음에 대한 확고한 믿음과 자의식을 가진 사람이 인생의 성공과 실패에 더 이상 크게 관심하지 않을 수 있게 되는 것도 바로 우리의 성공이나 실패를 통해서도 우리를 보내시는 하나님은 자신의 선하시고 더 좋은 뜻을 이루시며, 그것으로 우리의 삶에 더 큰 기쁨과 의미 있는 깨달음을 안겨 주시기 때문입니다. 그분이 우리를 보내고 우리와 함께 하신다면, 그때 우리는 사도 바울의 고백처럼 그 어떤 것에도 두려워하거나 낙망하거나 자만하지 않는 삶을 살 수 있게 되는 겁니다. 늘 바쁜 시간 속에서 우리 모두 쉽지 않은 시간들을 살고 있지만, 우리를 이곳에 보내신 분이 아버지 하나님이심을 다시 믿음으로 고백하면서 하늘의 큰 소명을 향해 나아가는 의미 있는 삶의 발걸음이 끊이지 않길 기원합니다.

'약속의 말씀'을 붙드는 신앙

(롬 9:1-8)

> 그러나 하나님의 말씀이 폐하여진 것 같지 않도다
> 이스라엘에게서 난 그들이 다 이스라엘이 아니요
> 또한 아브라함의 씨가 다 그의 자녀가 아니라
> 오직 이삭으로부터 난 자라야 네 씨라 불리리라 하셨으니
> 곧 육신의 자녀가 하나님의 자녀가 아니요
> 오직 약속의 자녀가 씨로 여기심을 받느니라(6-8절)

역사의 교훈, 그 신앙의 의미

오늘 우리는 그 어느 때보다도 감당하기 쉽지 않은 복잡한 문제들 속에서 살고 있습니다. 새삼스럽지만 역사가 주는 삶의 교훈과 의미를 다시 생각하게 되는 것은 '역사'는 지나간 것이지만 그럼에도 그것은 여전히 우리 삶에 큰 영향을 끼치고 있고 또한 우리의 미래를 위한 의미 있는 전망을 열기 위해서도 역사에 대한 근본적인 성찰이 필요하기 때문입니다. 역사에는 인간의 다양한 삶의 경험들과 문제들이

뒤섞여 있기에 이 역사로부터 우리는 삶의 근본을 새롭게 되새기는 교훈을 얻을 수 있는 겁니다.

이런 맥락에서 독일이 그 아픈 과거사를 정리하면서 보여주었던 끈기 있는 노력과 용기는 우리에게 소중한 교훈을 깨우쳐 줍니다. 독일은 그들의 과거 역사의 잘못과 그 부채를 직시하면서 그것을 유럽 전체의 화해와 상생이라는 새로운 패러다임과 연결시켜 정리함으로써 그들의 잘못된 과거 역사를 넘어서서 새 미래로 나아가는 삶의 소중한 교훈을 보여주었습니다. 독일이 자국의 통일과 더불어 새로운 유럽 공동체를 형성하는 비전을 성공적으로 성취할 수 있었던 것도 잘못된 저 과거 역사에 대한 진솔한 반성 위에서 새로운 삶의 현실을 만들어 나가는 부단한 노력들을 지속적으로 수행했기 때문입니다.

역사의 이런 교훈에 대해 특히 우리 신앙인이 관심을 가져야 하는 이유는 우리가 믿는 하나님은 저 하늘에 계시지만, 역사 전체를 통해 역사하시며 그 뜻을 이루어가시는 분이라 믿기 때문입니다. 이 '역사와 그 의미'는 주 하나님의 뜻을 바르게 알고 실천하는 데서도 소중한 교훈을 주는 자료인데, 우리가 하나님을 역사의 주인이라 고백하면서 이 역사 안에서 펼치시는 그분의 살아있는 역사의 흔적인 그 '뜻'을 확인하기 위해 애쓰는 것도 이 때문입니다. 기독교가 유대인의 성서인 히브리 성서(오늘 우리의 구약성서)를 경전으로 받아들인 것도 구약성서가 무엇보다도 하나님의 '역사 안에서의 활동적 계시'를 그 핵심 내용으로 하고 있기 때문입니다. 그래서 우리가 믿는 기독교는 단지 신비한 종교 체험이나 율법적이고 도덕적인 종교적 틀 안에서 그 소명을 감당할 수만은 없는데, 기독교는 역사의 의미를 묻는 '구속사'의 전통을 중요하게 여길 뿐만 아니라 성서 자체가 하나님께서 그 백성과 함께 하신 하나님의 사건과 활동들로 채워져 있기 때문입니다. 그런 점에서 역사(history)가 바로 이런 '이야기'(story)를 그 주요 내용으로 삼고 있다는 것은 우리 신앙인에게도 매우 큰 의미를 주는 겁니다.

우리가 특히 초기 기독교의 역사로부터 우리 신앙과 삶을 위한 의미 있는 교훈들을 더 많이 얻게 되는 것도 이런 맥락에서 이해될 수 있는데, 기독교가 유대교의 기반 위에서 태동했으면서도 유대교 안에서가 아니라 오히려 이방 세계에서 더 유의미한 발전을 이루어 냈다는 사실은 주 하나님의 뜻과 그 역사적 관련성에 대해 지속적인 관심을 갖는 것의 의미와 중요성을 잘 보여주고 있습니다. 유대교와 기독교의 관계를 생각할 때 유대교 없는 기독교의 성립이란 도대체가 불가능한 것이었는데, 그럼에도 불구하고 기독교가 유대교 밖에서 그 진리와 능력을 더 잘 입증할 수 있었다는 사실은 우리에게 매우 의미 있는 역사적이고 신앙적인 교훈을 주고 있는 겁니다.

복음과 유대인들의 거부

초대교회 역사의 복음 전파 과정을 살펴보면, 초대 그리스도인들이 경험했던 가장 큰 어려움은 예수님을 통해 전파되는 하나님 나라의 복음에 대한 거부가 그 누구보다도 유대인들을 통해서 강하게 표출되었다는 사실과 관련되어 있습니다. 예수님께서 이 땅에 오신 이유가 1차적으로는 그 백성인 유대인들을 위한 것이었음에도 불구하고 그들은 주님께 관심을 기울이기보다는 오히려 배척하는 모습을 보여주고 있는 것이지요. 여기서 중요한 것은 이것이 유대 역사 안에서 일어난 사건이었지만, 그 의미는 그리스도교 신앙의 감춰진 비밀과도 관련되고, 오늘 우리 신앙인에게도 간과할 수 없는 삶의 큰 교훈을 주고 있다는 사실입니다. 유대인들은 예수님의 사역 기간부터 사도행전의 제자들 활동에 이르기까지 여러 사건을 통해서 끊임없이 하나님 나라 복음과 제자들의 활동을 비방하고 배척하면서 큰 걸림돌이 되었기 때문입니다. 도대체 이것은 무엇을 의미하는 건가요? 왜 이런 일이 일어나야만 했을까요? 하나님의 뜻을 전파하는 데 있어 특별히 하나님의 백성이라 말해지는 유대인들이 왜 이처럼 큰 걸림돌로 작용했을까요? 이것은 우리로서는 쉽게 대답할 수 없는 문제지만, 그럼에도 불구하고 확인할 수 있는 것은 유대인들의 이런 거부가 오히려 하나님의 말씀을 전 세계로 확산시키는 데 크게 기여했다는 사실입니다.

그런데 그 누구보다도 바로 이 문제로 인해 매우 큰 고통을 느끼며 씨름했던 사람이 있었습니다. 바로 사도 바울입니다. 바울은 회심을 통해 유대교 신앙으로부터 돌이켜 예수 그리스도와 관련된 하나님의 '구원사'의 새로운 의미를 깨닫게 되면서 이 문제의 중요성을 깊이 천착하지 않을 수 없었습니다. 이 문제는 바울에게는 매우 큰 신앙의 혼란을 가져왔고, 그가 예수 그리스도 안에서 새롭게 깨달은 주 하나님의 신비한 뜻으로 인해서 자신을 이방인의 사도로 자임하게 하는 놀라운 자의식을 갖게 만들었습니다. 그가 이방 세계에서의 복음 선교의 의미를 해명하는 데서 늘 이 문제를 언급하고 있는 것도 이와 무관치 않은데, 이 문제는 그의 이방 선교 사역에서 절대로 피해 갈 수 없었던 정당성의 문제와 깊이 관련되어 있었습니다. 한편에서 하나님의 복음에 대한 이스라엘의 거부와 완고함을 보면서, 다른 편에서는 자신에게 주어진 '이방인의 사도'로서의 새로운 소명의식 때문에 이 문제는 그에게 있어 예수 그리스도와 관련된 주 하나님의 복음과 그 증

언의 전체 의미를 해명하는 데 불가피한 핵심 문제로 여겨지지 않을
수가 없었던 겁니다.

유대인의 실패, 그 의미는?

오늘 본문은 바로 이런 문제성과 연결된 유대인의 실패를 다루는
말씀입니다. 물론 이 문제는 바울이 이 말씀만이 아니라 로마서 9-11
장에서 집중적으로 다루고 있는 문제입니다. 그런데 로마서 9-11장
의 말씀은 학자들에게 있어서도 그 위상에 대해 여러 의견이 엇갈리
는 말씀이기도 합니다. 로마서 1-8장까지는 예수 그리스도를 통해 주
어진 복음의 의미가 무엇인지를 다루었고, 로마서 12-16장은 그것의
실천적 적용과 관련된 말씀인데, 그 중간에 끼어 있는 9-11장의 내용
은 주로 '유대인의 문제'와 그 독특한 '위상'에 대해서 다루고 있기 때
문입니다. 그래서 사람들은 이 부분을 '부록'과 같은 장이라 말하기도
합니다.

바울은 왜 9-11장에서 유대인의 위상 문제를 이렇게 길게 상술하
고 있는 것일까요? 그 자신이 유대인이어서 그의 동족에 대한 애끓는
사랑을 억제할 수가 없었기 때문인가요? 아니면 이 주제가 갖는 모순
적인 내용 때문인가요? 오늘 본문 말씀을 보면 바울에게는 동족 이스
라엘과 관련된 큰 근심과 그치지 않는 고통이 있었음을 알게 됩니다.
"나의 형제, 곧 골육의 친척을 위하여 내 자신이 저주를 받아 그리스도
에게서 끊어질지라도 원하는 바로다"(2절). 그러나 분명한 것은 바울
이 단지 유대 민족을 사랑하는 애국자였기에 이런 말을 하고 있는 것
은 아니라는 사실입니다. 무엇보다도 '이스라엘의 거부'로 인해 오히

려 이방 세계에서 하나님의 복음이 들불처럼 번져나가게 되었던 비밀스런 하나님의 뜻을 새롭게 깨닫게 되었기 때문입니다. 다시 말하면 바울은 이스라엘의 거부로 인해 그들에 대한 하나님의 선택의 의미를 다시 생각하지 않을 수가 없었고, 그 안에 감추어진 하나님의 오묘한 섭리를 더욱 깊게 헤아릴 수 있게 되었던 것입니다.

그렇다면 이스라엘의 '선택'과 '거부'는 도대체 무슨 의미를 갖는 것이었을까요? 도대체 이스라엘은 어떤 백성이었나요? 분명한 것은 이스라엘은 이 지구상에 널려 있는 여러 종족들 가운데 하나인 평범한 백성은 아니었던 거죠. 하나님의 축복과 사랑을 많이 받은 백성이고, 게다가 하나님의 약속을 짊어진 그 백성이 바로 이스라엘이었습니다. 그런데 하나님의 백성인 이스라엘은 도대체 왜 자신들에게 약속되었던 메시아 예수 그리스도를 거부해야만 했을까요? 본문은 이런 맥락에서 이스라엘에 대해 다음과 같이 말하고 있습니다. "저희는 이스라엘 사람이라. 저희에게는 양자됨과 영광과 언약과 율법을 세우신 것과 예배와 약속들이 있고, 조상들도 저희 것이요, 육신으로 하면 그리스도가 저희에게 나셨다"(4절)는 겁니다. 이스라엘은 하나님의 선택된 백성이고, '양자'이며, 하나님의 '영광과 언약과 율법'을 받은 민족이고, 하나님의 '약속을 담지한 백성'이기에 예배의 특권과 신앙의 조상들을 가지고 있으며, 하나님의 그리스도가 이들을 통해 이 땅에 오시는 영예를 소유한 백성이었다는 겁니다. 그런데 왜 그들은 예수 그리스도를 거부하고 배척할 수밖에 없었냐는 겁니다.

특히 바울에게 있어 이 사실은 너무나 중요하고 충격적이었기에 단지 그의 '동족에 대한 사랑'으로만 치부하기에는 바른 답을 얻기가 어려운 문제였습니다. 이 문제에는 '하나님의 뜻에 대한 바른 이해' 문제, '유대인의 불신앙'에 대한 '하나님의 약속과 선택의 유효성' 문제, '이방인에 대한 복음 전파' 문제 등이 복잡하게 얽혀 있었기 때문이죠. 한마디로 사도 바울의 복음 사역과 그 의미를 총체적으로 규정하는 문제들이 여기에 다 포함되어 있었던 겁니다. 왜 이스라엘은 하나님의 특별한 선택을 받은 백성이었는데도 불구하고 그들의 메시아를 인식하는 데서 실패했을까요? 그리스도의 복음은 "성경에서 미리 약속하신 것"(1:2; 3:21)이라 말해지고 있는데, 그들은 왜 이것을 제대로 인식하거나 받아들일 수가 없었을까요? 바울은 로마서 9장에서 이 문제를 다루면서 다음과 같은 물음을 제기하고 있습니다. 첫째, 하나님의 약속의 말씀은 폐하여진 것인가?(6절) 둘째, 하나님의 선택에 불의가 있었는가?(14절) 셋째, 모든 것을 하나님이 결정했다면, 그 책임을 인간에게 묻는 것이 가능한가?(19절 이하)

오늘 본문은 이 모든 물음들에 가장 핵심적인 물음 하나를 더하고 있는데, 거부하는 이스라엘에게 주어졌던 하나님의 '약속'과 '선택'은 도대체 무슨 의미를 갖는 것인가가 바로 그것입니다. 하나님의 약속의 말씀은 이제 아무 '쓸모없는 것'이 되어 버린 것인가? 그렇다면 하나님의 '신실성'은 어떻게 이해될 수 있는가? 상황이 달라지면 변하는 것이 하나님의 약속인가? 물론 그 대답은 "아니다"입니다. 하나님의 약속은 결코 폐기될 수 없다는 것이지요. 하나님은 여전히 신실하신 분이라는 겁니다. 설사 인간의 반응이 '부정적'일지라도 그렇다는 겁니다. 우리 인간은 그 약속을 상황에 따라 바꾸고 내버리는 존재지만, 하나님은 그렇지 않다는 겁니다. 그렇기에 이 모든 것은 '하나님의 신실하심'을 제대로 깨닫게 되면 풀리는 문제라는 겁니다.

하나님의 신실하심과 약속

이스라엘의 불순종을 보면서 바울은 이제 이런 맥락에서 하나님의 신실하심을 논증하기 위해 두 가지 예를 사용합니다. 하나는 성경으로부터 그 대답을 찾는 것이요, 다른 하나는 자신의 경험입니다. 첫째, 성경으로부터 주어지는 답은 본문에 나오는 육신의 혈통을 따른 자녀와 약속을 따른 자녀가 바로 그것인데, 이것은 우리가 잘 아는 이삭과 이스마엘, 에서와 야곱의 이야기가 주요 내용을 이루고 있습니다. 이들은 육신으로는 다 아브라함의 자손들이었지만, 한쪽은 하나님의 역사를 이어가고 있고, 다른 한쪽은 그것에서 배제되는 결과에 이르게 되었다는 겁니다. 그런데 그렇게 될 수밖에 없었던 이유는 매우 단순하다는 겁니다. 한마디로 말해 이스라엘이 다 이스라엘이 아니요, 그중에서 '약속의 자녀'만이 하나님의 자녀가 된다는 것이 바로 그것입니다. 그렇기에 하나님의 약속은 바로 이들을 통해서만 그 유효성이 주어지며, 세월이 변해도 변함없이 이어진다는 겁니다. 그런데 바로 이것은 하나님의 신실하심을 드러내는 역사적 증거이기에 약속의 자녀, 곧 '약속의 말씀 안에 있는 자들'만이 하나님의 역사에 참여하게 된다는 겁니다.

둘째, 바울 자신의 경험과 관련된 이야기는 '남은 자'와 바울 자신의 이야기(11장)가 바로 그 내용입니다. 바울은 하나님의 신실하심을 보여주는 두 번째 예를 로마서 11장에서 다시 다루고 있는데, 이것은 바로 이사야의 '남은 자' 사상과 맥을 같이 하고 있습니다. 이스라엘의 거부에도 불구하고 이스라엘에는 여전히 남은 자가 있었다는 이야기인 거죠. 그런데 여기서 바울은 놀랍게도 그 예로 자기 자신을 언급하

며 가장 확실한 증거라 여겼다는 겁니다. 그렇다면 신실하신 하나님
께서는 자기 백성을 버리신 건가요? 결코 그럴 수 없다는 것이지요.
그래서 바울은 "나를 보십시오"라고 강조하여 말하면서 나는 "이스라
엘인이요, 아브라함의 씨에서 난 자요, 베냐민 지파 사람"이라는 겁니
다(11:1). 따라서 하나님의 약속이 다른 사람에게서는 어땠는지 모르
지만, 자기 자신을 보면 이 약속의 신실성은 분명하다는 것입니다.

    왜 바울은 이런 말을 이처럼 강조해서 하고 있을까요? 바울은 유
대교에 대해 그 누구보다도 철저했고, 히브리인 중의 히브리인이라
자부했던 사람이었으며, 이 열심 때문에 그리스도교를 열렬하게 박해
했던 사람이었습니다. 그런데 하나님은 그를 다시 부르시어 그리스도
의 복음을 전하는 이방인의 사도로 삼아 주셨다는 것이지요. 그것도
"모태로부터 이 일을 위해 예정하고 선택"함으로써 그렇게 하셨다는
겁니다(갈 1:15). 왜? 도대체 무엇을 위해 그렇게 하지 않을 수 없었을
까요? 바울의 대답은 그 무엇보다도 바로 하나님께서 자신의 약속의
신실성을 위해서 그렇게 했다는 겁니다. 그렇기에 하나님의 약속은 결
코 파기될 수 없다는 것을 말하지 않을 수가 없다는 겁니다. 그리고 이
것은 특히 하나님께서 여전히 '남은 자'를 통해 그 신실성을 보여주고
있는 것에서 분명해지고 있다는 것입니다.

    그렇다면 이제 하나님의 저 약속은 또한 여전히 불순종 가운데 있
는 이스라엘을 위해서도 매우 중요한 의미를 갖는다고 말할 수 있는
데, 그것은 현재 드러나고 있는 이스라엘의 불순종이 결코 그 마지막
종결일 수가 없기 때문입니다. 오히려 이것이 계기가 되어 하나님의
복음은 이방 세계로 나아가게 되고, 이방인의 회심을 불러오며, 이제
그것을 통해 이스라엘에게 질투심을 일으켜 언젠가는 이스라엘도 다

시 돌아오게 된다는 겁니다. 여기서 바울은 우리 인간의 지식이나 지혜로는 도저히 상상할 수도 없는 하나님의 신실하심과 그 섭리의 놀라운 차원을 새롭게 깨닫게 되었는데, 하나님의 '약속의 말씀'에 기초한 구속사의 '지속적인 의미'를 새롭게 인식하게 된 것이 바로 그것입니다. 특별히 바울이 자신의 '회심'과 '이방 선교'의 연결이 바로 저 하나님의 구속사에서 매우 소중한 의미를 가지고 있다는 것을 깊이 깨닫게 된 것도 바로 이런 문제 맥락 때문이었던 겁니다.

하나님 약속의 말씀, 그 삶의 교훈

이제 우리는 이런 말씀의 의미를 되새기면서 하나님 약속의 말씀이 주는 그 놀라운 경륜적인 삶의 교훈을 새롭게 깨닫게 되는데, 그 내용은 다음과 같습니다.

그 첫째는 우리의 신앙에서 가장 중요한 것은 하나님의 '약속'의 말씀이요 그 전통이라는 사실입니다. 이것은 우리가 믿는다고 다 약속의 전통에 서는 것이 아니라는 말이며, 그렇기에 늘 약속의 말씀을 새롭게 붙잡아야 하고, 그 약속의 전통에 서려고 노력해야 한다는 것을 보여줍니다. 하나님 약속의 말씀은 결코 상황에 따라 폐기될 수 있는 것이 아니기 때문입니다.

둘째로는 그렇기에 그리스도께서 주신 복음 또한 바로 이 '약속의 전통' 위에 서 있는 말씀이라는 겁니다. 율법은 그 법적인 형식 때문에 폐하여질 수 있지만, 그 내용인 '약속'은 이 복음과 긴밀한 관련성을 가진 것으로 결코 폐하여질 수 없다는 겁니다. 약속의 말씀이 율법보다 우선적인 것이 되는 것도 이 때문이고, 이 약속이 영원한 말씀의 의미를 갖는 것도 이와 무관치 않은 겁니다.

셋째로는 그렇기에 하나님께서 우리를 부르신 것은 단순히 '개인적인 구원'만을 위한 것은 아니라는 이야기입니다. 이 부르심에는 약속의 전통을 계승하고 이어가는 더 폭넓은 하나님의 구속사의 의미가 감추어져 있기 때문입니다. 그러므로 너무 개인적이고, 유유상종적인 지평에서만 생각하지 않아야 한다는 건데, 여기서 자칫 '자기 의'라는 신앙의 최대 장애물이 생겨날 수도 있기 때문입니다. 하나님의 백성인 이스라엘의 불순종이 놀랍게도 바로 이런 자기 울타리 안에서 주장되는 '자기 의'와 깊게 연결되어 있었던 것도 이 때문이었습니다. 그렇기에 주 하나님을 믿는다고 하면서도 하나님의 구속사의 더 큰 섭리를 헤아릴 수 없었던 것, 매우 당연했다고 여겨집니다.

오늘날 우리 한국교회의 미래를 염려하는 목소리가 자주 들려옵니다. 한국교회가 그 양적인 성장에 도취되면서 교회 공동체의 본질적인 과제인 지속적인 자기 갱신을 이루어내는 데 문제들을 안고 있기 때문입니다. 성장도 이루고 필요한 교육시스템도 갖추고 있지만, 이런 말들이 계속해서 회자되고 있는 것은 믿는 자는 많아졌지만 그 무엇보다도 우리 신앙이 주 하나님의 '약속의 말씀'과 무관한 세속적인 발전 동력에 사로잡힘으로써 그 진정한 능력과 지혜를 얻지 못하고 있기 때문입니다. 우리가 다시 하나님의 복음인 그 약속의 말씀으로 돌아가야만 하는 것, 하나님 약속의 말씀만이 우리 교회 공동체가 그 '미래를 새롭게 여는' 측량할 수 없는 하나님의 지혜와 능력의 원천이기 때문입니다. 이 약속의 말씀은 하나님에 의해 보증된 것이며 그 성취를 지향하기에 우리는 이 약속의 말씀과 더불어 이 땅에서 펼쳐지는 하나님의 구속사와 관련된 놀라운 하늘 축복을 누릴 수 있게 되는 겁니다.

그렇기에 우리는 신앙을 가지고 산다는 것이 그 자체로 완결적인 의미를 갖는 것이 아니라 하나님 약속의 말씀과 연결되어져야 한다는 사실을 늘 기억해야 합니다. 우리 신앙과 삶을 의미 있게 이끌어 가는 하나님의 약속의 말씀과 그 축복이 교우 여러분의 소명적 삶에 늘 함께하길 기원합니다.

보지 않고 믿는 신앙

(요 20:24-29)

예수께서 이르시되

너는 나를 본 고로 믿느냐

보지 못하고 믿는 자들은 복되도다 하시니라(29절)

신앙의 개연성과 문법

주님의 부활을 경축하고 첫 번째 맞는 주일입니다. 오늘은 주님의 부활 사건이 가져온 우리 신앙과 삶의 새로운 의미들을 생각하면서 하나님 신앙의 진정성과 그 능력에 대한 성찰의 시간을 가지려고 합니다. 한국교회와 신앙인들은 그동안 빠른 성장과 열심으로 인해 세계적으로 큰 관심을 끌어왔지만, 근래 들어 하나님 신앙의 진정성과 능력에 대한 혼란을 경험하면서 여러 혹독한 문제 제기와 비판의 대상이 되고 있기 때문입니다.

몇 해 전(2017년) 종교개혁 500주년을 맞이해서 한국교회 개혁을

위한 여러 가지 논의들이 강연과 좌담과 여러 글들로 다양하게 행해
졌는데, 그때 한 독일 선교사님으로부터 들었던 한국교회와 신앙인들
에 대한 혹독한 비판의 말은 지금까지도 제 기억에서 떠나지 않고 있
습니다. 이 선교사님이 보기에 현재 한국 개신교 교회들과 신앙인들
은 매우 심각한 신앙적 병폐들을 노정하고 있는데, 그것은 500년 전
루터의 종교개혁 당시 로마 가톨릭교회의 병폐들에 버금가는 현상을
보였다는 것입니다. 한때 여러모로 칭송받던 한국 개신교가 왜 이렇
게까지 혹독한 비판을 받는 개혁의 대상이 되고 있는지 씁쓸한 느낌
을 떨쳐버릴 수 없었지만, 이런 비판에는 그 무엇보다도 우리 신앙인
들이 신앙과 삶을 진솔하게 성찰하지 않고 너무 자의적인 방식으로만
생각하고 받아들임으로써 우리가 믿는 하나님 신앙의 독특한 의미와
능력을 제대로 살려내지 못하고 있기 때문이라 여겨졌습니다.

우리 사회가 발전하면서 여러 가지 생각이나 신념들로 인해 다양
한 삶의 선택과 기회가 주어지고 있는 것은 좋은 일이지만, 우리 신앙
인이 그런 환경에서 하나님 신앙이 갖는 독특한 문법과 특성을 잘 살
려내지 못함으로써 우리 현실에서 마땅히 작동해야 하는 신앙의 근본
동력을 잃어버리게 될 때, 신앙은 삶의 의미 있는 가치나 미래 비전을
드러내기보다는 오히려 그것을 왜곡된 방향으로 이끌어 가는 문제들
을 노정하게 되는 것입니다. 오늘 한국교회와 신앙인들에게 신앙의
특성과 그 의미를 새롭게 성찰하는 것이 그 어느 때보다 절실히 요구
되고 있는 것은 바로 이 때문입니다.

신앙이란 개연성이 매우 큰 말이어서 사람들은 우리가 믿는 신앙
에는 확실성이 결여되어 있다고 말하기도 하는데, 신앙의 언어는 검
증될 수 있는 말이 아니기 때문입니다. 뿐만 아니라 신앙은 개연적이

고 불확실한 내용을 완전히 배제할 수는 없는데, 믿는다는 말에는 그 자체 안에 막연한 추측의 의미가 함축되어 있기 때문입니다. 그래서 우리가 이 믿는다는 말로부터 그 창조적인 힘과 의미를 이끌어 내기 위해서는 믿는 자가 아니라 그 믿음의 대상을 중심에 놓고 생각하며 성찰해야 하는 겁니다. 오늘날 한국교회 신앙인들이 자신들이 믿는 신앙에 대해 가장 큰 오해와 혼란스러움을 노정하고 있는 것도 바로 이것과 무관치 않습니다. 많은 신앙인들이 신앙의 대상이 갖는 이런 본질적인 의미와 중요성을 바르게 의식하지 못하기에 이런 문제와 혼란이 야기되고 있는 것입니다. 그러다 보니 신앙은 그 내용이 자신의 바람이나 기호에 따라 자의적으로 결정되며, 나 좋으면 좋다는 식으로 신앙생활을 하게 되는 겁니다.

그렇기에 중요한 것은 신앙의 주체인 우리가 아니라 우리 믿음의 대상이 우선적인 의미를 가져야 합니다. 이런 맥락에서 볼 때 진정한 신앙적 인식이란 그 믿음의 대상에게 더 큰 의미를 부여해야 하고, 이것이 제대로 실행될 때 우리 신앙은 그 생명력과 확실성을 담보할 수 있게 되는 겁니다. 바로 여기에서 우리는 사유하는 것과 믿는 것 사이의 근본적인 차이를 깨닫게 됩니다.

부활 후 40일간의 특별 사역

이런 의미에서 오늘 본문 말씀은 우리에게 신앙의 특성과 그 삶의 의미가 무엇인지를 새롭게 깨닫게 해 줍니다. 이 말씀은 우리가 익히 들어 잘 알고 있는 이야기인데, 무엇보다 중요한 것은 예수님께서 부활하신 후 40일간 이 지상에 더 머물러 계셨던 것이 갖는 그 신앙적인 의미와 관련되어 있다는 사실입니다. 도대체 무엇 때문에 주님께서는 부활의 몸으로 이 땅에서 40일이라는 적지 않은 시간을 보내야만 했을까요? 놀라운 것은 이때 주님께서는 많은 일을 했다고 성경은 말하고 있습니다. 무슨 일을 그렇게 해야만 했는지 우리로서는 잘 알 수 없지만, 분명한 것은 그것이 제자들의 신앙과 그 회복을 위한 '특별 사역'과 깊이 관련되어 있었다는 것입니다. 무엇보다도 부활한 주님께서 제자들을 만날 때마다 '평안'을 기원하고 있는 것은 제자들이 여전히 스승의 십자가 처형과 죽음이 가져온 큰 혼란과 두려움으로부터 자유롭지 못했다는 반증이라 여겨지는데, 부활한 주님께서 제자들에게 40일간의 특별 사역을 수행하고 있는 것은 바로 이런 제자들에게 하나님 신앙의 근본적인 특성과 의미를 새롭게 깨닫게 함으로써 그들을 회복시키고자 한 것입니다.

그러나 이 사역은 단순히 신앙의 회복만을 목적으로 하지는 않았습니다. 더 중요한 것은 제자들이 신앙을 회복함으로써 스승이었던 예수님과 새로운 관계에 들어가야만 했기 때문입니다. 특별히 부활 이후 주님과 제자들 사이의 관계가 근본적으로 달라졌기에 예수님과 제자들 사이에는 이제 예전의 스승-제자 관계가 아니라 한층 더 진전된 새로운 관계가 형성되어야 한다고 생각한 겁니다. 부활 이전의 관계가 스승인 예수님과 함께 지내며 직접적인 '뒤따름'의 삶으로 이어지는 가르침과 배움의 관계였다면, 이제 부활 이후에는 예수님을 주님으로 고백하는 신앙과 더불어 주님의 말씀에 의지하면서 주님의 하나님 나라 사역을 이어가야 하는 '신앙고백적인 관계'가 새롭게 요구되었던 겁니다. 따라서 부활절을 기점으로 해서 예수님과 제자들은 '뒤따름'의 관계로부터 '신앙고백적인 관계'로 바뀐 상황 속에 있게 된 것입니다. 스승인 예수님을 뒤따르던 시간에는 하나님 나라 복음의 의미를 직접적인 가르침을 통해 배우는 모방의 3년 기간이 필요했지만, 이제 주님의 부활 사건 이후에는 단지 '신앙'의 능력과 그 지혜로 주님의 말씀을 바르게 실천하며 새 미래를 열어가는 신앙적인 삶이 요구되었습니다. 오직 주님에 대한 믿음을 가지고 '아직은 없는' 새 미래를 향해 나아가는 삶을 산다는 것, 그것은 결코 쉽지 않은 일이었기에 신앙의 깊이와 본질에 다가가는 새로운 신앙 교육과 깨달음이 필요했던 것입니다.

믿지 못하는 도마와 신앙의 의미

오늘 본문 말씀이 우리가 잘 아는 도마 이야기를 중심으로 전개되고 있는 것도 바로 이 때문입니다. 도마 이야기는 우리가 신앙을 가지고 살아가는 것이 얼마나 어렵고, 특별한 삶의 차원과 연결된 것인지를 보여줍니다. 주님께서 부활하신 후에 혼란과 두려움에 떨고 있는 제자들을 찾아오셨는데, 성경은 이때 제자들이 골방에 숨어 있었다고 말하고 있습니다. 그래서 예수님께서는 이들에게 나타나 '평안'을 기원하며 위로해 주신 것입니다. 제자들이 이처럼 사람들의 눈을 피해 숨어 있으면서 두려움에 떨고 있었던 것은 그들에게 새 삶의 희망을 주셨던 주님께서 가장 수치스럽고 잔인한 십자가 처형으로 죽임을 당하셨기 때문이었습니다. 도대체 말이 되지 않고 이해할 수가 없었던 저 십자가 처형 사건이 가져온 충격과 두려움, 그 참담한 공황 상태를 잘 알고 계셨던 주님께서는 그렇기에 무엇보다 오직 '평안'만을 기원하며, 먼저 믿음의 회복을 요구하셨습니다. 그렇게 함으로써 제자들을 사로잡고 있는 '혼란과 두려움'을 이기는 힘이 바로 이 신앙에 있음을 깨우쳐 주고자 한 것이지요. 이제 제자들이 주님과 그 도움 없이 자신들의 힘만으로 새 미래를 열어가야 할 때 가장 중요한 것이 주 하나님에 대한 살아있는 믿음이라 여겼기 때문인 거죠. 도마 이야기는 바로 이런 맥락에서 주어졌던 우리 신앙의 새로운 차원과 의미를 새롭게 일깨워 주는 신앙 교육과 관련된 이야기입니다.

도마가 특별히 이 이야기의 중심에 오게 된 것은 예수님의 제자들 가운데서 가장 믿지 못하고 의심이 많은 사람이었기 때문입니다. 모든 것을 단순하게 믿거나 받아들이지 못했던 사람, 그가 바로 도마였던 겁니다. 그는 그 무엇도 쉽게 믿지 못했던 사람이어서 모든 것을 직접 눈으로 보고 확인해야만 했습니다. 그가 다른 제자들로부터 주님께서 부활하셨다는 사실을 듣고 있었지만, 직접 확인하기 전에는 결코 그것을 믿을 수 없다고 고집을 부렸던 것도 바로 이 때문이었습니다. 도마는 그런 점에서 매우 고지식하리만치 실증적이고 확실한 것만을 추구하는 정직한 사람이었던 겁니다. 그래서 도마는 부활한 주님을 만나자마자 주님께 모든 것을 직접 확인하게 해달라는 요구를 했던 것이고, 그것으로 인해서 그는 주님의 부활과 관련해 매우 중요한 신앙의 의미를 새롭게 깨우치게 되는 기회를 가질 수 있었던 것입니다.

그렇다면 도마가 확인했던 것은 무엇이었나요? 성경이 말하는 것처럼 주님의 못 박힌 자국과 상처를 확인했던 것이지요. 그러나 이것이 갖는 의미는 단순한 못 자국이나 상처 확인 이상의 것이었습니다. 이 못 자국과 상처는 바로 십자가 처형의 끔찍함과 참담함을 가시적으로 드러내 보여주는 것이지만, 도마는 바로 이 못 자국과 상처를 확인함으로써 십자가에 달린 주님께서 다시 살아나셨다는 놀라운 사실을 확인할 수 있게 되었고, 십자가에 달린 자의 부활이라는 주님의 '신원 확인'에 크게 기여할 수 있었던 겁니다. 가장 수치스럽고 잔인한 십자가 처형으로 죽임을 당했던 주님께서 주 하나님의 능력 가운데서 다시 새 생명으로 일으켜졌다는 놀라운 사실을 그분의 상처와 못 자국을 직접 만져보고 확인함으로써 분명하게 알게 되었고, 그럼으로써 그 이후 주님 부활의 가장 확실한 증언자가 될 수 있었던 것입니다. 여기서 우리는 매우 중요한 사실 하나를 깨닫게 되는데, 우리가 믿는 하나님 신앙은 의심이나 회의에 대해서도 열려 있다는 사실이 바로 그것입니다. 신앙의 반대말이 '의심'이나 '회의'가 아닌 불신앙인 이유가 바로 여기에 있습니다.

그렇다면 오늘 우리는 어떤가요? 합리적 주체성과 자의식이 강한 현대인이 바로 우리인데, 그런 점에서 도마와 유사한 사람들이라 할 수 있습니다. 한마디로 생각을 많이 하는 사람들이고, 그렇기에 또한 늘 회의에 사로잡혀 있으며, 그래서 무엇보다도 '믿는 것이 어려운 사람들'이기도 합니다. 사유와 믿음의 관계라는 것이 대체로 반비례적인 관계라는 것을 생각한다면 이것은 매우 당연한 귀결이라 할 수 있는데, 이상하게도 생각을 많이 하면 할수록 믿는 것이 더 어려워지기 때문입니다. 우리가 경험하듯이 깊이 생각하면 할수록 믿을 것이 없다는 결론만 남게 되고, 그래서 생각이 많은 사람에게는 믿음의 문제가 가장 큰 문제가 되는 것입니다.

그렇다고 한다면 이제 신앙의 진정한 의미와 능력을 얻기 위해서는 이 믿음의 독특한 특성과 관련된 신앙의 본질을 다시 생각하지 않을 수가 없습니다. 신앙은 사유하는 것을 배제하지는 않지만, 본질적으로는 사유와는 그 차원과 특성이 다른 것이기 때문입니다. 무엇보다도 우리가 믿는 저 하나님 신앙은 우리 '인간으로부터' 기인한 것이 아니기에 더욱 그렇습니다. 그래서 우리는 이제 우리 인간의 삶에서 신앙이 갖는 의미를 주님 말씀에 비추어 생각해 보면서 본질적인 핵심이 주는 특성과 그 삶의 차원을 새롭게 깨달아야 합니다. 그런데 놀라운 것은 우리 자신과 삶을 정직하게 들여다보면 볼수록 많은 것들이 신앙과 깊이 관련되어 있음을 알게 된다는 사실입니다. 도대체 우리 인간에게 있어 믿음 없는 삶이란 것은 생각하기가 쉽지 않기 때문이지요. 지금은 확실한 것처럼 보이지만, 내일도 그럴 수 있다는 보장이 우리에게 자동적으로 주어지는 것은 아니기에 더욱 그렇습니다. 오늘 우리가 아무런 걱정 없이 편히 잠들 수 있는 것조차도 사실은 무엇인가를 믿기 때문에 가능한 것입니다. 오늘 우리가 어떤 일에 투신할 수 있는 것도 사실은 그 무엇인가를 믿기 때문인 거죠. 그래서 예언자 이사야는 단언적으로 다음과 같이 선언할 수 있었던 겁니다. "만일 너희가 굳게 믿지 아니하면 너희는 굳게 서지 못하리라"(사 7:9).

　오늘날 우리가 더 계몽되고 발전된 사회에 살면서도 새삼스럽게 '신용 등급'을 중요한 삶의 요인으로 간주하게 된 것도 우리 삶에 여전히 이 '믿음'이 필요하고 중요하기 때문입니다. 신앙이란 것은 그렇기에 그 개연성에도 불구하고 현실에서 삶을 영위하는 데 꼭 필요하고 또 모든 인간관계의 기초가 되고 있는 것입니다. 우리 자신에 대한 믿음이 있어야 삶을 건강하게 살 수가 있고, 이웃에 대한 믿음(신뢰)이 있어야 소통이 가능하며, 미래에 대한 믿음이 있어야 비로소 우리는 우리 삶의 지속적인 희망을 가질 수 있는 것입니다. 우리 인간에게 있어 신앙이 갖는 이런 근본적인 의미와 기능 때문에 사람들은 예나 지금이나 여전히 이 신앙의 감추어진 의미에 대해서 여러 가지로 말하고 있습니다. 주님의 40일간의 특별 사역이 바로 신앙이 갖는 이런 특성과 의미를 제자들에게 일깨워 주려는 목적과 관련되어 있었던 것도 바로 이 때문이었습니다. 주님께서는 그래서 제자들에게 무엇보다 신앙을 우선적으로 요구하셨던 것이고, 믿는 자가 되라는 주님의 저 요구가 주님의 40일 특별 사역의 중심적인 내용으로 채워졌던 것도 바로 이 때문이었습니다. 예수님께서 도마의 불신앙을 받아들이고, 그의 검증 요구를 허용하고 자신의 상처를 직접 만지도록 허락한 것도 바로 제자들로 하여금 진정으로 믿는 자가 되게 하기 위해서였던 겁니다.

보지 못한 것들의 증거인 믿음

그러나 이 믿음을 일깨우는 과정에서 주님께서는 그 의미가 더 근본적인 신앙의 새로운 차원에 대해 깨우침을 주셨는데, 보지 않고 믿는 신앙이 바로 그것입니다. 이것은 보고 검증하는 실증적인 믿음의 차원에 머물러 있었던 도마에게 주님께서 특별한 깨우침을 주셨던 신앙의 새로운 차원인데, "보지 않고 믿는 자가 복이 있다"라는 말씀이 바로 그것입니다. 신앙은 믿는 것이지만, 결코 '보이는 것'에 의존하지 않는다는 것이고, 그렇기에 오히려 보이는 것을 넘어서는 더 높은 차원의 것이 이 신앙에 내재해 있다는 것을 깨닫게 해 주셨던 것입니다. 보이기 때문에 믿는 것이 아니라 오히려 믿기 때문에 보인다는 새로운 신앙의 명제가 그 의미를 갖게 된 것도 이것과 무관치 않습니다. 초대교회의 많은 신앙인들이 아직은 보이지 않는 새 미래를 향해 나아가고, 그 미래를 새롭게 열어젖힐 수 있었던 것도 바로 보지 않고 믿는 이 신앙 때문이었습니다. 이 믿음으로 그들은 '아직 없는' 것을 내다보고, 그것을 새롭게 열어가며, 하나님의 미래를 향해 나아갈 수 있었던 것입니다. 그리스도인은 한마디로 창조주이며 구속주이신 주 하나님을 신뢰하며 믿는 자들인데, 이들이 우리의 이웃과 세계를 사랑하고 또 우리 모두의 새 미래를 꿈꾸며 소망하는 사람들이 될 수 있었던 것도 바로 이 믿음 때문이었던 겁니다. 언제부터인가 우리는 생각은 많고 깊어졌지만, 믿음은 매우 허약해진 삶을 살고 있습니다. 그러다 보니 우리의 생각과 신앙이 비대칭적으로 치닫는 상황이 더 강화되고 있는 것입니다. 무엇으로 이 벌어진 틈을 메꾸며, 무엇으로 이 딜레마를 해결할 수 있겠습니까? 우리가 신앙의 독특한 의미와 삶의 열정을 주님의 말씀으로부터 다시 배워 새롭게 깨우쳐야 하는 이유가 바로 여기에 있습니다.

사도 바울은 히브리서 11장에서 이 신앙에 대해 이야기하면서 "믿음은 바라는 것들의 실상이요, 보이지 않는 것들의 증거입니다"라고 말하고 있는데, 이것은 바로 보이지 않는 것을 보게 하는 믿음과 희망이 깊게 관련되어 있음을 깨달았기 때문입니다. 놀라운 것은 우리 신앙의 깊은 의미와 관련된 히브리서 11장 말씀을 주석했던 종교개혁자 칼빈도 500년 전에 이런 유사한 말을 남겼는데, 이것은 우리 신앙이 갖는 근본적인 의미를 잘 보여주고 있습니다. "믿음은 기초를 놓는 것이다. 다시 말해 (그것은) 우리가 발 디딜 수 있는 지지대, 소유물이다. 하지만 이것은… 우리 수중에 있지 않은 소유물이다… (이것은) 우리 정신의 이해력마저도 뛰어넘는 것을 소유함이다. (그래서) 이것은 믿음이 보이지 않는 것의 '증거'라 불리는 것과 일맥상통한다… '증거'라는 말은 눈에 보이는 것을 밝혀냄이요, 따라서 우리의 감각으로 파악

할 수 있는 것에만 해당된다. (그래서 보이지 않는 것과 증거라는) 이 두
가지는 겉보기에는 서로 모순되지만, 그것이 믿음과 관련될 때는 최
고의 조화를 이룬다."

　　너무 놀라운 말씀 아닙니까? 여기서 우리가 다시 한번 확인하게
되는 것이 있는데, 그것은 그리스도인인 우리가 귀한 존재로 여겨질
수 있는 것은 무엇보다도 보지 않고도 믿는 신앙 때문이라는 사실입
니다. 무언가 다른 사람들보다 더 특별한 능력이나 스펙을 소유했기
에 그런 것이 아니라는 말이지요. 그렇기에 특별히 오늘날처럼 모든
것이 불확실한 시대에는 더욱더 의미 있는 사람으로 여겨질 수도 있
는 겁니다. 우리 주님의 40일간의 '특별 신앙 사역'을 사사받았던 제자
들이 그들의 재능이나 능력을 넘어서서 이 세계 안에서 땅끝까지 이
르는 하나님의 새로운 역사를 이끌어 갈 수 있었던 것도 바로 이 신앙
때문이었습니다. 이 믿음, 보지 않고도 믿는 이 신앙이 우리 모두에게
다시 회복되어서 올 한해 우리가 속한 여러 관계와 하는 일들 속에서
더욱 풍성한 생명의 열매로 맺어지길 기원합니다.

달란트 비유의 교훈

(마 25:24-30)

그 주인이 대답하여 이르되
악하고 게으른 종아 나는 심지 않은 데서 거두고
헤치지 않은 데서 모으는 줄로 네가 알았느냐(26절)

질문은 믿음과 용기

우리는 모두 이번 학기가 좋은 학기, 의미 있는 학기가 되길 원하고 있습니다. 그래서 새 마음으로 새 각오를 다져야만 하는 시간입니다. 무엇인가를 배운다는 것은 무엇보다도 우리에게 새로운 관심과 집중을 요구하기 때문입니다. 배우는 것과 관련해 가장 문제가 되는 것이 어떤 '자세'로 그것에 임하는가에 있는 것도 이 때문입니다. 무언가를 배운다고 하는 것, 그것은 적극적으로 자기를 '열고', '드러낼' 때에 그 목표에 다가갈 수가 있습니다.

매 학기 강의를 하지만 여전히 답답하게 느껴지는 것이 있는데, 질문이 없다는 것이 그것입니다. 묻지 않는데 어떻게 배울 수 있는 건지 이해가 되지 않습니다. 무엇보다도 이런 태도는 자기를 드러내고 싶지 않은 닫힌 마음이 작용하고 있는 것인데, 무언가 배운다는 것은 먼저 자기로부터 '나와야' 하고, 자기를 '드러내야' 가능한 일이기 때문입니다. 그렇기에 배움에는 무엇보다도 '믿음'과 '용기'가 필요하고, '자기와의 지난한 싸움'이 요구됩니다.

우리가 삶의 새로운 추구나 배움과 관련해서 신앙의 의미를 다시 생각해야 하는 이유가 바로 여기에 있습니다. 우리가 믿는 하나님 신앙은 우리 삶의 여러 차원들과 관련되어 있고 그래서 단지 영원한 구원만이 아니라 우리 삶의 새로움과 그 배움의 과정에서도 의미 있는 비전과 지혜를 제공해 줍니다. 우리 신앙인이 '자기를 넘어서는 삶'을 지향하면서 소통하고 협력하는 삶으로 나가는 용기와 지혜를 잘 발휘할 수 있는 이유가 있는 것도 이 때문입니다.

달란트의 비유

본문 말씀은 우리가 많이 들어온 말씀으로 그 내용은 이렇습니다. 어떤 사람이 여행을 떠나면서 자기 종들에게 자기 재산을 맡겼습니다. 한 종에게는 5달란트 또 한 종에게는 2달란트 그리고 또 다른 한 종에게는 1달란트를 맡긴 것입니다. 그런데 5달란트 받은 종은 장사를 해서 5달란트를 남기고, 2달란트 받은 종도 그렇게 하여 2달란트를 남겼습니다. 그런데 마지막 1달란트 받은 종은 그것을 잘 보관했다가 주인에게 다시 돌려준 것입니다. 얼핏 보아 별문제가 있는 것 같지는 않습니다. 큰일을 저질렀다거나 큰 손해를 끼친 사람도 없습니다.

장사를 잘해서 돈을 남긴 종은 물론이고, 받은 돈을 땅에 묻어 두었다가 되돌려 준 종 역시 크게 잘못한 것은 없다고 여겨집니다.

그런데 문제는 이런 종들에 대한 주인의 판단에 있습니다. 주인은 먼저 5달란트와 2달란트 받은 종들에게 칭찬("착하고 충성된 종, 적은 일에 신실했으니 많은 일을 맡길 것이다. 주인의 기쁨에 참여하라")을 아끼지 않습니다. 당연합니다. 그런데 그에 반해서 1달란트 받은 종에 대해서는 매우 비판적인 평가를 내립니다. 무엇보다도 이 종에 대해서는 '악하고 게으른 종'이라는 매우 끔찍한 혹평을 하고 있는 겁니다. 그런데 이 종은 정말 악한 종인가요? 정직하게 이야기하면 그가 게으름을 부리기는 했지만, 악을 행했다고 보기는 어렵기 때문입니다. 그런데 주인은 왜 이런 판단을 내리고 있는 것일까요? 여기에 어떤 감춰진 의미가 내포되어 있기 때문이 아닌가요? 따라서 이 말씀을 바르게 이해하기 위해서 우리는 먼저 주인의 판단과 그 의미를 따져보면서 1달란트 받은 종의 행태가 갖는 문제점을 생각해 보아야 합니다.

그렇기에 우리는 먼저 이 말씀이 하나님 나라 비유라는 사실을 염두에 두어야 합니다. 이것은 이 비유에서는 하나님의 뜻과 그것을 올바로 실천하는 신앙적인 의미가 가장 핵심적인 중요성을 갖는다는 것을 뜻합니다. 비록 그것이 돈 관리(장사)와 관련되어 이야기되고 있음에도 불구하고 그렇습니다. 따라서 이 말씀을 장사하여 이익을 남기는 것이 하나님 나라나 그에 상응하는 신앙의 바른 태도와 관련되어 있는 것처럼 이해한다면, 그것은 이 말씀을 매우 곡해하는 것이 됩니다. 오늘 말씀에 보니까 주인은 자신의 재산을 맡기면서 어떤 '원칙'을 따르고 있는데, 각 사람의 '능력'을 고려했다는 것이 그것입니다. 달란트는 화폐를 표시하는 말이지만 여기서는 인간이 태어날 때 부여받은

'천부적인 재능'을 말하고 있다 여겨지기 때문입니다. 영어의 '탤런트'라는 말이 바로 이 재능을 의미하는 것도 이것과 무관치 않습니다. 그렇다면 이 말씀은 단순히 이익을 남기는 장사와 관련된 말씀이 아니라 인간 '재능'과 그것을 잘 '계발'하는 문제를 말하는 것으로 이해할 수 있습니다. 무엇보다도 이 말씀이 하나님 나라 비유와 관련되어 있다는 사실을 염두에 둔다면, 인간이 부여받은 천부적 재능과 그 계발이 하나님 나라가 주는 그 독특한 의미와도 무관치 않다는 말로 이해될 수 있는 겁니다. 따라서 여기서 우리는 하나님과 그 나라에 대한 신앙이 우리의 재능과 그 계발(사용)에 어떤 기여를 한다는 의미의 말로 새롭게 이해할 수 있는 겁니다.

정말 우리가 믿는 하나님 신앙은 우리의 재능 계발에도 큰 도움을 주는가요? 우리 인간에게 있어 재능 계발 문제는 그 무엇보다도 우리에게 주어져 있는 용기와 모험심과 적극성을 이끌어 내는 것과 깊이 관련되어 있기에 우리는 자신의 능력과 재능을 아무것도 시도하지 않으면서 계발할 수는 없는 것입니다. 우리가 살아가면서 우리 자신의 능력을 확인하고 계발하는 것이 우리에게 늘 중요한 삶의 과제가 되는 것도 결코 이와 무관치 않습니다. 이것은 우리가 우리 안에 '머물러 있거나' 우리 자신을 '보호하는 것'만을 목표로 할 때보다 오히려 우리 자신으로부터 '나가게 될 때' 그 계발의 가능성에 더 가까이 다가갈 수 있기 때문입니다. 그렇기에 우리는 우리 삶에서 어떤 일과 과제를 수행해가면서 비로소 우리 자신의 잠재적 재능과 능력이 더 잘 계발되는 것을 확인하게 됩니다. 그래서 학자들은 우리 인간이 생물학적으로는 본능적인 결핍을 가지고 태어난 존재이기에 인간의 능력은 그가 삶의 여러 과제와 씨름하게 되면서 비로소 의미 있는 계발 과정에 들어가게 된다는 것을 말하고 있는 겁니다. 인간이란 모든 것이 갖추어진 존재로 태어나는 것이 아니라 여러 가지 것들을 시도함으로써 무엇인가를 할 수 있는 능력을 갖게 되는 존재이기 때문입니다. 그렇기에 낯선 것과 대면하기 위해 우리 자신으로부터 '나가는 것', 그것이 우리 인간에게는 그 무엇보다 중요한 삶의 과제가 되는 것입니다. 우리 인간이 무엇인가 '믿을 수 있는 것'을 확보하려 하고, 특히 '믿고 신뢰할 만한' 대상을 얻는 것을 그 무엇보다 중요하게 생각하는 것도 바로 이 때문입니다. 그래서 유치원 아이들 재능 발표회에 부모, 특히 엄마가 꼭 참석해야 하는 이유가 여기에 있습니다. 아이에게 용기와 자신감을 갖게 하는 데 있어 그 무엇보다도 중요한 게 부모가 함께해 주는 것이기 때문입니다.

인간의 자기 계발과 관련해 우리가 하나님 신앙을 이야기하는 것도 바로 이런 맥락에서 이해될 수 있습니다. 신앙을 가진 자가 자신을 드러내고, 자신으로부터 나가는 일에서 그 무엇보다도 믿음의 대상이 중요한 이유가 여기에 있는데, 그것으로 인해 더 용기를 내어 모험을 감행할 수 있게 되기 때문입니다. 따라서 신앙을 갖는다는 것 자체가 자기 자신에 대해 크게 신경 쓰지 않는다('자기를 넘어선다')는 것을 의미하기에 신앙인에게 중요한 것은 단지 그가 이룬 성과의 크기가 아니라 그가 하고 있는 일이 주는 삶의 의미라 할 수 있는 겁니다. 우리는 이런 맥락에서 마더 테레사를 언급할 수 있는데, 그녀는 대도시 빈민가에서 오랫동안 사역했지만, 그 가시적인 성과가 잘 주어지지 않는 것을 본 어떤 사람이 테레사 수녀에게 사역지를 옮겨보는 것이 좋지 않겠느냐고 조언했답니다. 그런데 마더 테레사의 대답은 매우 뜻밖이었다고 하는데, 그녀는 "나는 결코 성공을 생각하며 일하지 않았습니다. 이곳이 나를 필요로 하기에 이곳에서 이 일을 했을 뿐입니다"
라고 말했다고 합니다.

이런 이야기들을 염두에 두면서 저 1달란트 받은 종에 대한 부정
적 평가의 의미를 다시 생각해 봅니다. 왜 이 종은 게으름을 피웠을까
요? 혹자는 말합니다. 다른 종들과 비교할 때 그에 대한 상대적 차별
이 그를 게으르게 만든 것 아니냐고! 그러나 1달란트가 그 당시로는 매
우 큰 돈(1,000데나리온＝3년 월급)임을 상기한다면 이런 해석은 그 타당
성을 갖기가 어렵습니다. 특히 5달란트와 2달란트 받은 종들에게 주인
이 말하는 내용을 상기한다면 이런 주장은 더욱 적합성이 없다고 생각
되는데, 주인은 이들에게도 결코 "큰일을 했다"라고 말하지 않기 때문
입니다. 아니 오히려 "적은 일에 신실했다"라고 말하고 있는 거죠.

따라서 다른 이유가 있다고 여겨지는데, 그것은 한마디로 이 종이
그 주인에 대한 '기본적인 신뢰'(믿음)를 갖지 못했다는 것이 바로 그것
입니다. 만약 이 종이 주인을 진정으로 신뢰했다면 그가 실패했다 할
지라도 주인으로부터 그렇게 심하게 비판받지는 않았을 것이기 때문
입니다. 그렇기에 주인의 부정적 판단에 내포된 중요한 이유는 단지
실패가 아니라 신뢰(믿음)의 결핍에 있었던 겁니다. 표면적으로는 아
무 노력도 하지 않은 것으로 나타났지만, 그 내면에 감추어진 실질적
인 문제는 결핍된 신뢰감, 즉 믿음의 결여에 있었던 겁니다. 이 종이
그 주인에 대해 신뢰감을 갖지 못한 것은 '주인에 대한 이해'가 매우
잘못되었기에 벌어진 일이었습니다. 그래서 오늘 말씀은 그가 주인을
"엄하게" 생각하며 "두려워했다"라고 말하고 있습니다. 주인을 매우
고지식하고 '엄한 분'으로 생각했다는 거죠. 따라서 그가 노력하지 않
은 것은 그가 자기 자신을 열고 자신으로부터 나오는 데 요구되는 어

떤 신뢰와 믿음이 결핍되어 있었기 때문입니다. 그는 주인을 신뢰할 수 없었고, 그렇기에 자신을 드러내고 자신 밖으로 나오는 용기를 낼 수가 없었던 것입니다.

주인은 그 종을 잘 알기에 그를 믿고 재산을 맡겼지만, 종은 주인에 대한 어떤 신뢰나 믿음도 가질 수 없었기에 자신에게 맡겨진 일에 투신할 수가 없었으며, 결국 악하고 게으른 종이라는 혹독한 비판의 대상이 될 수밖에 없었던 것입니다.

모든 일을 할 수 있다?

"내게 능력 주시는 자 안에서 내가 모든 일을 할 수 있다"(빌 4:13)라는 사도 바울의 말은 한국교회의 신앙인들이 좋아하는 말씀입니다. 무엇보다도 "모든 일을 할 수 있다"라는 말을 무척이나 애호하는데, 그러나 이 말씀에서 중요한 핵심은 능력을 주시는 '주님에 대한 믿음' (신앙)에 있습니다. 이것이 전제되어야 후반부의 말이 그 힘과 의미를 드러낼 수 있기 때문이지요. 그렇다면 이 말씀은 그 무엇보다도 우리가 믿는 신앙의 힘과 비밀을 보여주는 말씀이라는 것을 알게 됩니다. 하나님을 믿게 되면 가만히 있을 수가 없다는 것인데, 그 어떤 삶의 형식과 틀에 가두어 둘 수가 없기 때문인 거죠. 그래서 모험을 하게 되고, 위험을 무릅쓰고 낯선 곳을 향해 나아가게 되는 것입니다. 하나님을 믿는 신앙인이 낯선 곳에서 더 큰 역량과 힘을 발휘하게 되는 것도 결코 이와 무관치 않습니다.

그러나 오늘 말씀이 주는 또 하나 의미 있는 교훈이 있습니다. 이미 언급한 것처럼 우리가 하는 일은 사실은 다 '적은 일'에 불과하다는 것입니다. 이것은 매우 의미 있고 중요한 말인데, 우리에게 주어진 능력이란 것은 단지 크고 위대한 일을 위한 것이 아니라 오히려 적은 일을 감당하기 위한 것임을 보여주기 때문입니다. 그런데 바로 이것이 우리로 하여금 모든 일에서 모험과 적극성을 가지고 용기 있게 실행하도록 만든다는 것입니다. 우리 신앙인은 그 신앙 때문에 큰일을 한다 생각할 필요가 없는데, 바로 그렇기에 오히려 역설적이지만 더 적극적으로 그 일에 임할 수가 있는 것입니다.

　우리가 신앙을 가지고 살게 되면, 그때 우리가 하는 일이란 것은 단지 주어져 있는 것에 돌 하나 더 보태는 적은 일이라 생각하게 되기 때문이죠. 그런 점에서 우리 신앙인에게 있어 적은 일을 한다는 의식은 매우 의미 있고 중요합니다. 적은 일에 신실치 못한 인간이나 사회나 단체가 모두가 함께 하는 새 미래를 열어갈 수는 없기 때문입니다. 큰일과 대박만을 꿈꾸는 우리의 현실에서 큰 대형 사고를 겪을 때마다 안전불감증 타령으로 모든 문제를 덮어버리고 있지만, 문제의 근본은 바로 '적은 일'에 신실치 못한 우리 삶의 태도에 있는 것입니다.

　우리가 오늘 신앙인으로 살면서 다시금 하나님에 대한 신실한 신앙과 그 의미를 새롭게 성찰해야 하는 이유가 바로 여기에 있습니다. 우리에게 새롭게 주어진 이 귀한 새 학기, 하나님 신앙과 그 의미를 잘 되새겨서 우리가 하는 학업과 일에서 더 의미 있는 결실과 보람이 주어지는 귀한 시간 되길 바랍니다.

먼저 된 자, 나중 된 자

(마 19:27-30; 20:1, 8-16)

주인이 그중의 한 사람에게 대답하여 이르되
친구여 내가 네게 잘못한 것이 없노라
네가 나와 한 데나리온의 약속을 하지 아니하였느냐
네 것이나 가지고 가라 나중 온 이 사람에게
너와 같이 주는 것이 내 뜻이니라
…
이와 같이 나중 된 자로서 먼저 되고
먼저 된 자로서 나중 되리라(20:13-14, 16)

사순절과 그 의미

사순절 기간입니다. 주님의 십자가 고난과 그 의미를 생각하며, 우리 신앙을 다시 돌아보고, 새로운 깨달음을 얻는 절기입니다. 교회는 전통적으로 부활절부터 역으로 환산하여 40일을 사순절로 지키고 있습니다. 아마도 주님이 광야에서 시험받으시던 그 40일을 염두에 두고 이런 절기의 기간을 만들지 않았나 생각됩니다. 우리 신앙이 광야의 어려움과 시험을 견디면서 성장하듯이 이 사순절에 주님의 고난을 묵상하며 우리 신앙을 회복시키는 계기로 삼고자 한 것이겠지요.

그렇기에 이 절기에는 주님의 십자가 고난 사건을 우리 신앙의 중심에 두고 묵상하며 보내는 것이 요구됩니다. 주님의 십자가 고난과 그 의미가 바르게 이해되어야 비로소 그분의 모든 사역과 가르침의 의미가 분명해지고 또 우리 신앙의 상태가 어떤지도 알게 되기 때문입니다. 많은 사람들에게 거리낌과 치욕으로 여겨지는 주님의 수난 사건에서 우리가 듣는 하나님 나라 복음의 역설은 또한 이 세상의 문제와 우리 인간의 왜곡된 삶의 모습들을 분명하게 드러내 주기 때문입니다.

제자직과 보상

오늘 본문 중 19장 말씀은 내용적으로는 주님을 뒤따르는 '제자직의 문제'를 다루고 있습니다. 제자들이란 오늘 베드로의 고백처럼 모든 것을 포기할 만큼 큰 대가를 치르고 주님을 뒤따랐던 사람들입니다. 그렇기에 그들이 받을 하늘의 상은 분명하지만, 제자직을 수행하는 데 있어 우리가 늘 염두에 두어야 하는 문제를 알게 해 주는 말씀입니다. 도대체 무슨 문제인가요? 본문은 그것을 '제자직의 보상'이란 말로 이야기하면서 '부의 문제'와 관련된 경고의 교훈을 주고 있습니다.

수제자인 베드로가 '제자직 보상'에 대한 질문을 한 것이지요. 영생을 얻길 원했던 한 부자 청년이 그 부로 인해 예수님을 따르지 못하고 근심하며 떠나는 것을 보고 나니까 두려움이 생겼기 때문입니다. 그래서 우리는 모든 것을 버리고 주님을 따랐는데, 우리에게 어떤 보상이 주어지는지를 물었던 겁니다. 이에 대한 예수님의 대답 또한 매우 긍정적이었죠. 자기가 버린 것보다 더 많은 것을 받고 거기에 영원한 생명도 얻게 된다는 것이었습니다. 매우 지당한 말씀입니다. 하나님 나라 일도 무언가 보상이 주어지는 것이라 여겨지기 때문이죠. 그런데 문제는 주님께서 이 대답에 이어서 이해하기 어려운 말씀을 첨가하고 있다는 사실입니다. 오늘 마태복음 20장의 "먼저 된 자가 나중 되고, 나중 된 자가 먼저 된다"라는 말씀이 바로 그것입니다. 쉽게 생각하면 뒤늦게 성공한 인생 역전의 삶을 떠올리게 합니다. 그러나 이 말씀은 이 세상에서의 성공이나 실패와는 무관한 제자직의 바른 수행과 관련된 말씀이기에 그 의미는 매우 다르다 하겠습니다. 이 말씀이 잘 이해되지 않는 것도 이 때문인데, 이 말씀은 단순히 이 세상에서 특별한 성공을 이룬 삶의 의미를 드러내고자 하는 것이 아니라 하나님의 비밀스런 뜻을 이야기하고 있기 때문입니다. 주님은 그래서 다시 하나님 나라에 대한 한 비유의 말씀을 주시는데, 본문 20장 말씀이 들려주는 '포도원 주인과 품꾼들의 이야기'가 바로 그것입니다.

어떤 포도원 주인이 포도밭을 가꾸기 위해 이른 아침부터 시차를 두고 사람들을 고용해 일하게 한 후 그 대가를 지불하는 이야기죠. 그런데 일꾼으로 고용하는 데서 시차가 났음에도 불구하고(9시, 12시, 15시, 17시) 임금은 모두 동일하게 지불함으로써 먼저 와서 일한 사람들로부터 비난을 사게 되고, 그것에 대해 주인이 그들에게 한 말씀이 오늘의 본문 20장 후반부 말씀입니다.

그런데 여기서 결코 간과해서 안 되는 것이 있는데, 그것은 이 이야기가 하나님 나라 비유로 주어지고 있지만, 당시 유대인들에겐 매우 현실적인 이야기였다는 사실입니다. 포도원 일이랄지, 품꾼 고용 방식이랄지, 노동 시간(일출에서 일몰까지; 아침 6시에서 저녁 6시까지)이 랄지, 실업의 현실('장터에서 놀고 있는 사람들')이랄지, 이 모든 것들은 당시 유대의 경제 사정을 잘 보여주며, 그들 일상의 모습과 일치하고 있다는 겁니다. 그러니까 이것은 결코 낯선 이야기가 아니었다는 거 죠. 그들에게 매우 친숙하며, 평범한 일상의 삶을 보여주는 이야기였 다는 겁니다.

그러나 한 가지, 다시 말하면 이 이야기가 말하고 있는 임금 지불 과 관련된 교훈은 당시 일상의 현실과는 매우 상반된 것으로 받아들 이기가 쉽지 않은 내용을 담고 있다는 사실입니다. 그래서 바로 이것 때문에 사람들이 이 이야기를 잘못 이해하게 되는 경우가 매우 빈번 하게 나타나기도 했습니다. 특별히 노동과 임금 문제에서 사람들은 사회주의적 원리와의 연관성을 생각하기도 했는데, 사람들에게 일을 하도록 한 것이나 일한 시간에 상관치 않고 공평하게 임금을 지불하 는 것 등은 이런 오해를 줄 수도 있었기 때문입니다.

그러나 이 이야기는 제자직 수행에서 꼭 알아야 하는 하나님 나라 비유라는 점을 잊지 말아야 합니다. 그렇기에 단지 세상 논리로만 읽 혀질 수는 없는데, 이 말씀에서 중요한 요점은 동일한 임금 지불을 두 고서 일어난 품꾼들의 비난에 대한 주인의 대답에 있습니다. 여기서 주인은 자기는 계약대로 하루분의 임금을 지불했으며, 뒤늦게 일한 자들에게도 동일한 임금을 지불한 것은 주인의 권리에 속한 것이라고 말하고 있기 때문입니다. 한마디로 이 모든 것이 주인의 자유로운 권 한에 속한 것이란 말이지요. 그러면서 다시금 "이와 같이 나중 된 자로 서 먼저 되고, 먼저 된 자로서 나중 되리라"는 말씀을 되풀이하고 있는

데, 이것은 제자직 수행의 중요한 문제를 드러내는 말씀으로 바로 이 포도원 품꾼들의 임금 지불 이야기와 관련해서 핵심적인 의미를 가지는 것입니다.

제자직 수행과 그 의미

그렇다면 우리는 이제 이 말씀을 제자직 수행 문제와 관련시켜 그 뜻을 헤아리는 것이 오늘 본문 말씀을 바르게 이해하는 데 도움이 된다 여겨지는데, 이 양자를 연결시켜 보면 다음과 같은 사실을 확인할 수 있게 됩니다.

첫째, 하나님께서는 당신의 하나님 나라 일을 위해서 늘 사람을 필요로 한다는 사실입니다. 사람을 찾으시고, 세우시는 하나님이 성경의 지속적인 주제가 되는 것도 이 때문입니다. 그런데 여기서 특이한 것은 하나님께서 사람을 찾고 부르시되 이 세상에서는 그렇게 대단치 않은 사람들을 찾고 부르신다는 사실입니다. 이것은 포도원 주인이 고용한 품꾼들이 어떤 사람인지를 전혀 고려치 않고 그들에게 일을 맡기고 있다는 데서 잘 드러나고 있습니다. 왜 그랬을까요? 매우 비밀스런 대목이죠. 한 가지 분명한 것은 세상에서 잘나가는 사람은 하나님의 뜻과 마음을 겸허하게 받아들이는 것이 어렵다 보았기에 그렇게 한 것이 아닐까 하는 것입니다.

둘째, 또 하나 중요한 것은 하나님 나라 일꾼으로 부름을 받았을 때 거기에는 사람에 따라 시간 차이(먼저와 나중)가 있었다는 사실입니다. 그런데 이 시간 차이는 보상과 관련해서는 중요치 않다는 겁니다. 이 말은 하나님 나라 일꾼에게 언제 부름을 받았느냐 하는 것은 중요치 않다는 겁니다. '먼저-나중'이라는 것은 이 세상의 관습과 논리에서는 매우 중요한 것이지만, 하나님 나라 사역에서는 그렇게 중요한 요인이 아니라는 이야기입니다. 그것은 시간 차이가 아니라 오히려 다른 요소가 더 중요하다 보았기 때문인 거죠.

셋째, 그렇기에 이 하나님 나라 제자직 수행에는 늘 어떤 '위기'가 내포되어 있다는 사실입니다. 제자직이 비록 자기 포기라는 귀한 결단을 그 출발점으로 가지고 있지만, 결정적인 한 번의 결단으로 그 영구적인 보상이 보장되는 것은 아니라는 겁니다. 따라서 여기서 우리는 예수님을 뒤따르는 제자가 되는 것은 한 번의 결단만으로는 이루어질 수 있는 것이 아니라는 사실을 확인하게 됩니다. 더 큰 문제는 이런 것들에 관심하게 될 때 오히려 모든 것을 잃어버릴 수 있는 '위기'에 처할 수 있다고 여겼기 때문입니다.

넷째, 세상적 삶에서는 '우선적인 선택'이나 '현명한 지혜와 능력'이 중요하지만, 이 제자직에서는 모든 것이 주인에게 달려 있다는 겁니다. 부르는 것도 그분의 뜻이요, 하는 일이나 받는 보상도 다 주인의 전권적 뜻과 관련되어 있기 때문입니다.

'낯선' 하나님과 그 '주권적인 뜻'

그렇기에 이제 여기서 우리는 오늘 본문 말씀의 핵심 내용을 새롭게 깨닫게 됩니다. 주님을 뒤따르는 신앙인은 늘 우리 주님과 하나님만을 바라보아야 한다는 것이 바로 그것입니다. 그래서 본문 말씀도 사실은 '낯선 하나님'과 그분의 '주권적인 뜻'을 보여주려고 하는 것에 그 핵심을 두고 있는 겁니다. 다시 말하면 우리가 믿는 하나님은 통상적으로 생각되는 그런 분이 아니고, 늘 우리에게 낯선 분이셨고 또한 여전히 낯선 분이라 여겼기에 이런 말씀을 주고 있는 겁니다. 왜 이것이 이렇게 중요했을까요? 그것도 이미 하나님 신앙을 가진 제자들에게 말입니다.

하나님께서는 당신의 뜻을 분명하게 계시하심에도 불구하고 여전히 우리에게 자명한 분이 될 수는 없는데, 그분은 창조주이시고 우리는 단지 피조물이기 때문입니다. 그런데 바로 이 단순한 사실을 우리 신앙인이 자주 잊어버리기에 큰 우를 범할 수밖에 없었다는 겁니다. 따라서 우리가 신앙인이라 할지라도 '전적 타자'이신 주 하나님의 낯섦을 잊게 될 때 우리는 하나님의 뜻을 왜곡시키고 가리는 우를 범할 수 있다는 사실입니다. 유대인의 실패의 역사가 이것을 잘 보여주고 있고, 기독교의 역사에서도 이런 일이 드물지 않게 일어났던 것은 다 이것과 무관치 않았습니다.

이 자명한 사실이 왜 자꾸 잊혀졌을까요? 하나님은 우리와는 다르고, 그분의 생각 또한 우리 생각과는 너무 다르다는 사실을 온 마음으로 생각하지 않았기 때문입니다. 그렇기에 이제 우리가 명심해야 하는 것은 저 '낯선 하나님'과 그 신앙적인 의미입니다. 우리가 역설적으로 보이는 하나님의 '은혜'나 사랑을 그분의 초월적 '주권'과 연결해서 다시 생각해야 하는 이유가 바로 여기에 있습니다. 우리가 자명하게 생각하는 그분의 한없는 은혜와 무조건적인 사랑도 그분의 창조주로서의 '전권적 주권'과 함께 생각할 때만 그 본질적인 의미가 제대로 드러날 수 있기 때문입니다.

본문에 나오는 주인의 대답에서 하나님의 '은혜'와 '주권'이 동전의 양면처럼 나타나는 것도 바로 이 때문입니다. 주인에게는 자비를 베

푸는 것과 그분의 자유로운 주권적 뜻이 긴밀하게 하나로 연결되어
있고, 우리에게는 대립적으로 보이는 이 두 가지가 주인에게는 전혀
이질적인 것이 아니며, 우리에게는 함께할 수 없는 이 두 요소가 이
주인에게서는 하나로 긴밀하게 연결되어 있기 때문입니다. 그렇기에
우리 신앙인에게 정말 중요한 것은 우리가 애호하고 우리에게 큰 도
움과 힘을 주는 주 하나님의 긍휼이나 사랑만이 아니라, 그것을 그분
의 전권적 주권이나 낯섦과 긴밀하게 연결시켜 생각해야 한다는 사실
입니다.

우리가 만약 이 사실을 잊게 되면 그 누구라도 아침 일찍 포도원에
와서 일하고, 나중에 주인의 처사에 화를 낸 일꾼의 잘못된 실수를 되
풀이할 수 있기 때문입니다. 그러므로 '낯선 하나님의 전권적 주권'이
우리를 화나게 해서는 안 됩니다. 무엇보다도 우리 자신도 주 하나님
의 '주권적 뜻'에 따라 이렇게 부르심을 받아 그분의 자녀가 될 수 있었
기 때문입니다.

먼저 된 자가 나중 되는 신앙의 역설적 진실은 그렇기에 우연히 발
생하는 인생 역전에 비교될 수 있는 것이 아닙니다. 무엇보다도 이것은
우리 신앙인에게 자주 찾아오는 신앙의 '위기'를 보여주는 근본적인 징
후입니다. 그러므로 포도원 품꾼들에게 나타났던 저 위기는 우리에게
도 무관한 것일 수가 없습니다. 신앙인인 우리가 주님을 온 마음으로
사랑하지 않게 될 때 이것은 바로 우리에게도 큰 위기로 다가올 수 있
기 때문입니다. 신앙이 성장하는 것은 결코 오랜 연륜이나 업적의 문제
가 아님을 깊이 새겨서 주님의 고난을 묵상하는 이 사순절에 주님의
은혜와 축복이 함께하는 소중한 신앙 회복의 계절이 되길 기도합니다.

복음과 함께 전해져야 할 이야기

(막 14:3-9)

내가 진실로 너희에게 이르노니
온 천하에 어디서든지 복음이 전파되는 곳에는
이 여자가 행한 일도 말하여 그를 기억하리라 하시니라(9절)

십자가 고난의 묵상 의미

주님의 마지막 고난 길을 묵상하며, 그 열정과 아픔의 의미를 되새기는 종려주간입니다. 그러나 우리 모두는 여러 일에 쫓기며 바쁜 삶을 살고 있기에 이것이 그리 쉬운 일은 아닙니다. 게다가 오늘 우리의 삶은 특히 개인의 성공과 욕망 실현만을 목표로 냉혹하게 계산된 '무감정의 정서' 속에서 이루어지고 있기에 하나님의 인간 사랑의 열정과 아픔의 상징인 주님의 십자가 고난과 죽음의 의미를 적극적으로 헤아린다는 것이 너무 힘듦을 느끼게 됩니다.

그러나 주님의 십자가 죽음과 관련된 이런 어려움이 오늘 우리에게만 주어졌던 것은 아닙니다. 주님의 고난의 십자가는 앞선 우리 신앙의 선배들에게도 큰 어려움과 혼란을 야기시켰던 사건이었기 때문입니다. 그들에게도 주님의 십자가는 큰 당혹스러움을 안겨주는 사건으로 여겨졌는데, 그것은 치욕과 고통으로 점철된 십자가에서 허망하게 죽어 간 주님을 하나님의 메시아로 받아들이고 선포해야만 했기 때문이죠. 그래서 이런 어려움과 혼란을 알게 된 사도 바울은 이 주님의 십자가가 "그리스인들에게는 '어리석음'이요, 유대인들에게는 '걸림돌'이 된다"라고 말했던 겁니다(고전 1:23).

기독교 역사가들은 십자가가 갖는 부정적이고 혼란된 이미지 때문에 기독교 교회는 오랜 시간 동안 고통당하는 주님의 모습을 사실적으로 묘사하는 것을 매우 꺼렸습니다. 처음 3세기까지 주님은 십자가와 관련해서가 아니라 그저 젊고 온화하고 착한 목자로만 그려졌으며, 가장 오래된 십자가형 그림은 5세기에 이르러서야 비로소 나타나기 시작합니다. 그러나 그 경우에도 주님의 고통스러운 모습을 묘사하는 것은 피하고, 단지 기도하는 모습, 승리자의 모습만을 보여주려 했습니다. 종교개혁 여명기에 이르러서야 그리스도의 십자가 고통이 사실적으로 묘사되기 시작했는데, 그중 가장 유명한 그림이 바로 마티아스 그뤼네발트의 십자가형 그림인 〈이젠하임 제단화〉입니다. 이젠하임 성당 제대 안에 그려진 이 그림은 십자가에 달린 주님의 모습을 사실적으로 표현했다고 하는데, 여기서 주님은 고통의 화신으로 그려지고 있습니다.

그런데 무엇보다도 마티아스 그뤼네발트의 그림에서 우리가 간과해서는 안 되는 부분이 있는데, 주님 외에 4명의 보조 인물이 등장하고 있다는 것입니다. 십자가에 달린 주님의 오른편에는 아들의 비참한 죽음에 비통해하는 예수님의 어머니가 흰색 상복을 입고 계시며, 그 옆에는 예수님의 사랑하는 제자가 그 어머니를 위로하기 위해 안절부절못하는 모습으로 그녀를 붙들고 서 있고, 왼편에는 세례 요한이 손가락으로 고통당하는 주님을 가리키고 있으며, 마지막으로 오른편 아래에는 예수님에게 향유를 부어드렸던 마리아가 엎드려 기도하고 있습니다. 왜 마티아스 그뤼네발트는 이 사람들을 주님의 십자가 처형 그림에 보조 인물로 그려 넣었을까요? 다른 많은 사람과 제자들이 예수님 주변에 있었지만, 이 네 사람이 예수님의 저 수난의 고통과 아픔을 '마음으로부터' 함께 느끼고 있었다고 생각했기 때문이 아닌가요?

여기서 우리는 중요한 신앙적 깨달음을 얻습니다. 우리 주님의 십자가 고난과 죽음은 결코 모두가 참여하는 일이 될 수는 없다는 사실이 바로 그것입니다. 주님을 진정으로 깊이 사랑하지 않고서는 십자가의 자리에 함께 한다는 것은 전혀 가능치 않다는 이야기인 거죠. 따라서 중요한 것은 주님의 십자가 고통과 의미를 바르게 아는 것만이 아니라 그 십자가 고난의 현장에 누가 진정으로 함께 할 수 있느냐 하는 것입니다.

값비싼 향유 옥합을 깨트린 여인

이런 맥락에서 묵상할 때 옥합을 깨트린 여인 이야기는 우리에게 매우 신선한 신앙적인 자극과 깨달음을 얻게 하는 말씀이라 여겨집니다. 이 이야기는 주님께서 예루살렘에 입성하신 후 빠르게 진행되는 고난의 마지막 여정에서 일어났던 매우 특별한 이야기입니다. 예루살렘에 입성하여 성전을 정화하며 큰 소란을 일으켰던 예수님, 그러나

이 일로 인해 이제 예수님을 죽이려는 음모가 구체화되는 엄중한 시기에 한 여인의 기이한 행동을 둘러싸고 일어났던 이야기입니다. 이제 대제사장과 율법학자들은 구체적으로 예수님을 체포할 적절한 날만을 헤아리고 있습니다. 이처럼 위험이 증대하고 있는 때에 예루살렘 동남방으로 3km 떨어진 베다니 마을에서 예수님은 그를 따르던 제자들과 저녁 식사를 나누고 있습니다. 아마도 나병을 치유 받았던 시몬이 그 보답으로 예수님과 제자들을 초대했던 것 같습니다. 제자들은 낮에 있었던 주님의 성전 숙청 사건을 생각하며 매우 고무된 마음으로 함께 식사를 나누고 있는 밤이었습니다.

그러나 예수님께서는 그렇지 않으셨던 것 같습니다. 앞으로 일어날 일들과 관련해 죽음을 예감하는 비감한 마음이 주님을 사로잡고 있었다고 여겨지기 때문입니다. 그러나 이것을 알아차리지 못하는 제자들은 마냥 흥에 겨워 즐거운 마음으로 식사를 나누고 있었던 겁니다. 그런데 흥이 한참 절정에 도달했을 때 갑자기 예기치 않았던 파격적인 한 돌발 사건이 일어난 겁니다. 어떤 한 여성이 아무 말 없이 예수님께 다가와 값비싼 나드 한 옥합을 깨트려 그 향유를 예수님의 머리 위에 붓는 일이 일어난 것이지요. 그런데 문제는 이 일이 제자들을 몹시 화나게 했고, 그럼으로써 이 여성에 대한 혹독한 비판이 제기되었다는 데 있습니다. 단지 식사를 방해했기 때문이 아니었습니다. 존귀한 손님과 식사할 때 그에게 기름을 붓는 일은 유대인들에게는 그렇게 드문 일은 아니었다고 말해지기 때문입니다. 오히려 그 비판의 핵심은 '왜 값비싼 향유를 낭비하는가?'에 있었습니다. 이 향유가 300데나리온이라는 값이 나간다고 하니 일용 노동자들의 1년의 품값에 해당하는 큰돈이었던 것이지요. 그러니 차라리 그것을 팔아 가난한 사람을 돕는 것이 훨씬 '합리적'(?)이지 않느냐는 것이 비판의 이유였습니다. 상식적으로 볼 때 틀리지 않은 말입니다. 무엇보다도 유월절은 가난한 사람들에게 특별한 자선을 베푸는 절기였기 때문입니다.

그런데 여기서 우리를 크게 놀라게 하는 것이 있는데, 예수님의 답변이 그것입니다. 한마디로 이 여인은 내게 '좋은 일'(선한 일)을 했다는 겁니다. 그리고 이 여성이 한 일은 자신의 죽음을 준비하는 일이었다는 겁니다. 더 나아가 이 일은 주님 사역의 핵심 주제였던 하늘 복음과도 연결될 수 있는 그런 의미를 갖는다는 겁니다. 그렇기에 하늘 복음이 전파되는 곳 어디에서도 이 이야기가 함께 전해져서 많은 사람들이 이 일을 기억하게 된다는 겁니다. 너무나 놀라운 말씀이지요? 그러나 이 말씀이 받아들여지기 어려운 것은 그 내용만이 아니라 이 여인이 한 일과 예수님의 대답이 그렇게 잘 들어맞지 않아 보인다는 데 있습니다. 여인은 예수님께 향유를 붓는 일을 예수님의 죽음을 예비하는 엄청난 의미로 한 것이 아니라 오히려 지극히 사적인 감정, 즉 안타까운 연민의 심정에서 그렇게 했다고 여겨지기 때문입니다. 그런데 왜 주님께서는 이 이야기가 하나님 나라 복음이 전파될 때 함께 전해질 만큼 그렇게 중요한 의미를 갖는다고 말씀하셨을까요? 복음은 인간의 사적인 감정과 관련된 소식이 아니라 하나님의 모든 인류를 위한 공적인 기쁜 소식이 아닌가요? 그런데 왜 주님께서는 이런 말씀을 하신 걸까요? 이것은 오늘 우리로서도 결코 받아들이기 쉽지 않은 매우 충격적인 말이 아닐 수 없습니다. 그렇다면 도대체 이 여인의 행위는 어떤 의미에서 복음적 의미를 보여주며, 구체적으로 무엇이 그처럼 놀라운 의미를 갖게 한 것일까요?

여인의 행위가 갖는 이런 문제성을 생각할 때 우리는 이제 이 이야기와 관련된 일반적인 이해 상황을 먼저 생각하지 않을 수 없습니다. 일반적으로 사람들은 이 이야기를 이해하는 데 있어 여성의 행위가 예수님의 메시아적 즉위를 상징적으로 나타내는 기름 붓는 행위이기에 제자들의 판단과는 달리 이 행위는 '선한' 일로 여겨져야 한다고 주장합니다. 다시 말하면 예수님의 메시아적 존재 의미를 드러내기 위해서라면 이런 낭비쯤은 문제가 되지 않는다는 이야기인 거죠. 그러나 문제는 오늘 본문 어디에도 그런 암시가 나타나지 않는다는 사실입니다. 예수님의 말씀대로 이 기름 붓는 행위는 단지 예수님의 죽음을 예상한 행위였음을 밝히고 있을 따름입니다. 그래서 마가는 이 이야기를 유대 지도자들이 예수님을 죽이려는 음모를 진행하고 있는 과정(1-2절)과 유다가 예수님을 배반하는 사건(10절 이하) 사이에 두고 있는 겁니다. 이제 주님께서 죽게 되어 장사지내게 될 때 그 몸에 기름을 바르는 것조차도 제대로 행해지지 못하는 죽음을 죽게 된다는 것을 암시하고 있는 것이지요. 실제로 마가복음서에서는 예수님께서 죽은 다음 기름 바르는 순서가 생략된 사실이 확인되는데, 예수님의 죽음은 이처럼 일반적인 평범한 죽음이 아니고, 시신에 기름조차 바르지 못하는 매우 치욕적인 죽음이었다는 것입니다.

거룩한 낭비?

그렇다면 여인의 행위는 어떻게 이해될 수 있나요? 사실 예수님께서 죽음을 맞기도 전에 미리 기름을 부었으니 실제로 이것은 예수님의 장례 행위에도 도움이 되지 못한 것입니다. 이런 문제를 의식해서인지 신학자 폴 틸리히는 이 여성이 행한 행위가 갖는 이런 모호한 성격을 인정하면서도 그 안에 감추어진 뜻을 변증하기 위해 아주 기발한 언어를 고안해 냈는데, '거룩한 낭비'(holy waste)라는 말이 바로 그것입니다. 이 행위는 분명히 '낭비적인' 성격을 갖고 있었지만, 그 안에 감추어져 있는 그 뜻은 매우 '거룩한' 의미를 가졌다는 겁니다. 앞뒤가 잘 맞지 않는 말이지요. 낭비란 부정적인 언어요, 거룩하다는 것은 숭고하고 신성한 것을 말하기 때문입니다. 그렇기에 이 두 단어를 결합시키는 것은 분명히 자기모순을 드러낸 것이라 할 수 있습니다. 그런데 놀라운 것은 이 두 단어가 결합됨으로써 하늘 복음이 갖는 심오한 역설적 의미와 우리들의 현실적인 삶의 문제성이 잘 드러나고 있다는 사실입니다. 하나님의 복음에서 사랑과 헌신의 무조건성이 갖는 비교 불가능한 '열린' 삶의 의미와 여전히 '합리적' 계산(?)에만 의존하는 우리들의 '닫힌' 삶의 문제성이 그것이지요. 다시 말하면 하나님 신앙을 가지고 살아간다고 하면서도 그분에 대한 조건 없는 사랑의 절대적인 의미를 여전히 깨닫지 못하고 있는 우리들의 '계산적인 합리성'에 의존된 그 삶의 근본적인 문제성 말입니다.

이런 의미 맥락을 염두에 둘 때 이제 우리는 저 여인의 헌신적인 행위가 갖는 신앙적인 의미와 그 교훈을 다음과 같이 정리할 수 있습니다. 무엇보다도 이 행위는 하늘 복음의 심오한 역설적 의미를 그 안에 내포하고 있었기에 합리적인 상식으로 이해될 수 있는 이야기가 아니었다는 겁니다. 그래서 복음서 저자들에게도 이 일은 전하기가 쉽지 않은 사건이었던 겁니다. 여러 가지 혼란이 그것을 잘 반증해 주고 있는데, 요한복음은 그 집이 나사로의 집, 곧 마리아와 마르다의 집이라 소개하고 있고, 마태와 마가는 그 집이 나병에 걸렸다가 치유된 시몬의 집이라고 소개합니다. 누가는 이 여인이 죄 많은 여인이라

하고, 요한은 예수님께서 아끼고 사랑했던 마리아라고 말합니다. 왜 이런 혼란이 일어났을까요? 이것은 분명 큰 혼란입니다. 사건을 기록할 때는 장소와 인물이 명확해야 하는데, 그렇지 못했으니 정말 큰 혼란이라 아니할 수 없습니다. 무엇인가 이 행위의 의미를 분명하게 확정하는 것이 너무 어려웠기에 이런 혼란이 일어나지 않았을까요? 그래서 가능하면 이 일을 좋은 방향으로만 이해하고자 한 것이라 여겨지기도 합니다. 막달라 마리아란 이름을 배제하고 이름 없는 한 여인이라 한 것도 이 때문이라 여겨지는데, 세상의 눈으로 볼 때 이 여인은 행동이 바르지 못한 여인이었고, 따라서 거룩한 하늘 복음의 의미를 드러내는 일에 이 여인의 행위가 어떤 의미 있는 것이 되었다고 말하는 것이 결코 쉽지 않았기 때문이었습니다.

궁극적인 것, 그 무조건적인 사랑의 의미

그러나 다행스러운 것은 바로 이런 혼란 때문에 우리는 이 말씀의 감추어진 의미를 파악하는 데 도움을 받을 수 있게 되었다는 사실입니다. 달리 말하면 저 행위의 메시지가 갖는 감추어진 의미가 역설적으로 이 혼란을 통해 드러나게 되었다는 거죠. 어떤 메시지인가요? 보잘것없는 한 천한 여인의 예수님에 대한 '무조건적인' 사랑이 바로 그것입니다. 이름이 드러나지 않은 이 여인을 '죄 많은 여인' 혹은 '예수님이 사랑했던 마리아'로 표현한 것은 이 행위가 예수님에 대한 남다른 감정인 예수님에 대한 '무조건적인 사랑'의 측면을 배제하고서는 잘 이해되지 않는 행위였기 때문입니다. 여인의 행위는 그녀가 받은 과분한 사랑과 은총의 경험을 전제하지 않고서는 그 실행이 쉽지 않은 그런 행위라는 것이지요. 그렇기에 이 행위를 두고서 우리 인간의 계산적이고, 합리적인 판단이 설 자리를 잃어버리는 것은 너무나 당연합니다. 가난한 자에 대한 자선 행위는 분명 합리적으로 판단할 때 매우 소중하고 필요한 것이지만, 그것조차도 여인이 보여준 무조건적인 사랑에 기초하지 않고서는 그 '본래적 의미'를 되살려낼 수는 없는 것이라 여겨지기 때문입니다.

제자들의 합리적인 생각과 판단의 한계는 바로 여기에 있었습니다. '궁극적인 것'과 관련된 '무조건적인' 사랑, 그래서 자기의 전 존재를 던지는 사랑이 얼마나 중요하고 근본적인 것인지를 그들은 여전히 모르고 있었던 것이지요. 그들은 나름대로 상식적이고 합리적이라 생각했겠지만, 우리 인생에서 '궁극적인 것'이 갖는 깊은 뜻과 의미를 여전히 알지 못했기에 여인의 무조건적인 사랑의 행위를 바르게 판단할 수가 없었던 것입니다.

제자들은 아마 새로운 세상을 꿈꾸고 있었을 것입니다. 그들은 분명 공의로운 이스라엘의 국권 회복을 열망하고 있었을 것입니다. 그래서 그들은 예수님에게서 '정치적 메시아'를 기대했고, 그런 자신들의 비전을 이루고자 했을 것입니다. 그러나 그것이 오히려 역설적으로 그들로 하여금 수난당하는 '사랑과 긍휼의 메시아'를 인지하지 못하게 만들었던 겁니다. 따라서 제자들의 가난한 자에 대한 관심은 매우 소중하고 의미 있는 것이었지만, 사실은 그것도 바로 이런 제한적 의미 맥락 안에서만 받아들여질 수 있는 것이었던 겁니다. 그렇기에 예수님의 제자였던 유다가 바로 이 일 후에 자리를 박차고 일어나 대제사장들에게 예수님을 팔아넘긴 것은 이상한 일이 아니라고 생각됩니다. 한 여인의 무조건적인 사랑의 행위를 하나님의 거룩한 뜻에 상응하는 '좋은 일'이라고 칭찬하는 예수님에게서 민족적이고 정치적인 큰일을 기대한다는 것은 무의미하다고 여겼던 것입니다.

그렇다고 한다면 여인의 낭비적인 행위가 내 장례를 예비한 것이라 하신 예수님의 말씀은 바로 이 여인의 이런 무조건적인 사랑을 우회적으로 표현한 말이었다고 생각됩니다. 예수님은 여인에게서 조건에 매이지 않은 그런 사랑을 느꼈던 것이고, 그 사랑 속에 감추어진 하나님의 인간 사랑이라는 하늘 복음에 상응하는 '거룩한 행위'를 본 것입니다. 그런 점에서 여인의 행위는 하늘 복음의 놀라운 생명의 의미를 그 안에 함축하고 있는 무조건적인 사랑에 터 잡은 '거룩한 낭비'였던 겁니다.

무조건적인 사랑과 거룩한 낭비

'거룩한 낭비'란 우리 인간의 의미 없는 소모적인 행위를 정당화하기 위한 말이 아닙니다. 거기에는 계산적이고 합리적인 오늘 우리들의 냉혹한 눈에는 잘 보이지 않는 무조건적인 신뢰와 사랑, 헌신의 열망이 감추어져 있습니다. 그것은 이것이 있고서야 빼어난 지식도, 고상한 윤리도 그 의미를 갖는 그런 사랑과 열망이며, 이 세상의 효율성, 능률성, 도덕성뿐만 아니라 우리들의 아름다움과 추함에 대한 판단까지도 정지시키고, 우리를 '무조건적이고, 궁극적인 것'에 사로잡히게 하는 주 하나님의 무궁한 사랑과 열정에 연결되어 있는 그 무엇입니다. 우리는 이것을 여러 가지로 말할 수 있겠지만, 분명한 것은 이것이 우리 삶에 근본적이고 꼭 필요한 그 어떤 것이라는 데는 이견이 없습니다. 이 세상에서 추구하고 있는 우리들의 삶은 힘과 능력으로 유지

되는 것이라고 생각하지만, 사실은 창조주 하나님의 무궁한 사랑을 드러내는 '거룩한 낭비'로 인해 비로소 가능해지는 것이기 때문입니다. 그렇기에 다시 새롭게 우리에게 다가오는 이 봄에 이제 우리의 눈길을 사로잡을 먼 산의 진달래, 개나리 등 여러 봄꽃도 사실은 모두가 다 거룩한 분께서 우리를 돌보시며 무조건적인 사랑을 드러내 보여주시는 '거룩한 낭비'라 할 수 있는 것입니다. 그리고 또한 죽음의 여정을 향해 결연히 나아감으로써 인류 구원의 새 길을 열었던 우리 주님의 바보스러운 수난과 고통의 아픔도 우리를 위한 아버지 하나님의 '거룩한 낭비'에 속한다 할 수 있는 겁니다.

그렇다면 냉혹한 합리성과 계산만을 절대시하는 오늘 우리의 현실 논리에 중독된 우리 자신을 일깨우기 위해서는 저 여인의 무조건적인 사랑의 '거룩한 낭비'가 다시 우리에게 말을 걸고, 그 새로운 교훈과 깨우침으로 새로운 생명과 연결된 삶의 길을 열어야 한다 생각됩니다. 무조건적인 저 여인의 행위가 갖는 이런 '거룩한' 의미를 우리가 새롭게 깨닫고 마음에 새기며 살아갈 때 우리는 저 '궁극적 관심'에 터 잡은 하나님 신앙과 그 거룩한 사랑의 능력을 우리 안에 확보할 수 있게 될 것입니다.

고난주간이 시작되는 이 귀한 절기에 주님의 십자가 고난 속에 감추어진 아버지 하나님의 거룩한 사랑의 의미를 다시 묵상하면서 우리 신앙과 삶이 새롭게 회복되는 귀한 축복이 우리 모두와 함께하길 기원합니다.

오직 한 가지 일

(빌 3:7-9, 12-14)

> 내가 이미 얻었다 함도 아니요 온전히 이루었다 함도 아니라
> 오직 내가 그리스도 예수께 잡힌 바 된 그것을 잡으려고 달려가노라
> 형제들아 나는 아직 내가 잡은 줄로 여기지 아니하고
> 오직 한 일 즉 뒤에 있는 것은 잊어버리고
> 앞에 있는 것을 잡으려고 푯대를 향하여
> 그리스도 예수 안에서 하나님이 위에서 부르신
> 부름의 상을 위하여 달려가노라(12-14절)

오직 한 가지 일?

제목이 좀 거슬리지요. 우리 현실하고는 거리가 먼 제목이라 여겨지기 때문입니다. 오늘 우리는 '한 가지'가 아니라 여러 가지 것들과 관계하며 분주하게 살고 있습니다. 그러다 보니까 한 가지 일에 관심하는 것이 매우 낯설어졌을 뿐만 아니라 무의미하고 어리석다 생각됩니다. 그러나 다시 한번 정직하게 우리 마음을 들여다보면, '한 가지

것'에 대한 바람과 갈망이 전혀 무의미한 것은 아니라는 사실을 확인 하게 됩니다. 우리 내면 깊은 곳에 감추어 있는 '한 가지 것'에 대한 갈망이 여전히 말을 걸고 있기 때문입니다. 비록 바쁘고 번잡한 시간 속에서 살고 있지만, 정말 우리가 꿈꾸며 원하는 '한 가지'가 우리에게 주어질 수 있다고 한다면, 다시 한번 의미 있는 삶을 살아볼 수도 있겠 다 생각되기 때문입니다. 그래서 감히 이 시간 우리 안에 감추어져 있 는 '한 가지 것'에 대한 갈망을 반추해 보면서 그 감추어진 의미를 드러 내 보고 싶은 겁니다. 아직은 감추어져 있지만, 만약 이 '한 가지 것'을 새롭게 발견할 수 있게 된다면, 그때 우리는 새로운 삶의 비전과 의미 를 확보할 수 있겠다 생각하기 때문입니다.

예수님의 사역 수행, 그 관점과 기준

근래에 와서 예수님께서 행하신 사역과 관련해 새로운 깨달음을 얻는 것이 있습니다. 예수님께서 하나님 나라 사역을 수행하면서 늘 견지해 왔던 그 신앙적인 관점과 기준의 의미가 바로 그것입니다. 이 것은 우리 신앙인들이 그 바른 신앙을 위해 중요하게 생각하는 '예수 님은 누구신가'라는 예수님의 정체성 물음과는 그 의미가 다른 것인 데, 예수님께서 하나님 나라 사역 과정에서 늘 내적으로 견지해 왔던 궁극적인 관심과 관련된 것이기 때문입니다. 예수님의 '정체'를 바로 아는 것, 그것은 주님을 믿고 따르는 신앙인에게 가장 중요한 신앙의 핵심 문제이기에 우리는 그분이 그리스도 메시아(구원자)이며, '하나 님의 아들'이라는 신앙고백으로 우리 신앙을 고백하고 있습니다. 이 신앙고백은 모든 그리스도교 신자들의 신앙에 매우 중요한 의미를 갖지만, 그 구체적인 삶의 현실에서 실천적인 삶으로 이어가는 데서는 무언가 부족함도 느끼기에 주님께서 하나님 나라 사역 과정에서 몸소 보여주셨던 그 궁극적인 관심과 삶의 자세를 헤아려 보는 것이 의미 있겠다 생각됩니다.

우리가 복음서를 통해 알게 되는 것은 예수님께서는 사역을 수행하시면서 오직 '한 가지 것'만을 염두에 두셨다 생각되는데, 아버지 하나님과 그분의 다스림이 바로 그것입니다. 때때로 예수님의 가르침과 그분이 보여준 행태 등이 매우 과격하고 급진적인 모습으로 나타나고 있는 것도 바로 이것과 무관치 않다고 여겨집니다. 주님께서는 그 어떤 것도 고려하지 않고 오로지 '하나님의 뜻'과 그분의 '다스림'만을 우선적으로 생각하면서 그 사역을 이끌어 갔기 때문입니다. 제자들이 예수님의 가르침이나 그 사역에서 이 '한 가지 것'이 갖는 특별한 의미를 제대로 이해하지 못한 것도 바로 여기에 그 이유가 있습니다. 제자들의 신앙과 삶은 주님의 말씀을 배우고 깨우치는 데서 늘 여러 가지 현실적인 바람이나 판단들의 맥락과 연결되어 이끌려지고 있었기 때문입니다. 제자들에게 모든 것을 버리고 자신을 뒤따르도록 요구했던 주님의 관심은 바로 이것과 무관치 않았는데, 이것 없이는 하나님 신앙의 본래적인 힘과 그 지혜를 온전히 깨우치기가 어렵다고 여긴 것입니다.

오직 '한 가지 일'의 의미

오늘 본문 말씀은 그런 점에서 우리가 우리 신앙의 바른 실천을 위해 늘 가슴에 두고 곱씹어야 하는 말씀입니다. 이 말씀은 오직 주님과

그분의 사역만을 그 신앙의 주 관심으로 삼았던 사도 바울이 자신의
사역 활동의 경험들을 통해서 새롭게 깨닫게 된 그런 말씀입니다. 이
말씀은 바울이 그의 삶의 후반기에 옥에 갇힌 몸으로 지난 시간 온 힘
과 열정을 다해 수행해 왔던 그의 복음 사역과 선교 활동을 뒤돌아보
며 가장 핵심적인 신앙적 실천의 교훈과 깨달음을 증언하는 말씀입니
다. 흥미로운 것은 바울은 갑자기 자신에게 매우 유익했던 과거의 자
랑스러운 경력들을 열거한 다음 그 모든 것들을 배설물과 해로 여긴
다고 선언하면서 이야기를 시작한다는 사실입니다. 왜 갑자기 이런
엄청난 선언을 하는 것일까요? 무언가 삶의 큰 충격과 새로운 깨달음
을 얻었기 때문이 아닌가요? 이제까지 한 번도 생각하지 않았던 삶의
새로운 목표와 그 놀라운 의미를 새롭게 발견했기 때문입니다. 특별
히 십자가에서 죽임을 당한 예수 그리스도 사건의 놀라운 의미와 그
것을 통해 얻게 된 참된 자기 발견의 진리를 새롭게 깨우치게 되었기
때문입니다. 이 진리는 너무나 큰 충격으로 바울을 흔들었기에 바울
은 이것을 자신의 온 힘으로 추구해야 할 '한 가지 일', 즉 그것을 향해
온몸을 기울여 앞을 향해 달려가야 하는 그 '신앙과 삶의 목표'라 말하
고 있는 겁니다.

우리는 여기서 사도 바울이 주님께서 사역 활동을 통해 늘 견지해
왔던 오직 '한 가지' 것인 '하나님의 일'에 대한 관심만을 이어받아 그
것을 자신의 사역과 신앙적인 삶의 원리로 받아들이고 있는 것을 보
게 됩니다. 바울은 생전에 예수님을 만난 적이 없었고 그분으로부터
그 어떤 가르침도 받지 않았음에도 불구하고 기독교 역사에서 가장
큰 신앙적 삶의 발자취를 남길 수 있었던 이유가 여기에 있습니다. 바
울이 십자가에 달려 죽으시고 하나님 안에서 부활하신 주님과의 만남

을 통해 얻게 되었던 새로운 삶의 의미와 목표는 그 안에 매우 심오한 삶의 깨달음과 비전이 내포되어 있었기 때문입니다. 도대체 무엇이 바울을 그렇게 사로잡았을까요? 우리는 이제 이것을 확인하기 위해 바울이 주님을 통해 새롭게 얻은 '하나님의 일'과 관련된 신앙적 깨달음과 그 교훈의 의미를 오늘 본문 말씀을 통해서 몇 가지 내용으로 살펴보고자 합니다.

첫째, 우리 신앙인의 삶에서 중요한 것은 지나간 삶의 성취나 업적이 아니라 지금 그 삶이 무엇을 '바라보고 있는가'라는 겁니다. 바울은 오늘 본문에서 이것을 "뒤에 있는 것은 잊어버리고, 앞에 있는 것을 잡으려고… 위에서 부르신 부름을 향해 달려간다"라고 말합니다. 예수 그리스도를 알게 된 후 바울은 오직 '한 가지' 삶의 목표를 갖게 되었는데, 그것은 하나님께서 행하시는 일과 관련된 것이었습니다. 바울은 이것을 '위로부터 주어진 부르심'이라 말하고 있는데, 그것은 바울 자신의 생각이나 뜻과 관련된 삶의 목표가 아니라 전 인류 구원에 대한 하나님의 뜻과 관련된 것이었습니다. 그런데 여기서 유념해야하는 것은 이런 목표를 지향하는 삶에서는 우리가 그것을 얼마나 이루었느냐 하는 것은 그렇게 중요치 않고, 오히려 중요한 것은 지금 우리가 이 목표를 향해 나아가는 삶을 살고 있는가 하는 것이랍니다. 하나님의 부르심이 주는 삶의 의미와 축복은 그 차원이 전혀 다른 것인데, 하나님의 부르심을 그 삶의 목표로 삼은 신앙인의 삶의 의미는 저과거(회상)에서가 아니라 오히려 그것으로부터 자유함을 얻어 하나님의 새 미래(희망)로 나아가는 데서 얻어지는 것임을 깨닫게 되었기 때문입니다. 우리는 여기서 우리 신앙인의 삶에서 중요한 것은 무엇을얼마나 성취했느냐가 아니라 그 삶을 하나님의 미래로 이끌어 가는 목표라는 사실을 새롭게 확인하게 됩니다.

근래 들어 회자되는 토끼와 거북이의 경주 이야기 새 버전에서 토끼가 거북이를 이기지 못한 것은 단지 잠을 잤기 때문이 아니랍니다. 그 이유는 목표를 가지고 경주한 것이 아니라 이기는 데에만 관심했기 때문이랍니다. 그렇다면 거북이가 이긴 이유는 매우 단순하다고 할 수 있는데, 그것은 다름 아닌 그 목표가 분명했기 때문이었답니다. 거북이는 이기고 지는 것에 상관하지 않고 오직 한 목표만을 바라보며 나아갈 수 있었기에 이길 수 있었답니다.

둘째, 신앙적 삶의 목표가 갖는 이런 의미 때문에 부르심의 삶은 우리가 붙잡는 것이 아니라 우리가 붙잡힘을 당하는 삶이라는 겁니다. 한마디로 선택의 주체와 대상이 뒤바뀐다는 말인데, 우리가 신앙 안에서 붙잡히는 삶을 산다는 것은 그렇기에 신앙인의 삶 가운데서 매우 중요한 의미를 갖는 '신비한 삶의 모습'이라는 겁니다. 신앙인인 우리가 이 세상에서 하나님의 빛으로 살 수 있는 이유가 여기에 있습니다. 그래서 그랬을까요? 예수님께서 제자들에게 "너희는 세상의 빛이다"라고 직접 화법으로 말씀하시고 있는 것, 이것은 '빛처럼 되라'는 말이 아니라, 그저 '빛'이라고 선언했다는 점에서 무언가 놀라운 삶의 의미가 내포된 말씀이라 여겨집니다. 이 세상에서 우리 신앙인이 빛의 인간으로 변모되기 때문이 아니라 하늘빛을 반사하는 하나의 '빛'이라는 의미에서 그렇게 선언한 것이겠지요.

만일 그렇다면 오늘 신앙인들이 이 세상에서 빛의 역할을 하지 못하고 있는 것은 우리가 여전히 과도하게 자신의 '선택'에만 의존하며 살기에 그렇다고 여겨집니다. 우리가 아무리 최선의 선택을 한다 해도 저 신비한 빛 자체를 만들어 낼 수는 없기 때문이지요. 우리가 우리 자신을 위해 하는 선택이란 것도 우리 삶을 가능케 하는 여러 요인들의 중요성과 그 의미를 제대로 인식하지 못하는 경우에는 '자기 의'라는 문제로부터 자유로울 수는 없다고 여겨지기 때문입니다.

그러나 신앙 안에서 얻어지는 '하나님의 의'에 붙잡히게 되면, 그때 우리에게는 이런 '자기 의'로부터의 자유함이 주어지기에 새로운 삶의 미래로 나아가는 '열린 문'(계시록)의 축복을 얻게 되고, 하나님의 능력 가운데서 소통과 친교와 화해로 이어지는 삶을 살 수 있게 되는 것입니다. 우리가 신앙 안에서 하나님께 붙잡혀 이끌리는 삶을 강조해서 말하는 것도 바로 이것이 우리를 진정한 새 삶의 축복과 결실로 이끌어 간다고 믿기 때문입니다. 바울이 회심하기 전 유대교의 '율법의 의'를 따라 살아왔던 지난 삶의 자랑거리들을 단지 '해로운 것'이고, '배설물'이라 말하면서 예수 그리스도를 통해 드러난 '하나님의 일'(의로움)을 붙잡기 위해 앞을 향해 달려 나간다고 힘주어 말할 수 있었던 것도 바로 이 때문이었다고 여겨집니다.

그렇다면 셋째로 신앙인은 그 삶에서 늘 '긴장'이 있어야 하고 또 그것을 기뻐해야 한다는 겁니다. 어떤 '긴장'인가요? 나와 하나님 사이, 나와 이웃 사이, 과거 속의 자기와 미래 속의 자기 사이의 긴장이 바로 그것입니다. 따라서 이 긴장은 신앙의 논리와 삶에서는 '이미'(already)와 '아직 아니'(not yet) 사의의 긴장 형태로 드러나기에 신앙인인 우리는 무엇인가를 이루기 위해 끝없이 노력해야 하지만, 그것에 머물러서는 안 되고 계속해서 또한 그것을 넘어 새로운 미래로 나아가야 하는 겁니다. 신앙인에게 이미 이룬 것도 중요하지만, 앞으로 이루어야 할 것이 더 의미 있고 가치 있는 것이 되는 것도 이 때문입니다.

그런 점에서 신앙인의 삶의 모습은 언제나 '새롭게 시작'하는 삶에서 본래의 가치와 의미를 얻게 되고, 그것은 이 세상에서 새 미래를 향한 '순례의 삶'을 통해서 그 가시적인 모습이 주어지는 것입니다. 여기서 바울이 신앙적 삶을 '앞을 향한 달음질'로 표현하고 있는 것도 바로 이와 무관치 않은데, 하나님을 알고 믿게 된 사람은 이 세상 안에서는 그 어느 한 곳에 속하거나 머물러 있을 수 없다고 여겼기 때문입니다. 따라서 우리 신앙인은 과거에서 떠난 사람들이어야 하고 또 앞을 향해 달려 나가는 '경주의 사람'이어야 하는 겁니다.

분주함과 부산함이 지배하는 오늘의 삶

오늘 우리들의 삶은 그 의미가 과도하게 양적인 성과라는 잣대로만 판단되고 있으므로 분주함과 부산함이 우리 삶을 이끌어 가는 에토스가 되고 있습니다. 문제는 우리의 이런 현실에서는 '한 가지 것'에 집중하기가 매우 어렵다는 데 있습니다. 오늘날 우리가 신앙을 가져도 행복하지 못한 것, 바로 이 '한 가지 것'이 갖는 그 깊은 의미가 우리 안에서 잘 받아들여지지 않기 때문입니다. 우리 삶의 보람과 의미를 창출하기 위해서는 그 무엇보다도 우리 삶의 '궁극적 관심'(ultimate concern)과의 연결성이 그 무엇보다 중요한데, 이것은 우리가 '한 가지 것'이 갖는 놀라운 의미를 깊이 천착하게 될 때 비로소 주어질 수 있습니다. 우리가 신령과 진정으로 예배를 드릴 때 하나님 말씀 안에 감추어진 우리 삶의 궁극적인 관심과 그 의미를 다시 확인하게 되는 것도 바로 여기에 그 이유가 있습니다. 이것은 우리 삶의 근본적인 중심을 회복시키는 것과 연결되고, 그럼으로써 새로운 생각과 삶의 비전을 얻는 것으로 이어질 수 있습니다.

어느 스승에게 제자가 인생 잘사는 법을 물었답니다. 그러자 스승이 제자를 물가로 데려가서 물속으로 들어가라 하고, 머리를 담그게 한 다음 힘주어 머리를 누르더랍니다. 제자가 처음에는 장난인 줄 알고 가만히 있었는데, 시간이 가도 꺼내주질 않자 숨이 막혀 죽을 수 있다는 생각이 들어 발버둥을 쳤답니다. 그런데도 이 스승은 계속해서 제자의 머리를 힘주어 누르다가 이 제자가 거의 실신하기 직전에서야 물에서 꺼내 주었다고 합니다. 물에서 나온 제자는 너무 화가 나서 분노의 표정으로 스승을 바라보지 않을 수가 없었답니다. 그런데도 스승은 담담하게 웃기만 하다가 물었답니다. 도대체 물속에서 무슨 생각을 했느냐고. 제자는 주저 없이 대답했답니다. 물에서 나가는 것 외에는 아무 생각이 없었다고! 그러자 스승이 말했답니다. 바로 그거라고. 인생 잘사는 비결은 바로 그 한 가지만을 생각하고, 그 한 가지에 집중하는 것이라고 말입니다.

스티브 잡스가 미국 스탠포드대학교 졸업식 연설에서 한 연설의 마지막 말이라고 합니다. "사람이 곧 죽을 것을 기억하는 것은 삶에서 큰 선택을 할 때 그를 돕는 가장 중요한 도구입니다. 왜냐하면 죽음 앞에선 모든 외부의 기대, 자존심, 당혹, 실패의 두려움 같은 것은 사라지고, 오직 가장 중요한 한 가지 것만 남기 때문입니다… 나는 늘 '언제나 갈망하는 자세로, 언제나 우직한 자세로'(Stay hungry, stay foolish) 살려고 스스로 노력해 왔습니다."

하나님과 그분의 말씀을 늘 마음에 새기며 살아가는 것은 이와 유사한 의미가 있습니다. 무엇보다도 우리 생각과 삶의 중심을 잡는 것이 결코 쉽지 않기 때문입니다. 이 번잡한 오늘의 세상에서 우리 자신보다 우리에게 더 가까이 계시기에 우리를 더 잘 아시는 그분의 도움이 없이는 이것은 거의 불가능합니다. 지금은 우리가 무엇보다도 하나님께 돌아가야 할 때라 말하는 것도 바로 이런 이유 때문입니다. 하나님께서 우리를 다시 부르시며 찾고 계시기 때문입니다. 아무쪼록 우리와 늘 함께하시길 원하시는 주 하나님의 음성을 마음에 잘 새겨서 이 부산하고 혼란스러운 세상에서 우리를 새로운 삶으로 이끌어가는 주님의 축복이 우리에게서 그치지 않기를 기도합니다.

사랑의 빚진 자

(롬 13:8-14)

피차 사랑의 빚 외에는
아무에게든지 아무 빚도 지지 말라.
남을 사랑하는 자는 율법을 다 이루었느니라(8절)

그리스도인은 누구?

우리 그리스도인들이 견지해야 하는 '삶의 자의식'과 그 의미를 생각하며 말씀을 준비했습니다. 오늘 한국 상황에서 보여지는 교회와 신자들의 심각한 정체성 혼란과 관련된 여러 문제들을 보면서 도대체 그리스도인이 된다는 것의 의미가 무엇인지를 다시 한번 깊이 성찰해야 할 때가 되지 않았나 생각되었기 때문입니다. 신앙인이 된다는 것은 단지 현세적인 복을 받는 걸 사람의 형통을 위한 것이 아니라 오히려 우리 실존의 곤궁함에 대한 신앙적인 자각을 통해 속사람의 새로움을 추구하는 자의식과 더불어 새로운 삶의 깨달음을 얻는 것이라 여겨지기 때문입니다.

그리스도인(Christian)이란 본래 예수 그리스도를 믿는 신자들을 지칭하는 용어로 사용되었지만, 이 용어(*Christianos*)는 사도행전에 의하면(행 11:26) 안디옥에서 처음으로 예수 그리스도의 추종자인 제자들에게 붙여진 이름이었다고 합니다. 그리스도에게 속한 사람들 혹은 그를 따르는 사람들이란 의미로 쓰인 이름인데, 신약성서에서는 이 외에도 사도행전 26장 28절과 베드로전서 4장 16절에서도 이 이름이 사용되고 있는 것을 보게 됩니다.

그러나 처음에는 이 말이 매우 부정적인 의미로 사용되었다고 하는데, 그리스도인들 스스로가 자신들을 그렇게 부른 이름이 아니라 예수님을 그리스도로 인정하지 않는 사람들이 조롱과 빈정거림의 의미로 사용한 이름이었다는 겁니다. 사도행전에서는 그리스도인들을 세상을 소란스럽게 하는 사람들(17:6, "천하를 어지럽게 하던 사람들")로 말하고 있는데, 그 이유와 의미를 정확하게 알 수는 없지만 아마도 무언가 독특한 '자의식'을 가지고 살아가는 사람들로 보였기에 이런 이름이 붙여지지 않았나 생각됩니다. 이 이름이 1세기 말이나 2세기 초경이 되어서야 비로소 긍정적인 의미로 쓰이게 되었다는 것은 바로 이런 정황과 무관치 않습니다.

오늘날 우리는 그리스도인들에 대한 여러 비판의 말들을 듣고 있는데, 그것은 초대교회에서처럼 그들의 새로운 자의식(새 피조물 의식) 때문이 아니라 오히려 그 결핍과 관련되어 있다고 여겨지기에 깊은 성찰이 요구됩니다. 요동하는 이 세계 속에서 삶에 대한 새로운 의식을 가지고 살아간다는 것은 매우 자랑스러운 의미를 갖는 것이지만, 이것이 단순한 문제는 아니기에 오늘은 우리 신앙인들이 생활 속에서 늘 마음에 두어야 하는 삶의 자의식과 관련된 성서의 말씀을 함께 생각해 보면서 교훈을 얻으려고 합니다.

신앙적인 삶의 자의식

본문 말씀은 사도 바울이 우리 그리스도인들의 일상의 삶과 그 의미를 생각하며 준 권면의 말씀입니다. 바울은 대표적인 서신인 로마서를 통해 하나님 신앙의 의미를 깊이 있게 설명하고 있는데, 특히 전반부인 1-11장에서는 하나님의 복음과 인간 구원에 대한 원리적인 말씀으로 이야기하다가 후반부가 시작되는 12장부터는 하나님의 복음과 그 구원의 원리가 어떻게 우리 신앙인의 일상의 삶 가운데서 구체적으로 실천되어야 하는지에 대해 말하고 있습니다. 따라서 로마서 전반부에서는 하나님의 자비하심과 의로우심에 대해 신앙론적으로 다루었다면, 후반부에서는 이것이 어떻게 우리 신앙인의 구체적인 삶과 연결되어야 하는지에 대한 교훈의 말씀으로 이야기하고 있습니다.

흥미로운 것은 이런 신앙적인 삶의 실천과 관련해 사도 바울은 로마서 12장을 시작하면서 특별히 우리 몸을 산 제물로 드릴 것을 권면하는 있는데, 그 경우에 그 시대의 풍조에 대한 비판적인 의식과 더불어 하나님의 뜻에 대한 새로운 분별 의식을 강조하고 있다는 사실입니다. 왜 바울은 그리스도인들의 실천적인 삶에 대한 교훈을 하나님과 이 세상 풍조에 대한 대립적인 분별 의식으로 말하고 있을까요?

무언가 하나님 신앙이 우리 의식과 삶에서 그 독특한 특성을 드러내야 한다 여겼기 때문인 거죠. 아무런 비판 의식 없이 이 세상 풍조를 맹목적으로 쫓아가는 삶 속에서는 우리 신앙의 본래적인 힘과 새로운 삶의 실천은 주어질 수가 없다고 여긴 겁니다. 따라서 우리 신앙인들이 그 삶을 의미 있게 살아보려고 한다면 무엇보다도 이런 대립 구도가 갖는 분별적인 의미를 깊이 천착해야 한다 생각한 것입니다.

이런 맥락에서 오늘 본문 말씀은 우리들의 신앙적 삶의 지침으로서 두 가지 신앙적인 자의식을 우리에게 권면해주고 있는데, '사랑의 빚진 자' 의식과 이 세상의 '때'에 대한 '종말 의식'이 바로 그것입니다.

'사랑의 빚진 자' 의식

'사랑의 빚진 자' 의식이라는 것은 신앙인들이 이웃과의 관계에서 가져야 하는 어떤 적극적인 연대감과 책임 의식을 보여줍니다. 그러나 그리스도교의 핵심 덕목인 사랑을 빚과 연결시킨 것은 좀 의아하게 생각되기도 합니다. 일반적으로 사랑은 의무적으로 갚아야 하는 채무로 간주되기보다는 오히려 스스로 좋아서 하는 자발적인 행위로 생각되기 때문이지요. 그런데 사도 바울은 왜 이런 말을 하고 있을까요? 왜 사랑을 채무 의식의 맥락에서 권면하고 있을까요? 신앙적으로 생각할 때 그리스도께서 우리에게 보여주신 사랑은 그 한계를 설정할 수가 없는 것입니다. 그렇기에 사랑을 이처럼 채무와 연결시킨 것은 이 사랑의 완전성을 드러내기 위해서가 아니라 그것을 삶으로 이끌어가는 실천적인 동기 부여를 위해서라 여겨집니다.

놀라운 것은 바울은 바로 이 사랑이 하나님께서 그 백성에게 주셨던 삶의 법인 율법을 완성한다고 말하고 있다는 사실입니다. 한마디로 사랑하는 자가 되어야만 하나님의 율법을 성취할 수 있다고 여긴 것이지요. 사랑의 빚은 다 갚을 수가 없기에 그 완전성에 도달하는 것이 불가능하지만, 이 사랑을 통해서 하나님의 뜻인 율법의 완성이 이루어진다고 본 것입니다. 이 말은 무엇보다도 특히 율법을 완전하게 실천하는 것이 얼마나 어려운지를 이야기했던 로마서 7장 말씀과 비교해서 음미해보면 더욱 놀라움을 갖게 합니다. 바울은 여기서 인간은 타락 이후 자기중심적인 본성 때문에 율법을 이룰 수가 없다고 말한 바가 있기 때문이죠. 그런데 바울은 우리 신앙인들이 이 사랑의 빚진 자 의식을 가지고 살아간다면, 비록 사랑을 완성할 수는 없지만, 그것을 통해 율법을 바르게 실천하는 새로운 성취의 길이 주어질 수 있음을 본 것입니다.

사랑과 율법, 그 긴밀한 관련성

여기서 우리는 사랑과 율법이 그 근본에서는 긴밀한 관련성을 가지고 있었다는 사실을 다시 생각하게 됩니다. 사랑은 바로 율법의 본래적인 의미를 드러낸다는 사실을 확인하게 되기 때문입니다. 일반적으로 사랑과 율법은 그 의미가 다른 것으로 간주되었기에 이것은 매우 놀라운 깨달음을 우리에게 안겨 줍니다. 율법은 부정적이지만(하지 말라) 사랑은 긍정적이며, 율법은 우리 삶의 특정 부분과 관련되지만, 사랑은 우리 삶 전체와 관련된 것이기 때문입니다. 따라서 일군의 '상황 윤리'학자들은 사랑이 '율법의 끝'이라고 말하면서 사랑 하나면 충분하다고 여긴 것도, 사랑은 그 안에 선한 도덕적 내용을 포함한다고 보고, 우리 인간이 사랑하게 되면 그 어떤 상황에서도 바른 행동으로 나아갈 수 있게 된다고 주장하려 했던 겁니다.

그러나 오늘날 이 주장은 매우 문제적이라고 생각되는데, 사랑은 선한 것이지만 현실에서 삶의 모든 의미 있는 규범들을 성취시켜 준다고 생각하는 것은 너무 자기도취적이라 여겨지기 때문입니다. 이런 문제 맥락을 고려하면 사랑이 율법을 완성한다는 바울의 말은 우리 신앙인에게는 매우 중요한 삶의 깨달음과 교훈을 줍니다. 여기서 완성의 의미란 상호 보완적 관계에 있음을 드러내는 말이고, 그래서 율법은 사랑을 필요로 하고, 사랑도 율법을 필요로 한다는 말로 이해될 수가 있는 겁니다. 사랑은 인간 행위의 틀과 방향을 위해 율법을 필요로 하고, 율법은 본래적인 의미 성취와 그 생동력을 위해 사랑이 요구된다고 여겨지기 때문입니다.

바울은 실제로 그 사역을 사랑의 빚진 자 의식을 가지고 이끌어 가면서 사랑이 율법을 폐기하지 않고 오히려 그것을 완성한다는 새로운 깨달음을 얻게 되었는데, 사랑의 빚 외에는 피차 어떤 빚도 지지 말라고 권면할 수 있었던 것도 바로 이 때문이었다고 여겨집니다. 사랑 이외 다른 빚은 다 율법의 판단 아래 놓이게 되지만, 사랑은 오히려 율법을 완성한다고 믿었기 때문입니다. 그러나 사랑이 이렇게 중요한 의미를 갖는다면, 문제는 도대체 누가 그리고 어떻게 그런 사랑을 실천할 수 있나 하는 것입니다. 이 물음은 우리가 사랑을 실천하려 할 때 부딪치게 되는 매우 난감한 문제입니다. 도대체 누가 사랑할 수 있나요? 어떤 힘으로? 이것은 매우 어렵고도 중요한 문제입니다. 우리 경험상 이 문제는 사랑이 가지고 있는 그 깊은 의미를 온전히 드러내는 것 못지않게 매우 현실적인 문제로 우리에게 다가오기 때문입니다.

사랑의 실천과 '때'의 종말 의식

도대체 누가 어떻게 간단치 않은 사랑을 지속적으로 실천하며 살수가 있단 말인가요? 오늘 본문에서 바울이 말하고 있는 '때'에 대한 또 하나의 말씀은 바로 이런 맥락의 연결선상에서 주어진 말씀인데, 뜻밖에도 이 말씀에서 우리는 사랑을 실천하는 것과 관련해 놀라운 대답을 얻게 됩니다. 바울은 말합니다. "또한 너희가 이 시기를 잘 알거니와 자다가 깰 때가 벌써 되었"다고(11절). 자, 여기서 우리는 사랑의 실천을 위해 우리의 삶에서 결정적인 의미를 갖는 시간인 저 '때'에 대한 새로운 인식과 '종말 의식'이 매우 중요한 모티브로 주어지고 있음을 알게 됩니다. 이 양자 사이에는 어떤 의미 있는 연관성이 있다고 여긴 것인데, 바울이 사랑을 이야기하다가 갑자기 이런 말을 더하고 있는 것은 바로 이 때문입니다. 한 가지 분명한 사실은 무엇보다도 사랑하는 삶이란 것이 우리 의지나 능력이나 지혜만으로는 잘 실천되지 않는다는 사실을 깊이 깨달았기 때문인데, 그래서 어떤 새로운 의식과 힘이 주어져야만 한다고 여긴 것입니다. 오늘 말씀은 바로 이것을 '때'에 대한 새로운 인식과 '종말 의식'으로 말하고 있습니다. 우리의 삶의 시간은 그저 흘러가며 사라지는 무의미한 것이 아니라 어떤 목적과 의미를 가진 새로운 시간으로 인식될 수 있다는 사실을 깨닫게 되었기 때문입니다. 주어진 시간이 많지 않다는 '때'에 대한 종말 의식이 놀랍게도 우리 신앙인들을 고무시켜 쉽지 않은 저 사랑의 삶을 실천하는 비전과 힘을 준다는 사실을 새롭게 알게 된 것입니다.

그런 점에서 지금은 잠에서 깨어나야 할 '때'라는 바울의 권면은 이 '때'가 주는 긴장된 삶의 의미를 잘 드러내 주는 말이라 여겨집니다.

초대 그리스도인들이 보여준 이 세상적 삶에서 사랑의 실천은 바로
이것으로 인해 가능했던 것인데, 이 종말 의식이 그들을 어둠의 일에
서 떠나게 하고, 새로운 삶으로 나아가며, 육신의 일을 도모하는 것을
넘어서게 했던 겁니다. 그런 점에서 오늘 바울이 신앙적 교훈으로 추
천하고 있는 여러 삶의 모습들인 "낮에와 같이 단정히 행하고, 방탕하
거나 술 취하지 말며, 음란하거나 호색하지 말며, 다투거나 시기하지
말고… 정욕을 위하여 육신의 일을 도모하지"(13-14절) 않는 그런 삶은
우리 인간이 가진 어떤 지혜나 능력이 아니라, 바로 '때'에 대한 종말
의식으로 인해 비로소 가능해질 수 있는 그런 삶의 모습들이라 할 수
있습니다. 처음 그리스도인들에게 일상화되었던 삶의 원리인 '하나님
사랑'과 '이웃 사랑'의 삶은 바로 여기에 그 비밀이 있었습니다. 그들은
단지 자신들의 특별한 능력이나 도덕심으로부터가 아니라, 바로 저
'때'에 대한 새로운 종말 의식으로부터 사랑의 삶이 가능해진다는 것
을 분명하게 알게 되었던 겁니다.

빚진 자 의식, 그 신앙 실천적 의미

그리스도인은 한마디로 '빚진 자' 의식을 가지고 사는 사람들입니
다. 하나님에 대해서, 이웃에 대해서, 국가에 대해서 빚을 진 사람들이
우리 그리스도인입니다. 바울은 이것을 믿지 않는 세상에 대해 복음
을 전해야 할 빚을 지고 있으며(1:14), 육적인 삶이 아니라 영적인(거룩
한) 삶을 살아야 할 빚도 지고 있고(8:12-13), 국가에 대해 세금을 납부
할 빚도 지고 있는(13:6-7) 사람들이라고 말하고 있습니다. 그런데 이
말씀이 오늘 우리에게 주는 교훈은 이 빚진 자 의식이 우리 신앙의 진

정성을 시험한다는 사실입니다. 우리는 신앙인이라 하지만, 여전히 채권자 의식을 가지고 살고 있기 때문이지요. 우리 신앙이 잘 성장하지 못하는 것도 바로 여기에 그 원인이 있고, 우리가 삶에서 감사를 잃어버리고 마음이 메말라가는 것도 바로 이것과 무관치 않습니다. 그래서 빚진 자 의식은 아직도 우리 신앙인들이 기피하는 의식으로 남아 있고, 여전히 우리 신앙과 삶에 그 어떤 동력도 주지 못하는 불필요한 것으로 여겨지고 있는 것입니다.

바로 이런 문제성을 깊이 실감했던 사도 바울은 오늘 본문을 통해 이 '때'에 대한 종말 의식을 역설함으로써 이것을 가능케 하는 새 삶의 길을 권면하고자 했던 것입니다. 시간이 많지 않다는 종말 의식이 우리 신앙인을 새로운 삶의 의미나 목적과 연결시켜 주고, 그래서 사랑하며 사는 삶, 절도 있는 삶, 정숙한 삶, 다툼을 피하는 삶, 육신의 욕망을 따르지 않는 삶을 가능케 한다고 여긴 것입니다.

새 계절이 시작되고 있습니다. 이제 잠에서 깨어야 할 때가 되지 않았나 싶습니다. 여전히 이 세상의 밤은 깊지만, 또한 주님의 낮이 가깝기 때문입니다. 이 새 계절, 우리 주님이신 그리스도의 새 빛을 옷 입는 축복이 우리 모두와 함께하길 기도합니다.

행복한 사람

(창 47:7-10; 빌 3:4-9, 13-14)

형제들아

나는 아직 내가 잡은 줄로 여기지 아니하고

오직 한 일, 즉 뒤에 있는 것은 잊어버리고

앞에 있는 것을 잡으려고 푯대를 향하여

그리스도 예수 안에서 하나님이 위에서 부르신

부름의 상을 위하여 달려가노라(빌 3:13-14)

행복한 삶의 조건들?

하나님 말씀을 함께 나누게 되어 기쁘게 생각하지만, 조금 걱정이되기도 합니다. 특별히 은퇴 이후 설교하는 일로부터 멀어졌기에 '영감'(?) 없는 삶을 살고 있어 너무 건조한 설교를 하지 않을까 염려가됩니다. 그러나 설교의 핵심은 하나님께서 말씀하시는 것이고, 우리는 이 말씀을 믿음으로 소통함으로써 새로운 깨달음을 얻는 것이 중요하다고 여기기에 이 시간 우리를 하나님의 말씀과 소통시키는 성령의 함께하심 가운데서 주 하나님의 충만한 은혜와 긍휼하심을 경험하는 귀한 축복의 시간이 되길 기원합니다.

어느 가족 이야기입니다. 어느 날 밖에서 돌아온 아들이 아버지에게 물었답니다. "아버지, 우리 집 가훈은 무엇인가요?" 아버지가 대답합니다. "우리 집 가훈? '하면 된다'야, 하면 돼!" 이 말을 들은 아들이 이번에는 어머니에게 가서 묻습니다. "아버지 말씀이 우리 집 가훈이 '하면 된다'라고 하는데, 맞나요?" 이 말을 들은 어머니께서 대답했답니다. "'하면 된다'고? '되면 한다'고 해!" 무슨 말인가요? 웃자고 하는 이야기지만, '하는 것'과 '되는 것'의 문제를 염두에 두면서 생각해 보면 저 말들이 갖는 문제가 심각하게 느껴질 수도 있다 여겨집니다. 그것은 인간 행위(doing)와 그 존재(being)의 우선순위 문제를 묻는 매우 현학적인 문제처럼 들려질 수도 있기 때문입니다. 그러나 우리는 이 이야기가 결코 이런 문제성을 말한다고 생각할 수는 없기에 이 이야기의 현실적인 맥락인 평범한 가정의 일상의 문제와 관련해서 들으면, 이 이야기는 무엇보다도 가족 구성원들 간에 소통이 잘되지 않아 행복하지 못한 한 가정의 현실을 보여주고 있다고 여겨집니다.

이런 이야기로 말씀을 시작하는 것은 이 시간 '행복한 삶' 혹은 '행복한 사람'이라는 그 답을 찾기가 결코 쉽지 않은 문제에 대해 신앙적인 의미에서 생각해 봄으로써 감추어진 우리 삶의 진실에 대한 깨달음과 교훈을 얻고자 하기 때문입니다. 사람들이 여러 측면에서 행복한 삶에 대해 이야기하고 또 그것을 갈망하며 소원하지만, 그것을 실제로 성취한다는 것은 그렇게 쉽지 않기 때문이지요. 많은 사람이 행복을 얻기 위해 여러 노력을 기울이면서 그것을 추구하고 있음에도 불구하고 여전히 행복이 무엇이며, 그런 삶이 어떻게 가능한 것인지에 대해서는 확실한 답을 내놓지 못하고 있는 것도 이 때문입니다. 그럼에도 불구하고 행복한 삶에 대한 바람은 우리 인간의 가장 보편적인 내적 갈망과 관련되어 있는 것이기에 쉽게 포기할 수는 없는 것입니다.

이런 맥락에서 볼 때 행복한 삶과 관련해서 우리가 말할 수 있는 것은 행복이란 것이 단지 많은 것들을 추구하고 그것을 소유한다고 해서 얻어질 수 있는 것은 아니라는 사실입니다. 많은 사람이 행복한 삶에 대해 여러 가지로 말하고 있지만, 그것이 단지 행복의 주관적인 면과 객관적인 면에 대한 설명으로 그치고 마는 이유도 바로 여기에 있습니다. 그래서 행복은 그것을 느끼는 자의 주관성이라 말하는 사람이 있는가 하면(방글라데시인들의 행복 지수 1위) 또 어떤 이는 행복하기 위해서는 우리의 삶이 최소한의 어떤 객관적으로 보장된 안정적인 조건들 속에 있어야 한다(복지국가)고 말하기도 하는 겁니다. 그래서 그랬을까요? 우리의 일상적인 삶과 관련해서 말해지는 가장 그럴듯한 합리적인 설명은 여러 가지 삶의 요인들을 균형 있게 이루며 살아가는 것, 바로 거기에서 행복한 삶이 가능할 수 있다고 여기는 것 같습니다.

우리의 전통적인 복사상이나 서양 고대철학의 지혜가 삶의 여러 조건들이 균형 있게 갖추어진 가운데 영위되는 삶을 행복한 삶으로 추천하고 있는 것도 이 때문이라 여겨집니다. 그래서 사람들이 말하는 우리의 전통 복사상에서 중요한 행복의 요인들은 다음과 같습니다. 수(壽): 오래 사는 것, 부(富): 재물을 많이 얻는 것, 강령(康寧): 몸이 건강하고 마음이 편안한 것, 유호덕(攸好德): 덕을 베푸는 것을 좋아하는 것, 고종명(考終命): 제 명대로 살다가 편히 죽는 것 등이 그것들입니다. 서양 고전 철학자들의 생각도 이런 맥락에서 이야기될 수 있는데, 플라톤이 말하는 행복의 조건은 약간 모자람의 삶이랍니다.

그래서 첫째는 먹고 입고 살고 싶은 수준에서 조금 부족한 듯한 재산, 둘째는 모든 사람이 칭찬하기에 약간 부족한 용모, 셋째는 사람들이 자신이 자만하고 있는 것에서 절반 정도밖에 알아주지 않는 명예, 넷째는 힘겨루기를 해서 한 사람에게 이기고 두 사람에게 지는 정도의 체력, 다섯째는 연설할 때 그 호응도에 있어 청중의 절반은 손뼉을 치지 않는 말솜씨가 그것들이랍니다.

성경이 말하는 행복은?

그렇다면 성경은 어떤가요? 한마디로 성경은 단순하게 인간은 행복할 수 있다고 말합니다. 그러나 결정적인 차이는 이 행복은 인간의 객관적 삶의 조건이나 주관적인 의식의 상태와 관련된 그 무엇 때문이 아니라 오직 하나님께서 그것을 원하시기 때문이라는 겁니다. 신앙인에게 많은 것들을 다시 생각하게 하는 말씀이지요. 하나님께서 우리가 행복하길 원하시기에 행복할 수 있다는 사실은 우리의 일반적인 생각과 통념을 한순간에 무너뜨리는 매우 놀라운 축복의 말씀이라 여겨지기 때문입니다. 그렇다면 이 행복은 인간이 추구한다고 해서 얻어질 수 있는 그 무엇이 아니라 오직 복 주시길 원하시는 주 하나님의 축복에 대한 바른 응답과 관련되어 있다고 생각됩니다. 하나님의 구속사의 시작과 관련된 아브라함의 부르심이 바로 이 축복과 관련되어 있었고, 예수님의 산상수훈의 가르침이 흥미롭게도 '복 있는 자'에 대한 선포로 시작하고 있다는 사실은 하나님께서 얼마나 우리 인간이 행복하기를 원하시는 분인지를 잘 보여주는 좋은 예라 할 수 있습니다.

문제는 이런 성경의 말씀은 하나님의 어떤 오묘한 뜻과 그것에 대한 신앙적 경험을 전제하고 있기에 우리의 일상적인 삶의 지평에서는 이 축복을 얻기가 그렇게 쉽지만은 않은 말씀이라는 사실입니다. 한마디로 하나님 신앙과 관련된 삶의 진솔한 체험이 없이는 이런 축복의 현실을 받아들이기가 어렵기 때문입니다. 그래서 성경이 보여주는 두 사람의 예를 살펴보면서 하나님께서 주시는 행복의 의미를 다시 한번 생각해 보고자 합니다. 여기서 중요한 것은 한 사람은 행복을 '추구'한 사람이요, 또 한 사람은 행복을 '발견'한 사람이라는 점입니다.

행복을 추구한 사람, 야곱

야곱은 누구인가요? 우리가 잘 아는 것처럼 하나님의 구속사와 관련된 주요 인물들 중 한 사람이고, 그 누구보다도 열렬히 행복을 추구했던 사람이 바로 야곱이지요. 그런데 놀라운 것은 야곱은 그가 가진 행복에 대한 강한 열망에도 불구하고 실제로는 그렇게 행복하지 않은 파란만장한 삶을 산 사람이었다는 사실입니다. 야곱은 부모님으로부터 받을 축복을 두고서 형 에서와 경쟁할 만큼 축복에 집착했던 사람이었습니다. 어머니의 복중에서 태어날 때도 쌍둥이 형 에서의 발꿈치를 붙들고 먼저 세상에 나가고자 했던 사람이 야곱이었고, 후에는 어머니 리브가와 공모하여 형 에서의 장자권을 찬탈함으로써 선조들에 대한 하나님의 축복의 약속을 자신의 것으로 만들기 위해 애썼던 사람, 그가 바로 야곱이었습니다. 그리고 그는 어쩔 수 없이 고향을 떠나 외삼촌 집에 몸 붙여 사는 떠돌이 일꾼으로 행복을 얻기 위해 여러 가지 피나는 노력을 아끼지 않았던 사람이었고, 여러 어려운 상황에서도 모든 지혜와 꾀를 발휘해 자기 재산을 불리는 데 게을리하지 않았던 사람이 바로 야곱이었습니다. 그래서 야곱은 한마디로 욕심이 많은 욕망의 사람이었고, 누구에게도 지기 싫어했던 경쟁의 사람이었으며, 이런 것을 바탕으로 여러 가지 노력을 통해 자신의 선조들에 비해 많은 자녀와 재산을 소유한 사람이 되고, 결국 하나님의 구속사의 지평을 넓히는 데에도 크게 기여한 인물로 여겨지게 되었던 것입니다.

그러나 그럼에도 불구하고 야곱은 실제로는 전혀 행복하지 못했던 사람이었다는 사실입니다. 그가 바로 왕 앞에서 지난 삶을 돌아보며 밝힌 소회적인 고백은 그의 이런 삶이 결코 행복하지 않았음을 잘 보여주고 있습니다. 야곱은 이제 그 열한 번째 아들 요셉으로 인해 애굽에 내려가 살게 되었고 그래서 바로 왕 앞에 서게 되었는데, 130세가 된 야곱의 외모에서 무언가 남다른 인상을 받았던 바로 왕은 이 노인의 나이를 물어보게 되었던 것입니다. 그러자 야곱은 자신의 나이를 언급하면서 특히 그 '세월'의 의미에 대해 다음과 같은 소회의 말을 하게 되었는데, 여기서 우리는 그가 결코 행복한 삶을 살아오지 못했음을 알게 됩니다. "내 나그넷길의 세월이 130년이었나이다. 우리 조상의 나그넷길의 세월에는 미치지 못하나, (그러나 내가) '험한 세월'을 보내었나이다"(창 47:9).

130여 년의 시간은 결코 짧은 삶이 아니었지요. 그런데 야곱은 놀랍게도 그의 긴 인생길이 한마디로 '험한 세월'로 점철되었음을 말하고 있습니다. 왜 이런 고백의 말을 할 수밖에 없었을까요? 잘 살기 위해서, 행복한 삶을 살기 위해서 오직 그 긴 삶의 여정을 소유하는 것과 복을 얻는 것만을 추구했던 야곱인데, 왜 그는 이런 고백을 하지 않을 수 없었을까요? 우리는 야곱이 단순히 자신의 주관적인 느낌에 사로잡혀 이런 탄식의 말을 하고 있는 것은 아니라는 사실을 유념해야 합니다. 이것은 야곱이 실제로 겪었던 지난 삶의 여러 험한 경험들과 그 어려웠던 현실들을 진술하게 드러내고 있기 때문입니다. 그렇기 때문에 무엇보다도 그의 수명이 선조들에 비해 훨씬 짧아진 것도 바로 이 험한 세월로 이어졌던 그의 힘든 삶과 무관치 않다고 여겨집니다. 성경은 아브라함이 175세, 이삭은 180세를 살았다고 말하고 있기 때문입니다.

여기서 우리는 야곱의 삶이 보여주는 신앙적인 교훈을 다시 생각하게 됩니다. 행복이란 것, 그것은 우리가 추구한다고 해서 얻어질 수 있는 것이 아니고, 그렇다고 추구하지 않을 수도 없는 것이라는 사실을 부정할 수가 없기 때문이죠. 그렇다고 야곱이 하나님의 축복과 전혀 무관한 삶을 살았다고 할 수는 없습니다. 그러나 야곱이 받은 축복은 그가 추구했던 것들을 통해서가 아니라 오직 하나님의 약속과 깊이 관련되어 있었다는 사실입니다. 그의 아들들이 이스라엘의 열두지파를 대변하게 된 것은 바로 이것을 상징적으로 보여주는 좋은 예입니다. 여기서 우리는 행복한 삶이란 것이 우리가 그것을 얼마나 열렬히 추구했느냐가 아니라 단지 하나님의 축복의 약속과 관련해서 주어지는 것이란 사실을 새롭게 깨닫게 됩니다. 행복은 우리가 추구해서 얻는 그 무엇이 아니라 단지 하나님 안에서 발견하게 되는 것이란 사실을 새삼스럽게 확인하게 되기 때문입니다. 너무나 놀라운 일이 아닌가요? 이런 맥락에서 우리는 오늘 또 하나의 본문 말씀에서 이 행복을 발견했던 한 사람을 만나게 되는데, 사도 바울이 바로 그 사람입니다.

행복을 발견한 사람, 바울

바울은 누구인가요? 유대교 신앙인이었던 사울이 회심을 통해 예수님의 사도가 된 사람이죠. 그러나 무엇보다도 잊어서는 안 되는 중요한 사실은 바울은 회심 전에는 자랑거리가 많은 삶을 살았던 사람이었다는 겁니다. 그 자신의 말대로 바울은 태어난 지 8일 만에 할례를 받았고, 베냐민 지파 사람으로, 히브리 사람 가운데 히브리인이요 율법으로는 바리새파 사람이고, 열성으로는 교회를 박해한 사람이요 율법의 의로는 흠 잡힐 데가 없는 그런 사람이었다고 합니다. 그러나 놀랍게도 회심 후에는 그 모든 자랑거리를 한갓 무용한 배설물로 여겼던 사람이 바로 바울이었습니다. 그렇기에 바울의 회심이 오히려 그 이전과는 전혀 다른 더 힘들고 어려운 삶의 현실을 선택하는 것과 관련되어 있었음을 보게 됩니다.

그의 과거의 삶에 무슨 큰 결점이나 문제가 많았기 때문이 아니었던 거죠. 그가 이제까지 자랑스럽게 생각해 왔던 세상의 학문과 경험으로는 결코 바르게 인식할 수 없었던 삶의 새로운 근거와 목적이 주는 그 오묘한 이끌림의 비밀을 깨달아 알게 되었기 때문입니다. 그것은 곧 자신의 모든 것을 걸고 사랑하며 헌신할 수 있는 대상과 목적을 새롭게 발견할 수 있었기 때문인데, 그가 한때 증오했고 그 추종자들까지도 박멸하고자 했던 예수 그리스도로부터 새로운 삶의 의미와 목적을 새롭게 발견하게 되었던 겁니다. 그래서 바울은 예수 그리스도를 아는 지식이 가장 고상하다고 주장하게 되었고, 예수 그리스도를 위해 모든 과거의 업적과 자랑을 배설물로 여긴다고 선언할 수 있었던 것입니다. 그 누구에게도 지지 않는 신앙의 열정과 남부럽지 않은 학문적 지식을 소유하고 있었던 바울이었지만, 예수 그리스도를 통해서 새로운 생명과 삶의 놀라운 의미를 깨닫게 된 후에는 그 모든 과거의 것들을 무익하다 생각하게 된 것입니다. 그런 지식은 오히려 예수 그리스도를 아는 지식에 도움을 주기보다는 방해가 된다고 생각하게 되었던 것이지요. 그래서 이제 바울은 회심을 통해 예수 그리스도에게 붙잡힌 사람이 되었는데, 그가 발견한 행복한 삶의 비밀은 바로 여기에 있었던 것입니다. 바울이 그 어떤 상황이나 처지에서도 '자족하는 삶'을 살아갈 수 있게 되었다고 주장할 수 있었던 것도 바로 예수 그리스도가 함께하는 하늘 소명의 삶을 통해서 행복한 삶의 비밀에 다가갈 수 있었기 때문입니다. 이것은 바울에게 아직은 소망 가운데서만 보게 되는 저 하나님의 미래를 앞당겨 사는 새로운 삶을 가능케 해 주었던 것입니다.

놀라운 일이지요. 인간의 삶이란 것, 살아보면 기껏해야 그렇고 그런 한계 내에서 맴돌다 가는 것인데, 바울이 지금 붙잡혀 있는 삶은 그 차원이 전혀 다른 삶이라 여겨지기 때문입니다. 그가 늘 한가지 목표만을 바라보며 앞을 향해 달려가는 삶을 산다고 말할 수 있었던 것도 바로 이것 때문이었다고 여겨지는데, 이 삶의 목표는 바울에게는 늘 남모르는 기쁨의 원천이었고, 하나님의 새 미래를 앞당겨 맛보는 소망으로 가득 찬 삶이었던 겁니다.

신앙인의 삶과 팔복의 의미

이제 여기서 우리는 사도 바울의 소명의 삶이 주는 교훈을 음미하면서 신앙인으로서 누릴 수 있는 행복한 삶과 관련된 주님의 말씀을 생각해 보아야 합니다. 이런 맥락에서 우리가 지나칠 수 없는 말씀은 주님께서 선포하신 산상수훈의 팔복의 말씀인데, 이 팔복은 가난함, 슬퍼함, 온유함, 의에 주림, 자비함, 마음의 깨끗함, 평화 추구, 의를 위한 박해받음을 그 내용으로 하고 있지만, 그런 어려운 삶 가운데서도 오히려 행복한 삶의 의미를 얻을 수 있다고 선언하고 있기 때문입니다.

그렇다고 한다면 신앙인인 우리가 여전히 우리의 욕망이나 바람만을 따라 행복을 얻으려고 애쓰는 것은 주님께서 주시는 진정한 삶의 행복을 맛보지 못하고 있기 때문이라 아니할 수 없습니다. 우리 신앙인에게 있어 행복한 삶과 관련해 가장 중요한 것은 그것이 하나님께서 원하시기에 가능한 것이라는 사실을 잊지 않는 것이기에 주 하나님의 뜻과 관점으로 우리 삶을 성찰하면서 그 안에 감춰진 주 하나님의 헤아릴 수 없는 은총의 축복과 연결된 새 미래를 향해 나아가는 삶을 살아가는 것이라 여겨집니다. 이런 맥락에서 볼 때 주님께서 선언하신 팔복을 통해 삶의 큰 의미와 깨달음을 얻었던 신앙인들이 이 팔복과 연결된 축복된 삶의 모습을 다음과 같이 이야기하고 있는 것은 매우 의미 있다고 생각합니다. 심령이 가난한 자는 하나님의 관점으로 자신을 발견한 사람이고, 애통하는 자는 하나님의 눈으로 자신의 잘못과 부족함을 느끼고 있는 사람이며, 온유한 자는 하나님의 다스림을 받고 있는 사람이고, 의에 주리고 목마른 자는 하나님의 가치를 사모하는 사람이며, 긍휼히 여기는 자는 하나님의 안목을 가진 사람이고, 마음이 청결한 자는 하나님 앞에 자신을 드리는 사람이며, 화평케 하는 자는 하나님의 복음을 그 말과 삶으로 증언하며 살고 있는 사람이고, 의를 위하여 핍박을 받는 자는 하나님 편에 서서 삶을 살아가는 사람이라는 것이 그것입니다.

주님께서 선언하신 저 팔복의 말씀을 마음에 담아 그 삶의 의미를 되새기며 살아가기를 원하는 우리 모두에게 저 하늘 축복이 주는 행복한 삶이 늘 함께하길 기원합니다.

교회의 '오래된 미래'의 교훈

(행 2:37-47)

> 날마다 마음을 같이 하여
> 성전에 모이기를 힘쓰고 집에서 떡을 떼며
> 기쁨과 순전한 마음으로 음식을 먹고 하나님을 찬미하며
> 또 온 백성에게 칭송을 받으니
> 주께서 구원받는 사람을 날마다 더하게 하시니라(45-46절)

좋은 교회?

오늘은 우리 대학 교회의 내일을 생각하면서 말씀을 나누어 보려고 합니다. 교회 창립 40주년을 맞이하고 있기에 지난 시간을 돌아보며 교훈을 얻는 것도 의미가 있지만, 더 중요한 것은 이 교회의 미래를 생각하며 부족한 점을 메꾸어 가는 일이라 생각합니다. 그래서 오늘은 무언가 우리 모두가 원하고 꿈꾸는 '좋은 교회'를 염두에 두면서 우리에게 부족한 점이 무엇인지를 함께 생각하는 시간이 되었으면 좋겠

습니다. 우리는 모두 생각은 다를 수 있지만, 이 대학 교회가 '좋은 교회'가 되길 원한다고 생각합니다. 그러나 문제는 이것이 결코 쉬운 과제가 아니라는 사실이지요. '좋은 교회', 모든 그리스도인이 원하는 것이지만, 그것이 어떤 교회여야 하는지에 대해서 아직도 우리 생각이 잘 모아지지 않는 것은 이 때문입니다.

도대체 우리가 원하는 교회는 어떤 교회인가요? 간단히 말하기 쉽지 않지만, 일반적으로 사람들이 말하는 '좋은 교회'에 대한 생각을 정리해 보면 다음과 같은 것들이 아닐까 생각됩니다. 큰 교회? 영성이 충만한 교회? 신자들의 삶을 일깨우는 생명력 있는 교회? 신앙이 좋은 사람들의 교회? 교우들의 의미 있는 사귐과 좋은 시설을 갖춘 교회? 양육 시스템이 잘 갖추어진 교회? 물론 이외에도 의미 있는 여러 가지 것들을 나열할 수 있을 겁니다. 그러나 분명한 것은 이런 것 중 몇 가지나 혹은 이 모든 것을 다 소유한다고 해도 '좋은 교회'의 필요충분조건을 다 채울 수는 없다는 사실입니다. 좋은 교회는 좋은 시설이나 교육만으로 이루어지는 것도 아니고, 그렇다고 지식이 많고, 능력이 많고, 믿음이 좋고, 헌신하는 사람들이 모인다고 좋은 교회가 될 수 있는 것은 아니기 때문입니다. 왜 그럴까요? 바로 여기에 교회 공동체의 독특한 신비가 있습니다. 교회는 어원적으로는 단지 '모임'을 의미하지만, 단순한 인간적 욕구나 기대나 필요를 따르는 그런 모임이 아니기 때문이죠. 오히려 교회는 주 하나님을 위한 모임이고, 무엇보다도 그 하나님의 뜻에 터 잡은, 그래서 무엇보다도 그분의 영광을 드러내는 모임이어야 하기 때문입니다.

언젠가 권위 있는 한 기독교 잡지가 목회자들을 대상으로 설문 조사를 했는데, "교회에서 제일 불편하고 무서운 사람이 누구인가?"를 물었다고 합니다. 대답 1위는 '40일 금식기도 한 사람', 2위가 '철야 기도 잘하는 사람', 3위는 '신학 공부한 장로님'이었다고 합니다. 금식, 철야 기도, 신학적 지식 등은 우리의 신앙적 성장에 매우 중요한 요소들인데, 이것이 오히려 문제가 되고 있다는 이야기입니다. 이상하지 않나요? 왜 그럴까요? 세상에서는 바른 지식과 그것을 올곧게 실행하는 실천 능력이 중요하지만, 교회에서는 그것은 필요조건은 되지만, 충분조건은 되지 않기 때문입니다. 교회는 의롭고, 역량 있는 사람들이 선발되어 이루어진 공동체가 아니기 때문이죠. 교회는 오히려 자신의 약함과 부족함을 아는 죄인들의 공동체요, 따라서 하나님의 은혜와 사랑에 의해 인도되고, 유지됨을 믿는 공동체이기 때문입니다. 교회를 말할 때 그 중심에 하나님의 원천적 복음과 교우들의 꾸밈없는 사랑의 실천과 교제를 두는 것도 이것과 무관치 않습니다. 좋은 교회란 무엇보다도 일차적으로는 주님의 복음 말씀이 바르게 인지되고, 교우들 사이에서 사랑의 헌신과 교제가 살아 있는 교회라 할 수 있기 때문입니다.

초기 교회의 감추어진 동력

오늘 본문 말씀은 바로 이런 문제성을 염두에 두면서 우리가 기독교 교회가 성립되던 때 그 교회가 어떤 모습으로 나타났는지를 살펴보는 데 도움을 주는 소중한 원천적 증언의 내용을 담고 있습니다. 그런데 바로 지나간 기독교 교회의 초기 모습 속에서 우리는 이 교회를 새로운 미래로 이끌어 가는 감춰진 동력과 관련된 교훈을 얻게 됩니다. 설교 제목을 "교회의 '오래된 미래'의 교훈"이라 한 것도 바로 이것과 무관치 않습니다. 교회는 이 세상과는 달리 자신의 미래를 이 세상의 발전과 변화 속에서가 아니라 오히려 그 근본으로부터(ad fontes) 얻어야 하기 때문입니다.

본문 말씀은 오순절 하나님의 성령 사건을 경험하고, 예수님의 사역과 그분에게서 일어났던 사건에 대한 베드로의 증언 설교를 들은 다음, 새롭게 형성되고 있는 교회 공동체의 처음 모습을 보여주는 말씀입니다. 특별히 이 교회 공동체의 탄생이 오순절과 연관되어 있다는 것 매우 의미심장한데, 이 절기에는 중요한 두 가지 의미가 내포되어 있었기 때문입니다. 즉, 추수와 율법 수여라는 것이 바로 그것인데 (오순절은 한 해의 추수를 의미하기도 했고, 이 절기는 또한 애굽에서의 탈출을 기념하는 유월절 이후 50일째라는 의미에서 칠칠절로 불려졌다고 합니다), 이 두 가지 의미가 새로운 방식으로 교회 안에서 수행되어져야 할 핵심 과제임을 암시하고 있기 때문입니다. 다시 말하면 교회는 하나님의 뜻을 잘 깨달아 알고 행하여야 하며, 그럼으로써 사람들을 생명 있는 삶의 결실로 이끌어 가는 과제를 가진다는 것이 바로 그것입니다. 우리가 많이 들어 알고 있는 것처럼 이 성령 사건은 무엇보다도 사람들에게 놀라운 소통의 경험을 가져왔고 또한 예수님의 사역, 그분의 죽음과 부활의 근본적 의미를 새롭게 깨닫게 했던 것인데, 오늘 본문은 이 성령 사건이 가져온 이런 새로운 변화된 삶의 모습들을 언급함으로써 우리가 교회의 미래를 생각할 때 잊지 말아야 하는 신앙의 근본적인 교훈들을 보여주고 있습니다.

이런 맥락에서 볼 때 특별히 처음 교회 공동체 안에서 일어났던 몇 가지 독특한 점들이 눈길을 끌고 있는데, 이것들은 오늘 교회 공동체가 그 미래를 열어가는 데 있어 큰 도움을 얻을 수 있는 기독교 교회의

'오래된 미래'의 교훈과 깊이 관련되어 있습니다.

첫째, 옛 삶에서 돌이켜 새로운 삶으로 나아가는 교회의 삶의 방향입니다. 오늘날 기독교 교회가 추구하는 무차별적인 선교 전략 시도와는 달리 처음 교회는 새로운 삶에 대한 강한 갈망을 가진 사람들의 자발적인 모임을 통해 이루어졌던 공동체였습니다. 그렇기에 무엇보다도 옛 삶에서 돌이켜 새로운 삶으로 나아가는 결단을 중요하게 여기는 신자들의 공동체였습니다. 본문은 그것을 다음과 같이 말하고 있습니다(38-41절 참조). "베드로가 이르되 너희가 회개하여 각각 예수 그리스도의 이름으로 세례를 받고 죄 사함을 받으라. 그리하면 성령의 선물을 받으리니… 그 말을 받은 사람들은 세례를 받으매 이날에 신도의 수가 삼천이나 더하더라." 이 말씀은 처음 교회 공동체가 단지 사람들의 욕구나 필요에 의해 만들어진 모임이 아니라 '회개와 죄 사함과 세례'를 통한 새로운 삶으로의 변화를 지향하면서 모인 공동체였음을 잘 보여주고 있습니다. 이들 모두는 무언가 새로운 삶에 대한 강한 갈망을 가진 사람들이었으며, 그 목표를 위해 지난 삶으로부터 돌이키는 것을 중요하게 생각했습니다. 그래서 내적으로는 회개와 믿음, 즉 돌이킴과 새 미래에 대한 신뢰가 그 주요 내용을 차지했으며, 외적으로는 세례라는 가시적인 징표를 공유하고 있었던 것입니다.

삶을 '돌이킨다'고 하는 것이 기독교 교회의 성립과 관련 가장 첫 번째 위치를 차지하고 있다는 것은 매우 의미 있는 교훈을 준다고 여겨지는데, 이 '삶의 돌이킴'이라는 것은 우리의 인생에서 쉽게 행해질 수 있는 것이 아니기 때문입니다. 수많은 실패와 대가를 치러야만 비로소 그 중요성이 제대로 인식되는 것, 그것이 바로 '삶의 돌이킴'이기 때문이지요. 왜 그럴까요? 인간은 성향상 '자기 안으로 구부러진 존재'

이고, 자기 세계와 '자기 의'를 발판으로 살아가는 존재이기 때문입니다. 따라서 삶을 돌이키는 계기가 주어진다는 것은 삶을 새롭게 하는데 있어 그 의미가 절대적이라 할 수 있는데, 우리가 인생이 잘 풀리고 성공 가도만을 달리며 사는 삶이 그렇게 좋은 것만은 아니라 말할 수 있는 것도 여기에 그 이유가 있습니다. 오히려 인생의 일이 잘 풀리지 않아 힘든 삶을 살아가고 있을 때가 신앙적으로는 더 의미 있는 시간일 수 있기 때문입니다. 받아들이기 쉽지는 않지만, 그때가 바로 우리 인간에게는 삶을 돌이키는 계기와 가능성이 새롭게 주어질 수 있기 때문이지요. 초기 교회 성립의 가장 중요한 생명력과 비전이 바로 이런 것과 관련되어 있었다는 것은 이런 점에서 그 의미가 매우 크다 생각됩니다. 대단한 권세나 배움이나 성공한 사람들이 모였기 때문이 아니라 단지 '새로운 삶을 원하는' 사람들이 함께 모임으로 교회의 처음 시작이 이루어졌기 때문입니다.

둘째로 가르치고 배우는 교회 모습입니다. "그들이 사도들의 가르침을 받아…"(42절). 무슨 말입니까? 이 돌이키는 삶은 매우 중요한 출발점이었지만, 그것은 단지 새로운 삶을 위한 시작에 불과했던 겁니다. 무엇인가 새로운 것을 그 삶의 내용으로 채워야 했기 때문이지요.

가르치고 배운다는 것은 이런 점에서 처음 신앙인들이 새로운 삶을 향해 나아가는 데 있어 필수적인 과제였던 것입니다. 무엇보다도 새로운 삶이란 것은 한 번의 돌이킴과 결단으로 주어질 수 있는 단순한 것이 아니었기 때문입니다. 바로 여기에서 우리는 교회 공동체 내에 '배움을 위한 학교'가 필요했던 이유를 보게 됩니다. 교회가 그 내부에 배움을 위한 학교를 설립하게 된 계기가 바로 이것으로부터 주어질 수 있었던 것입니다. 성령의 경험은 새로운 것이었고, 사람들에게 새로운 삶의 계기를 주었지만, 그것은 또한 어떤 바른 삶의 인식과 지혜를 필요로 했기 때문입니다. 성령 충만한 열정만 가지고는 새로운 삶, 좋은 교회를 이루어내고 그것을 지속시키는 것이 쉽지 않았던 것이지요. 하나님과 그분의 뜻은 바른 이해에 기초한 적합한 실천을 필요로 하기에 가르침과 배움의 과정이 불가피하게 요구되었던 것입니다. 예수 그리스도 사건과 더불어 새롭게 드러난 하나님의 '복음'은 인간의 지식이나 상식으로는 쉽게 깨우쳐질 수 있는 것이 아니었기에 한 번의 믿음이 아니라 끊임없는 배움과 문 두드림이 필요했던 것입니다. 신앙인은 믿기 때문에 더 이상 배움이 불필요한 그런 사람이 아니라 여전히 순례와 배움의 길 위에 서 있는 삶의 구도자들인 이유가 바로 여기에 있습니다.

셋째, 서로 나누고, 사랑하는 교회의 모습입니다. 우리 모두는 배움과 지식이 자동적으로 선한 실천으로 연결되는 것은 아니라는 사실을 경험을 통해 잘 알고 있습니다. 안다는 것과 그것을 제대로 실천하는 것은 그 차원이 다른 것이기 때문입니다. 교회 생활과 관련해서 말한다면, 신앙적 지식과 앎이 있다고 해서 그것이 자동적으로 나눔과 사랑으로 이어지지 못하는 이유가 여기에 있습니다. 이 양 차원이 갖는 거리 때문에 이 문제는 특별히 처음 교회 신앙인들의 중요한 신앙적 삶의 과제였고, 이것은 오늘날에도 마찬가지입니다. 그렇다고 인간의 앎과 지식이 무익하다 할 수는 없는데, "사랑으로 역사하는 믿음"(갈 5:6)이란 말은 이런 맥락에서 사도 바울이 특별히 갈라디아 교인들에게 보내는 서신을 통해 권면했던 용어인데, 이 말은 바로 신앙과 사랑이 갖고 있는 연결성의 문제를 잘 드러내고 있습니다. 공동체로 모인 교회의 삶의 자리에서 볼 때 신앙적 앎과 사랑의 실천을 적절한 관계에 오게 하는 것은 결코 쉬운 과제가 아니었기 때문이죠. 바른 믿음은 매우 필요하고 유익한 것이었지만, 그것이 문제가 되는 것은 그 적합한 사랑의 실천으로 잘 이어지지 않았기 때문이었습니다. 그래서 바울은 단지 믿음만이 아니라 사랑으로 나아가는 믿음이 요청된다고 말했던 것입니다. 바로 여기에 교회 공동체의 세 번째 특성이 주어지고 있습니다. 서로 나누며 함께 사는 사랑의 실천이 바로 그것인데, 오늘 말씀은 그것을 "저희가… 서로 교제하며… 모든 물건을 서로 통용하고… 또 재산과 소유를 팔아 각 사람의 필요를 따라 나눠주며…"(42-45절)라고 말하고 있습니다. 여러 가지 말로 이야기하고 있지만, 그 내용은 나눔과 사랑의 실천입니다. 교제한다는 말인 '코이노니아'에 '나눈다'는 의미가 내포되어 있는 것도 이것과 무관치 않습니다. 그러나 주의해야 할 것은 이 말씀을 초대교회의 공산주의적인 삶(사유재산 포기)으로 잘못 이해하는 것입니다. 이 말은 단지 사랑의 실천이라는 맥락에서 행해졌던 나눔공동체의 모습, 즉 서로 가진 것을 나누는 방식에 대한 말씀이었기 때문입니다. 처음 교회는 그들이 가진 것을 사랑 가운데서 어려운 사람들과 함께 나눔으로써 자신들의 믿음의 삶을 드러냈던 것입니다.

넷째, 예배하는 삶의 교회입니다. "날마다 마음을 같이 하여, 성전에 모이기를 힘쓰고, 집에서 떡(성찬)을 떼며, 기쁨과 순전한 마음으로 음식을 먹고, 하나님을 찬미하며…"(46-47절). 이 단락은 처음 교회의 예배하는 모습을 잘 보여줍니다. 오늘날처럼 잘 짜인 예식은 없었지만, 핵심적인 요소들이 잘 갖추어져 있는 예배였습니다. 무엇보다도 이 예배는 초대교회 예배의 중요한 특성이었던 성전과 가정 예배에서 드려지던 모습을 언급하고 있는데, '성전에서 모이고', '집에서 떡을

뗀다'는 것은 바로 이 예배가 말씀 증언이 포함된 기도회와 성만찬 예배를 중심으로 드려졌다는 것을 보여줍니다.

그러나 예배에서 중요했던 것은 이런 외적인 모습만이 아니라 예배에 임하는 내적인 자세와 태도였습니다. 오늘 말씀은 그것을 "기쁨과 순전한 마음으로"라고 말하고 있습니다. 무슨 말인가요? 한마디로 예배에는 기쁨이 있어야 한다는 말입니다. 예배는 인간적 장식이나 꾸밈이 아니라 오직 그리스도 안에서 드러난 하나님의 권능의 역사를 즐겁게 경축하는 것에 그 핵심이 있기에 그렇습니다. 감격과 기쁨이 있는 예배, 그것이 처음 교회의 예배 모습이었습니다. 물론 이 기쁨이 세상에서 말하는 욕망 실현과 관련된 쾌락적인 기쁨이 아니라는 것은 너무나 분명합니다. 오히려 경건한 기쁨, 내적인 기쁨을 말하는 성령의 열매인 '희락', 바로 그것을 예배에서의 기쁨으로 말하고 있는 겁니다.

그러나 여기에서 더 중요한 것이 있습니다. 이들은 이런 기쁨만이 아니라 또한 "순전한 마음으로" 하나님께 예배했다는 사실입니다. 순전한 마음(with singleness heart), 나뉘지 않은 마음을 말하는 것이지요. 분열되지 않은 온전한 마음을 일컫는 말입니다. 하나가 된 단순한 마음을 의미하는 말입니다. 왜 이런 말을 강조합니까? 세상의 사람들과 다름을 말하기 위함이 아닌가요? 세상은 변화와 새로운 발전에도 불구하고 여전히 분열되어 있고, 나뉘어 있는 것이 그 실상이기 때문입니다. 그러나 하나님에 대한 우리의 진술한 신앙은 단순한 마음, 나뉘지 않은 마음을 갖게 합니다. 바로 여기에 이 예배자의 마음가짐이 갖는 중요성과 의미가 있습니다. 이 예배가 우리를 단순화시키고, 치유하는 힘을 갖는 것도 바로 이 때문인데, 그래서 그런지 예수님께서도 이와 유사한 말씀을 주고 계십니다. "눈은 몸의 등불이니, 그러므로

네 눈이 '성하면'(순전하면 = single), 온몸이 밝을 것이요, 눈이 나쁘면
온몸이 어두울 것이니라"(마태 6:22-23). 처음 그리스도인들은 바로 이
순전한 마음으로 하나님께 예배드렸습니다. 많은 사람들로부터 칭송
을 받고, 날마다 구원을 경험한 사람들이 늘어난 것도 사실 그 이유가
바로 여기에 있었던 것입니다.

우리가 지향하는 교회는?

　주님의 복음 말씀을 잘 깨우쳐 세상을 바로 섬기고, 교우들 간에
사랑의 친교와 나눔을 실천하며 삶을 가치 있게 살아가는 공동체인
교회, 오늘 우리가 지향하는 교회 공동체입니다. 복음의 자유와 사랑
에 기초한 교회의 좋은 질서가 바로 거기서부터 형성될 수 있기 때문
이죠. 여기서 우리는 교회가 그 좋은 공동체를 이루는 데 있어 매우
결정적인 의미를 갖는 한 원리를 보게 됩니다. 교회는 단순한 공동체
가 아니라 하나님의 뜻과 관련된 그 본질적 차원을 한편에 그리고 인
간적 삶의 정황과 관련된 그 형성적 질서의 차원을 다른 편에 가지고
있는 두 차원의 공동체라는 것입니다.
　이런 맥락에서 우리가 쉽게 잊고 살기에 늘 가슴에 담아 기억해야
하는 사실이 있습니다. 우리의 신앙에서 가장 중요한 것, 그것은 교회
의 형성적 차원과 관련된 '무엇을 믿느냐'가 아니라 그 본질적인 차원
과 관련된 '누구를 믿느냐'라는 사실입니다. '무엇을 믿느냐'는 언제나
우리를 '사실 논쟁'과 그로 인한 갈등과 싸움으로 몰아가기 때문이죠.
그러나 '누구를 믿느냐'는 우리를 '인격적으로' 함께 연결시켜 소통과
사랑 가운데서 하나로 이어주기 때문입니다. 오늘 이 세상은 너무 소

란스럽고 소통이 어렵기에 모든 것이 나뉘고, 왜곡되고, 오해가 증폭되는 시대입니다. 어려운 시기지만, 우리 교회 공동체의 미래를 생각하며 다시 한번 우리 마음을 모아 처음 신앙인들이 우리에게 보여주었던 귀한 신앙의 교훈과 그 실천적 지혜를 잘 새겨보아야 할 때입니다. 특별히 근래 들어 우리 교회 공동체가 여러 가지 이유로 사회적으로 문제가 되고 있기에 더욱 이런 교훈과 지혜가 절실합니다.

우리가 함께 주님 뜻 받들어 섬기며, 그 뜻을 따라 형성해 가야 하는 교회 공동체, 바라옵기는 우리 주님께서 처음 교회를 통해 보여주셨던 '오래된 미래'의 교훈이 우리를 고무시키고 다시 이끌어서 우리가 함께 섬기는 이 교회가 이 시대 하나님의 대안이 되는 공동체가 되었으면 좋겠습니다. 이런 바람과 축복이 우리 안에서 늘 새 힘을 얻길 간절히 기도합니다.

제 III 부

신앙인에게 주어지는
삶의 축복

경계를 넘어가는 신앙의 축복

(행 1:6-9)

오직 성령이 너희에게 임하시면 너희가 권능을 받고
예루살렘과 온 유다와 사마리아와 땅끝까지 이르러
내 증인이 되리라 하시니라(8절)

신앙의 축복

신앙의 축복은 여러 가지가 있습니다만, 특히 우리 신앙인들에게
신앙을 갖는 중요한 이유로 꼽을 수 있는 것 가운데서 가장 두드러지
는 것이 '복 받는 것'이 아닌가 생각됩니다. 이 '복'이라는 것은 우리
조상 때부터 사람들이 추구해 왔던 바람이었지만, 오늘날에도 여전히
많은 사람들의 의식을 사로잡고 있는 것이기에 우리에게 있어 '복'이
라는 것은 결코 쉽게 포기되지 않는 소원이라 여겨집니다. 언젠가 한
국의 한 걸그룹이 부른 노래 가운데 젊은 층에서 노년층에 이르기까
지 여러 세대를 넘어서 크게 유행한 노래가 〈소원을 말해봐〉였다는

것도 결코 이와 무관치 않아 보입니다. 그런 점에서 한국의 교인들이 특별히 '복 받는 것'을 매우 중요한 신앙적인 축복으로 여기는 것을 이해 못할 바는 아니지만, 자칫 하나님 신앙의 의미를 이런 전통적인 '복' 사상 속에서만 받아들이고 있는 것은 분명 문제가 있는 것이라 생각됩니다. 특히 오늘 우리가 살아가고 있는 현실은 예전처럼 단순한 삶이 전개되는 공간이 아니라 매우 다층적이고 복잡한 차원과 구조를 가진 것이 되었기 때문입니다. 그래서 이 '복'이란 것도 예전처럼 단순한 의미가 아니라 상황과 사람에 따라 여러 다른 의미를 가진 것으로 다가오고 있기에 그 어느 때보다도 '복'에 대한 새로운 성찰이 필요하다고 여겨집니다.

'복' 받는 것을 신앙의 중요한 결실로 보는 맥락에서 많은 한국의 교인들이 주목하는 책이 있습니다. 브루스 윌킨스의 유명한 『야베스의 기도』(The Prayer of Jabez)라는 책입니다. 이 기도문은 여러분이 잘 아시는 역대기상 4장 9-10절에 나오는 것으로, 윌킨스는 이 야베스의 기도문을 바로 '복'의 관점에서 해석함으로써 신앙인들이 기억해야 할 중요한 기도문으로 부각시켰던 겁니다. "원컨대 주께서 내게 복에 복을 더하사, 나의 지경을 넓히시고, 주의 손으로 나를 도우사 나로 환난을 벗어나 근심이 없게 하옵소서"(10절). 놀라운 사실은 야베스란 사람은 성경에서 그렇게 잘 알려진 사람이 아니었는데도 브루스 윌킨스는 주로 이스라엘의 족보 이야기로 채워진 역대기 말씀 가운데서 쉽게 눈에 잘 띄지 않는 야베스와 그 기도가 갖는 의미를 발견하고, 그 기도문을 많은 사람들의 소원에 부응하는 축복의 측면에서 해석함으로써 많은 독자를 얻게 된 것입니다.

특히 야베스의 기도문이 기록되어 있는 구약성경 역대기상은 읽기가 매우 힘든 지루한 책인데, 그 이유는 역대기상을 읽어 보면 1장부터 9장까지 500명 이상의 인물들의 족보가 계속해서 나오고 있기 때문입니다. 이것은 신약성경인 마태복음 1장의 "누가 누구를 낳았다"로 이어지는 예수님의 족보 이야기를 읽을 때보다도 훨씬 더 지루한 느낌을 줍니다. 그런데 역대기상 4장에 가면 유다 지파의 6대손으로 46명의 이름이 계속 거론되다가 중간에 갑자기 한 사람이 등장하는데, 그가 바로 '야베스'라는 사람입니다. 성경은 이 사람 이름을 거론하긴 하지만, 그에 대해서는 매우 짧은 설명을 하고 있기에 눈에 잘 띄지 않습니다. 그렇기 때문에 그렇게 주목을 받을 수 있는 사람은 아니었던 겁니다. 그런데 『야베스의 기도』가 미국에서 발행되자마자 500만 부 이상이 팔려나가고, 기독교 서적이 일반 서적을 제치고 판매 부수 1위를 기록한 놀라운 책으로 알려진 이후 수많은 사람이 야베스의 기도문을 애호하게 되었고, 한국교회에서도 많은 교인이 야베스의 기도문을 애호하고 있습니다. 그것은 이 기도가 많은 사람들이 소원하고 있는 하나님의 '가장 큰 축복'("복에 복을 더하사")에 대해 말하고 있다고 믿기 때문이지요.

이 기도문 가운데서 우리가 특별히 주목해야 하는 대목이 있는데, 이 큰 '축복'의 내용이 "나의 지경(territory)을 넓혀주소서"라는 특별한 기도 문구로 되어 있다는 사실입니다. 이것은 일반적으로 하나님의 능력에 의존함으로써 삶의 '경계'와 그 '영향력'을 넓혀가길 원하는 신앙의 축복을 염두에 둔 기도 문구라 할 수 있습니다. 그래서 브루스는 이것을 많은 사람들이 오랜 역사 동안 꿈꾸어 왔던 기도, 다시 말하면 자신의 삶의 활동 영역을 넓히고 그 영향력을 확대하는 축복의 기도로 해석하고 있는 겁니다. 혹자는 이런 해석 때문에 이 기도문이 하나님 신앙을 너무 정복을 통한 번영의 축복으로만 이해하게 하는 문제점을 가지고 있는 것이 아닌가 비판하기도 하는데, 이런 비판은 지난 시기의 기독교 역사를 뒤돌아볼 때 매우 의미 있는 비판이라 하겠습니다. 하나님 이름을 앞세워 다른 나라 영토를 정복하고, 그것을 신앙적으로 정당화한 기독교 교회의 역사적 잘못이 드러나고 있기 때문이지요.

그러나 그럼에도 불구하고 이 기도문과 관련된 더 중요한 핵심적 관건은 이 기도문을 어떻게 이해하는 것이 하나님의 뜻에 상응하는 의미 있는 해석이 될 수 있는가에 있습니다. 이 기도문은 우리로 하여금 우리 자신을 깊이 성찰하게 하는 하나님의 축복도 그 내용 속에 함축하고 있는데, 무엇보다도 "지경을 넓혀 달라"는 기도 문구는 어떤 인위적인 경계 속에 자기를 가두고 살아가는 우리 인간의 자기중심적인 삶의 폐쇄성의 문제를 잘 드러내 보여주고 있기 때문입니다. 그런데 바로 이런 자폐적 삶의 태도가 오늘날 또한 우리 신앙 세계에서도 동일하게 나타나고 있다는 사실을 염두에 둔다면, 오늘 본문 말씀은 뜻밖에도 바로 이런 문제성을 넘어서는 데 있어 우리에게 매우 의미 있는 신앙적 깨달음과 교훈을 주는 소중한 주님의 유언의 말씀이라 여겨집니다.

새로운 사명

그래서 기독교인들은 오늘날 이 사명이 전 세계를 아우르는 차원의 것이라는 점에서 이 말씀을 기독교의 세계 선교를 위한 핵심적인 말씀으로 간주하고 있습니다. 무엇보다도 이런 맥락에서 우리가 주목하는 것은 마태복음(28:19-20)의 지상명령과는 달리 누가는 이것을 자신의 복음서가 아니라 오늘의 본문 말씀인 사도행전에 기록함으로써 이것이 사도들의 새로운 선교 사역의 시작과 관련해 큰 의미를 갖고 있음을 보여주려 한다는 사실입니다. 다시 말하면 '그리스도교의 시작'과 그 근본 프레임이 바로 이 말씀을 따라 주어졌음을 보여주고 있는 것이지요. 오늘 본문 말씀의 내용이 승천을 앞둔 예수님께서 마지막으로 제자들과 나눈 대화를 그 핵심 내용으로 하고 있는 것도 이와 무관치 않습니다.

　제자들이 주님과의 이별을 앞두고 한자리에 모였을 때 늘 가슴에 품고 있었던 질문을 하게 되었던 거죠. 그런데 그 주제는 유대인들의 영원한 민족적 화두였던 이스라엘의 회복의 문제였던 것입니다. "주님, 주님께서 이스라엘에게 나라를 되찾아주실 때가 바로 지금입니까?"가 그것이지요. 한마디로 말하면 이제 국권 회복의 때가 되지 않았는지를 묻는 그런 질문이었던 겁니다. 그래서 이 질문 속에는 하나님의 백성으로서의 위상과 관련된 국권 회복과 다른 나라들에게 그 위용을 보여주길 원하는 간절한 갈망이 숨어 있습니다. 그래서 그런지 이 질문에는 또한 선택받은 유대인들의 정체성과 관련된 선민의식이 강하게 배어 있습니다.

　그런데 이 엄중한 시간에 예수님께서는 이해하기 어려운 이상한 대답을 주고 있습니다. 지금은 이스라엘의 선민으로서의 자존심이나 국권 회복의 문제가 아니라 주 하나님을 다시 바라보아야 하는 비상의 때, 즉 하나님의 영을 경험해야 하는 시간이라는 겁니다. 그리고 이것으로부터 새롭게 주어질 능력과 비전을 가지고 '땅끝까지' 나아가 주 하나님의 새로운 뜻을 전하는 '증인'이 되어야 한다는 것입니다. 당연히 질문이 생깁니다. 도대체 주님께서 왜 이런 말씀을 주고 계시는

지가 잘 이해되지 않기 때문이지요. 제자들은 오랫동안 갈망해 왔던 이스라엘의 민족적인 화두인 하나님 백성의 '자존과 위엄'이라는 것을 염두에 두고 이야기하고 있는데, 예수님께서는 그것을 무시하고 전혀 다른 말씀만을 하고 계시기 때문이죠. 제자들이 더 이상 말을 이어가지 못했던 것도 이 때문이었습니다.

그러나 오늘날 우리는 매우 복잡한 양상을 띠고 전개되고 있는 세계의 여러 문제들을 보면서 주님의 대답이 주는 그 놀라운 비전과 의미를 새롭게 깨닫게 됩니다. 제자들의 관심은 단순히 그들의 옛 정체성의 회복과 그 강화에 있었지만, 예수님에게는 오히려 새롭게 시작되는 주 하나님의 역사와 그 미래 비전이 더 중요했고, 이것은 오늘 우리에게도 매우 의미 있는 삶의 미래를 위한 소중한 통찰이라 여겨집니다. 무엇보다도 주님의 말씀에 내포된 삶의 비전은 그 목표가 어떤 특정 집단의 정체성 강화나 영토적 위상을 드러내는 것에 있는 것이 아니라, 주 하나님의 거룩한 하늘 뜻을 가슴에 안고 단지 그 삶의 경계를 넘어 '땅끝까지' 나아가는 것에 있다고 말해지고 있기 때문입니다.

이 얼마나 놀라운 의미의 말씀인가요? 이제 주 하나님과 함께 시작되는 새로운 생명의 영과 그 정신의 시대가 도래하고 있는데, 이것은 이제까지 인간 삶을 지배해 왔던 닫힌 생각과 그 삶의 경계를 넘어서는 것과 깊게 관련되어 있다는 말이기 때문이지요. 여기서 우리는 하나님 신앙이 주는 우리 삶의 영역과 그 의미에 대한 역설적 진실과 관련된 매우 중요한 사실을 깨닫게 됩니다. 그것은 바로 처음 그리스도인들의 새로운 의식과 활동 속에서 드러났던 것인데, 그들은 주 하나님의 생명의 동력에 이끌리어 예루살렘과 유다와 사마리아와 땅끝까지 나아가는 새로운 신앙과 그 생명의 여정길에 들어서게 되고, 바로 거기서 이제까지 전혀 알지 못했던 새로운 생명의 비전과 놀라운 삶의 역동적인 의미를 새롭게 깨닫게 되었던 것입니다. 그렇기에 동일한 하나님에 대한 신앙을 가지고 있으면서도 하나님의 뜻을 단지 선민 의식적인 자기 정체성과 그 땅에 대한 폐쇄적인 지배로만 간주했던 유대인들과 그것을 세계의 모든 경계를 넘어 땅끝까지 나아가는 새로운 생명의 비전, 즉 자폐적인 삶의 경계를 넘어가는 '비중심적인 생명의 동력' 속에서 찾았던 그리스도인들의 차이가 주어진 것, 바로 여기에 그 이유가 있었던 것입니다.

그런데 오늘 우리가 익히 알고 있는 것처럼 놀랍게도 이 작은 차이가 세계의 현실 안에서 매우 엄청난 결과를 가져오고 있는 것입니다. 유대인들은 오늘도 여전히 자기 정체성 강화와 그 땅의 헤게모니적인 폐쇄성 속에서 끝없는 새 삶의 길을 모색하고 있지만, 해결의 실마리가 보이지 않는 적대성 속에서 비극적인 삶의 운명을 살고 있습니다 (오늘날 팔레스타인을 둘러싼 적대적 갈등과 그 결과). 그에 반해 '경계를 넘어가는' 하늘의 새 생명의 정신과 동력에 의지했던 그리스도교는 오늘날 점점 더 다양화되고 있는 세계를 하늘의 새 생명의 가치로 채워가며 모두를 아우르는 '화해된 다양성'의 세계를 일구어가는 고귀한 노력을 시도하고 있는 것입니다. 그리스도교와 그 신앙이 갖는 우월함은 그 무엇보다도 바로 여기에 있다고 여겨집니다. 그리스도교 교회나 신앙인이 도덕적으로 더 선하고 뛰어난 능력이나 지식을 갖고 있기 때문이 아니죠. 오늘 말씀처럼 생명의 새 비전 속에서 그 경계를 넘어 이질적이고 낯선 곳으로 나아가는 화해와 상생의 행위, 다시 말하면 단지 자기중심적인 세계의 강화나 확대가 아니라, 주 하나님과 그분의 뜻을 중심에 두고 증언자로서 모든 삶의 경계를 넘어가는 그 비중심적인 활동 속에서 하늘의 새 역사가 새롭게 이어지고 있음을 보기 때문입니다.

그렇다면 오늘 말씀이 주는 신앙과 삶의 교훈은 매우 분명합니다. 이 세계에서의 '새 역사나 삶'은 자기중심적인 세계만을 강화하는 데서는 결코 주어지지 않는다는 것이 바로 그것입니다. 자신과 그 자폐적인 세계로부터 나와야 하고, 낯설고 이질적인 것 속에서 새로운 삶의 '대상'과 '과제'를 얻어야 하는 겁니다. 이것은 우리의 삶이 나와 내 세계만을 생각하고, 내 욕망만을 추구하며 사는 삶 속에서는 진정한 삶의 의미나 기쁨이 잘 주어지지 않는 것과 같은 이치입니다. 인간이 행복할 수 있는 비밀은 다른 데 있기 때문이지요. 나와 다른 것을 소중히 여기고 소통하면서 새로운 관계 속에서 미래를 향한 공동의 삶의 과제를 추구하게 될 때 거기에서 참삶의 보람과 기쁨이 주어지는 것입니다.

처음 그리스도인들의 삶의 의미와 보람은 바로 여기에 있었습니다. 그들은 주님을 믿게 됨으로써 자기 자신이 아니라 그 믿음의 대상인 주님과 그분의 뜻이 더 중요하다는 것을 알게 되었고, 그럼으로써 자기로부터 해방된 자유의 사람들이 될 수 있었습니다. 많은 사람들이 우러러보았던, 초대 그리스도인들의 흉내낼 수 없는 고귀한 활동과 순교의 열정도 바로 이것이 가져온 당연한 귀결이었던 것입니다. 그들은 예수 그리스도에 대한 믿음과 더불어 자신을 넘어선 사람들이 될 수 있었고, 세상 사람들과는 다르게 오히려 낯선 것들 속에서 새로운 삶의 과제와 소명을 발견하는 생명의 비전과 동력을 얻을 수 있었던 것입니다. 매우 열악한 환경 속에 살면서도 세상이 알 수 없는 새 삶의 기쁨과 의미를 추구하며 살 수 있었던 것도 바로 이것 때문이었 습니다.

글로벌 시대를 산다는 것

오늘날 세계에서 일어나는 여러 가지 사건들과 그 의미를 생각해 볼 때 우리가 글로벌 시대를 살고 있다는 것은 새로운 세계의 미래를 형성해 나가는 데 있어 매우 큰 도전과 의미를 갖는 것이라 할 수 있습 니다. 글로벌 시대를 산다는 것은 한마디로 전 지구적인 지평을 생각 하며 살아야 하는 시대라는 것인데, 사람들은 이 시대를 의미 있게 살 아내기 위해서 이런 구호를 외치고 있습니다. "지구적으로 생각하고, 지역적으로 행동하라!"(Think globally, Act locally!) 모든 인간은 일정한 지역을 기반으로 해서 살아가기에 그 삶과 행동은 지역적으로 해야 하지만, 생각만큼은 전 지구적으로 해야 하는 시대가 바로 오늘 우리 시대라는 말입니다. 그런데 이 구호와 의미는 신앙 세계에서도 타당 성이 주어지는데, 우리의 신앙적 실천은 지역적인 의미를 가져야 하 지만, 그 신앙을 기반으로 해서 사유하는 것은 전 지구를 염두에 둘 때 우리 신앙의 근본적이면서 보편적인 차원을 아우르는 새로운 삶의 의미와 동력을 얻을 수 있게 되기 때문입니다. 따라서 이것은 오늘 이 시대를 살아가는 우리 신앙인들에게도 피할 수 없는 중요한 신앙과 삶의 과제라 할 수 있는 겁니다.

놀라운 것은 근래 들어서 바로 이처럼 '나'가 아니라 대상과 과제를 그 중심에 두고 생각하며 사는 사람들에게서 더 새롭고도 창조적인 일들이 많이 만들어지고 있다는 사실입니다. 그래서 우리는 인간의 창조성이 단지 고립된 능력이 아니라 오히려 다양한 연결성 속에서 더 힘을 발휘한다는 것을 새롭게 깨닫게 됩니다. 오늘 우리에게 요구되는 새로운 창조성을 관계성 혹은 연결성과 함께 생각하는 오늘 학문 세계에서의 새로운 경향성(간학문성, 융합성 등)도 바로 이것을 보여주는 소중한 예들입니다.

이제 우리에게도 오랫동안 소원해 왔던 통일의 문이 열리고 있습니다. 문제는 어떻게 이것을 잘 받아서 이 엄중한 과제를 잘 풀어나갈 수 있을까 하는 것입니다. 그러나 이것은 결코 쉽지 않은 과제이기에 우리 모두의 기도 제목이 되어야 할 것입니다. 이런 맥락에서 독일이 통일을 이루기 위해 민족의 통일이라는 경계를 넘어 전 유럽의 분열을 치유하고, 새로운 일치를 형성하는 연합의 길을 지속적으로 추구한 것은 매우 놀라운 교훈적인 사건이라 아니할 수 없습니다. 오늘날의 유럽 공동체 형성은 바로 이런 노력 없이는 결코 이루어질 수 없었다고 여겨지기 때문입니다. 우리는 여기서 경계를 넘어가는 신앙의 축복이 가져오는 한 범례를 보게 되는데, 이것은 우리에게도 민족의 통일과 관련된 새 미래를 여는 데 중요한 교훈을 주고 있습니다. 바라옵기는 우리 그리스도인들이 경계를 넘는 새로운 신앙과 그 의미를 잘 천착해서 오늘 이 세계의 새 미래를 여는 데 기여하길 바라고, 이 신앙으로 우리 민족의 통일에도 힘을 모아 통일의 과제를 잘 수행하는 데서 크게 쓰임 받게 되길 바랍니다.

새 삶을 여는 신앙의 지혜

(신 30:9-16; 롬 10:8-10)

> 그러면 무엇을 말하느냐 말씀이 네게 가까워
> 네 입에 있으며 네 마음에 있다 하였으니
> 곧 우리가 전파하는 믿음의 말씀이라
> 네가 만일 네 입으로 예수를 주로 시인하며
> 또 하나님께서 그를 죽은 자 가운데서 살리신 것을
> 네 마음에 믿으면 구원을 받으리라
> 사람이 마음으로 믿어 의에 이르고
> 입으로 시인하여 구원에 이르느니라(롬 10:8-10)

새해를 위한 소원들

새해가 다시 시작되었습니다. 시간의 흐름에 무딘 사람이라도 새 바람을 갖게 되는 그런 시기입니다. 올해 여러분 어떤 소원을 마음에 두었습니까? 우리의 삶이란 것은 늘 여러 문제와 과제 속에 있기에 새해가 되면 한 해의 소원을 빌지 않을 수 없는 거지요. 새해맞이 행사에 변함없이 사람들이 몰려오는 것도 이와 무관치 않습니다.

몇 해 전 미디어를 통해 새해 국민들이 이루고 싶은 소원을 발표했는데, 1위가 적금통장을 만드는 것, 2위는 일주일이나 열흘 정도 여행을 하는 것, 3위는 결혼을 하거나 혹은 솔로 생활로부터 탈출하는 것, 4위는 다이어트에 성공하는 것이었습니다. 매우 현실적이고 구체적인 소원이라 여겨져 다행이라 생각하는 한편으로, 이루지 못할 허황된 소원을 꿈꾸지 않는다는 것은 성숙한 현실 인식이 준 결과라 여겨졌습니다. 그러나 다른 편에서는 아쉬운 점도 엿보입니다. 이 소원들은 너무 주어진 현실만을 생각하는 소박한 바람이기에 어떤 새로운 삶을 위한 갈망이나 바람 같은 것은 전혀 주어지지 않기 때문입니다.

'새로운 존재'에 대한 소원?

그래서 묻게 됩니다. 우리 신앙인에게 새해에 갖는 소원이나 바람은 무엇이어야 하는지를. 물론 여러 가지를 말할 수 있겠지만, 중요한 것은 무언가 달라야 한다는 것이지요. 우리 신앙인이 새해를 맞으면서 갖는 바람은 무언가 남다른 것이어야 합니다. 우리 신앙의 선배들은 감히 일상의 시간이 정말 새로운 시간, 의미 있는 시간으로 고양될 수 있다고 믿었고 또 그것을 내다보며 공적으로 선언했습니다. 그래서 사도 바울은 "누구든지 그리스도 안에 있으면 새로운 피조물"(고후 5:17)이라고 외쳤던 것입니다. 이것은 문제 많은 우리에게 새 존재의 가능성이 주어졌다는 놀라운 선언이기에 자칫 우리 현실하고는 너무 동떨어진 이상적인 바람으로 들리기도 합니다. 그러나 이 외침은 단순한 공허한 말장난이 아니라는 데 그 의미와 중요성이 있습니다. 처음부터 우리

신앙의 선배들은 시간의 주인이 바로 창조주 하나님이시기에 주 하나
님과 더불어서 우리의 시간은 하나님의 생명의 능력이 함께하는, 새
존재를 위한 의미 있는 시간이 될 수 있다고 믿었기 때문입니다.

그러나 그렇기에 또다시 우리가 묻게 되는 물음이 있습니다. '어떻
게' 이런 새로운 삶이 우리에게서 가능해질 수 있는지가 바로 그것입
니다. 저 선언이 어떻게 우리 삶 속에서 구체적인 결실을 가져올 수
있느냐 하는 것이지요. 이미 우리는 하나님을 믿는 신앙으로 살아가
며 새 존재에 관한 선언을 수없이 듣고 마음에 담아도 우리 존재나 삶
이 잘 바뀌지 않는다는 생각을 떨쳐버릴 수가 없기 때문입니다. 우리
신앙의 짧지 않은 연조에도 불구하고 우리가 여전히 옛사람의 삶에서
자유롭지 못한 것도 이와 무관치 않습니다. 따라서 무엇보다도 새 존
재와 그 삶에 다가가는 신앙의 '노하우'를 알게 되는 것은 우리 신앙과
삶을 새롭게 하는 데 매우 중요한 것이라 여겨집니다.

새 존재로 나아가는 길

로마서 본문은 바로 이 문제에 대해 하나의 해결책을 제시하고 있는
소중한 신앙적인 지혜의 말씀입니다. 우리가 아는 대로 이 말씀은 많은
경우에 교회에서 전도용 말씀으로 혹은 초신자 교육을 위한 말씀으로
애용되었습니다. 예수 그리스도께서 이루어 놓은 생명의 구원 사건을
우리 것으로 만드는 데서 요구되는 신앙적인 '노하우'(Know-How)와 관련해
많은 사람이 이 말씀에서 어떤 지혜와 해답을 얻을 수 있었기 때문입니
다. 그런 점에서 이 말씀은 성서에서는 매우 드물게 주어지는 '신앙적
삶의 실천적인 노하우'에 대한 소중한 가르침을 주고 있습니다.

이 말씀은 하나님의 약속의 말씀을 우리의 삶의 현실에서 구현하려고 할 때 먼저 요구되는 것이 무엇인지를 깨우쳐 줍니다. 한마디로 말하면 그것은 인간의 신체적인 기능, 즉 우리 몸 가운데서 '마음과 입의 기능'을 잘 헤아려야 한다는 겁니다. "마음으로 믿고, 입으로 시인"(고백)해야 한다는 말씀은 바로 이것과 관련되어 있습니다. 새해부터 무슨 이야기를 하느냐고 반문할지 모르겠습니다만, 우리 몸의 신비에 대한 이야기를 하려는 게 아닙니다. 오히려 매우 단순하지만 오랜 신앙 교육적인 훈련 경험을 통해서 얻은 우리 신앙의 실제적인 노하우와 관련된 이야기를 나누려고 하는 것입니다. 인간이 무엇인가를 배워 자기 삶 속에서 구현하려고 하면 그것을 부단히 훈련해야 하는데, 그 경우에 먼저 자기 몸과 관련된 그 독특한 기능을 잘 알아야 합니다. 특별히 언어를 매개로 하여 얻은 진리를 우리 삶의 현실에서 구현하려고 하는 경우에는 더욱 그렇다는 것이지요.

본문 말씀에서 이야기하는 '마음과 입'에 대한 강조는 바로 이런 맥락에서 그 의미가 이해됩니다. "마음으로 믿고, 입으로 시인"한다는 말씀은 생각 없이 준 말씀이 아니라 오랜 교육 훈련적 경험을 통해서 얻은 소중한 신앙의 실천적인 지혜라는 말입니다. 바울이 이 말씀을 자신의 생각이나 경험으로부터가 아니라 구약성서 신명기(30:14)에서 인용하면서 신앙적으로 새롭게 해석하고 있는 이유가 바로 여기에 있습니다. 하나님 말씀을 우리 삶의 현실 속에서 구현하려고 할 때 유대인들은 오랜 신앙 경험을 통해 바로 이 지혜를 원용했는데, 이것은 남다른 이유가 있었기 때문이죠. 성서의 하나님의 말씀은 인간이 생각하는 것과는 그 차원이 다른 것이고, 인간의 제한된 언어로 기록될 수밖에 없었기에 이 하나님 말씀을 우리 삶의 현실 속에서 바르게 실천한다는 것은 결코 쉽지 않다고 여긴 것입니다. 오늘 우리는 신명기 말씀에서 이 사실을 확인하게 되는데, 사람들이 하나님 말씀을 잘 실행하여 하늘의 복을 받기 원하지만, 이 하나님 말씀은 우리 인간의 현실과는 거리가 너무 멀어 실행하기가 어렵다고 생각하기에 이 말씀과의 만남이 제대로 이루어지지 못하고 있었다는 겁니다. 그래서 하나님께서 모세에게 주셨던 신명기 말씀은 그것을 다음과 같은 말로 설명하면서 그 해결책을 제시했다는 겁니다. "내가 오늘 네게 명령한 이 명령은 네게 어려운 것도 아니요, 먼 것도 아니라. 하늘에 있는 것이 아니니, 네가 이르기를 누가 우리를 위하여 하늘에 올라가 그의 명령을 우리에게로 가지고 와서 우리에게 들려 행하게 하랴 할 것이 아니요. 이것이 바다 밖에 있는 것이 아니니, 네가 이르기를 누가 우리를 위하여 바다를 건너가서 그의 명령을 우리에게로 가지고 와서 우리에게 들려 행하게 하랴 할 것도 아니라. 오직 그 말씀이 네게 매우 가까워서 네 입에 있으며 네 마음에 있은즉 네가 이를 행할 수 있느니라"(신 30:11-14).

한마디로 하나님의 말씀은 우리와는 그 거리가 너무 멀어서 그 실행이 어려운 것이 아니라 오히려 우리에게 매우 가까이 있기에 우리가 잘 실천할 수 있다는 말입니다. 무엇보다도 이 말씀은 바로 우리 입과 마음에 연결되어 그 힘을 발휘하게 되는 것이기에 이것이 갖는 의미를 잘 천착해야 한다는 겁니다. 하나님 말씀을 믿음으로 받아 실천하기 위해서는 우리의 머리가 아니라 마음이 중요하고, 그것을 우리 삶 속에서 잘 구현하기 위해서는 우리의 입을 통한 긍정적인 시인(고백)이 중요하다는 겁니다. 말씀은 우리의 것이 아니지만, 그럼에도 불구하고 우리의 이런 마음으로 믿는 '내적 믿음'과 입으로 시인하는 '외적 고백'을 통해서 이 말씀을 우리와 관계시키면 그때 놀랍게도 우리 안에서 신비한 힘으로 작용하게 된다는 겁니다. 새삼스럽게 하나님 말씀을 실천하는 것과 관련해 우리의 마음과 입을 강조한 것은 바로 이곳이 저 말씀의 힘을 드러내는 적합한 자리라고 보았기 때문입니다.

신앙적 삶의 실천, 그 마음과 입의 의미

그렇다면 도대체 우리의 이 '마음과 입'이 우리의 삶에서 작용하는 그 구체적인 힘과 역할은 무엇인지를 묻지 않을 수가 없습니다. 이것은 매우 생경한 물음이지만, 우리가 본문 말씀을 다시 깊이 묵상하면서 깨닫게 되는 것은 다음과 같습니다.

첫째, 하나님의 말씀은 일차적으로는 복잡한 지식이 아니라 우리의 살아 있는 신앙과 관련되기에 중요한 것은 그 적절한 '자리'인 마음이라는 겁니다. 그래서 이 말씀을 늘 마음에 두고, 마음으로 믿어야 한다는 겁니다. 이 말씀을 '무조건 믿거나' '덮어놓고 믿을 수 없는 것'도 바로 이 때문인데, 마음으로 믿는다는 것은 무엇보다도 우리 인간에게 가장 신비한 '정성'을 다하는 '사랑'의 마음으로 믿는다는 것을 의미하기 때문입니다. 정성을 다하는 사랑의 마음, 우리 인간이 경험하는 가장 신기하고 놀라운 것이지요. 이 마음을 갖게 되면 예전에 보이지 않던 것들이 보이게 되고, 예전에 무가치하고 지루하게 느껴지던 것들이 새롭고 의미 있는 것들로 바뀌게 되기 때문입니다. 그렇기에 하나님 말씀이 우리의 가장 '깊은 곳', 우리가 '마음대로' 할 수 없는 우리 마음 한가운데에 그 자리를 갖게 되면, 말씀의 감추어진 능력과 지혜가 우리를 이끌어서 새로운 삶으로 나아가게 한다는 겁니다. 이것은 마치 우리가 서울에서 부산까지 가장 빠른 시간 안에 가는 방법이 무엇인지를 생각할 때 우리 마음의 작용을 통해 새로운 사실을 깨닫게 되는 것과 같은 이치입니다. 우리가 흔히 생각하는 KTX나 비행기 가운데 어느 하나를 선택할 수 없는 것도 이 때문인데, 그 답은 바로 사랑하는 사람과 함께 가는 것이기 때문입니다. 바로 여기서 우리는 비로소 우리 현실의 시간성이 주는 한계를 뛰어넘는 무아적이고, 무시간적인 새로운 삶의 의미를 경험하게 됩니다.

둘째, 하나님 말씀이 우리 삶을 이끌어 가도록 하는 데 있어 또 한 가지가 더 요구되고 있는데, 우리의 '입'이 바로 그것이랍니다. 그래서 오늘 성경은 또한 '입으로 시인'(고백)하라고 말하고 있는 겁니다. 무슨 말인가요? 우리가 일상에서 사용하는 말의 반복적인 훈련의 중요성과 그 의미를 이야기하는 것입니다. 무엇보다도 언어를 근간으로 하는 이 말은 인간의 현존의 삶을 가능케 하는 '존재의 집'이라고까지 말해지는데, 그렇기에 우리의 말 안에 내재된 그 창조력과 파괴력을 잘 숙지하는 훈련이 필요하다는 이야기입니다. 우리가 늘 사용하는 이 말에는 사람을 변화시키는 긍정적인 힘과 아울러서 사람들과의 관계를 돌이킬 수 없게 만드는 파괴적이고 부정적인 힘도 내포되어 있다는 사실을 잘 숙지해야 한다 여겼기 때문입니다. 그렇기에 오늘 말씀은 '입으로 시인'하라고 말하지 '부정'하라고 말하고 있지 않은 겁니다.

우리가 일상의 삶의 경험을 통해 알게 되는 것처럼 좋은 말, 비전이 있는 말을 함께 나누게 되면 예기치 않았던 좋은 소통이 일어나고, 삶의 용기와 비전도 얻게 되며, 생각지 못했던 지혜도 생겨나는데, 이 모두는 놀랍게도 말이 갖는 신비스러운 힘과 관련되어 있습니다. 그래서 좋은 말, 비전 있는 말을 함께 나누는 것은 그 무엇보다도 중요한 삶의 요인이 되는 겁니다. 삶에서 좋은 친구를 만나는 것이 중요하다고 여기는 것도 바로 여기에 이유가 있습니다. 처음 그리스도인들의 새로운 삶을 가능케 했던 초대교회의 역사에서 말과 관련된 소통이 그 첫머리를 차지하고 있었다는 사실도 바로 말이 갖는 신비한 힘과 의미를 잘 보여줍니다. 이런 소통의 말은 우리 내면에 감추어진 삶의 선한 열정과 관심을 이끌어 내는 데 꼭 필요한 것이기 때문이지요. 이런 맥락에서 볼 때 오늘날 교회 공동체의 세계내적 의미와 목표를 '화해된 다양성'이라는 말로 정식화한 것은 매우 의미 있는 통찰이라 여겨집니다. 이 세계에서의 그리스도교의 핵심 사역은 바로 저 '화해된 다양성'을 실현하는 것으로 이해될 수 있으며, 이런 비전을 배제하고서는 그 본래의 사명을 제대로 감당할 수가 없다고 여겨지기 때문입니다.

그래서 그랬을까요? 우리 삶의 현실에서 '말 한마디'가 갖는 힘과 그 의미를 깨달았던 사람들은 이런 말을 남기고 있습니다. "말 한마디가 삶의 파괴와 창조를 가져옵니다. 부주의한 말 한마디가 싸움의 불씨를 일으키며, 잔인한 말 한마디가 삶을 파괴합니다. 냉소적인 말 한마디가 미움의 씨를 뿌리고, 무례한 말 한마디가 사랑의 불을 꺼버립니다. 그러나 은혜로운 말 한마디가 삶을 소생시키고, 사랑의 말 한마디가 사람을 기쁘게 하고, 즐거운 말 한마디가 하루를 빛나게 합니다."

새로운 '소원'이 아닌 새로운 '삶'

우리에게 다시 허락된 이 귀한 새해, 신앙인에게는 무언가 새로운 각성이 더 요구되는 해가 아닌가 생각됩니다. 근래 우리에게 큰 참사로 다가온 여러 가지 재앙들을 굳이 언급하지 않더라도 이제 우리는 전 지구적인 차원의 위기 시대를 살고 있기 때문입니다. 따라서 이 위기의 시간을 살아가는 우리 깨어 있는 신앙인은 그 사명을 잘 감당하기 위해서라도 단지 우리의 삶의 성취와 관련된 새로운 '소원'만이 아니라 새로운 '삶'의 실천을 위해 더 많이 기도해야 합니다. 소원은 우리의 개인적인 행복이나 욕망 실현과 관련되지만, 새로운 삶은 우리 모두의 새날과 새 미래를 여는 것과 관련되어 있다고 여겨지기 때문입니다. 소원은 그것을 갈망하고 성취한다고 해서 우리 삶이 새로워지지는 않지만, 새로운 삶에 대한 갈망과 기원은 우리를 내적 변화로 이끌어 새로운 삶의 미래로 나아가게 할 수 있기 때문입니다.

이런 맥락에서 유대인들이 새해를 맞이하면서 늘 견지해 왔던 신앙적 관행을 잠시 생각해 보는 것은 매우 의미 있다고 여겨집니다. 유대인들에게 있어서 새해는 매우 독특한 신앙적 의미를 가진 시간으로 간주되었는데, 첫째로 새해는 하나님 앞에서 회개하는 시간이라 여겨 자기 자신을 돌아보면서 하나님과 화해하고 또 이웃과 화해하는 계기로 삼았다는 겁니다. 둘째로 새해 첫날을 특별히 하나님의 창조를 기억하는 날로 여겼다고 합니다. 그래서 유대인들은 이날을 '세상의 생일'이라는 뜻을 가진 "욤 하라트 올람"이라고 부른답니다. 그래서 우리처럼 "새해 복 많이 받으세요"(Happy New Year)라고 인사하는 대신, "당신의 이름이 하나님의 생명책에서 지워지지 않고 영원히 기록되기를 바랍니다"라는 말로 인사를 대신한다고 합니다.

새해가 주어졌지만, 아직 우리 마음이 그렇게 새롭거나 가볍지 않은 것은 각박한 현실이 주는 실망감과 피로가 여전히 우리를 사로잡고 있기 때문입니다. 그러나 하나님께서 다시 우리에게 허락하신 이 새날, 감사함으로 받아 주님 말씀을 따르는 새 삶의 비전과 희망으로 우리 삶을 새롭게 하여 하늘 생명의 열매로 채워가기를 간절히 기원합니다.

물 위를 걷는 신앙

(마 14:28-33)

> 베드로가 대답하여 이르되
> 주여 만일 주님이시거든 나를 명하사 물 위로 오라 하소서 하니
> 오라 하시니 베드로가 내려 물 위로 걸어서 예수께로 가되
> 바람을 보고 무서워 빠져 가는지라 소리 질러 이르되
> 주여 나를 구원하소서 하니(28-30절)

'은총의 물화'

이번 주일이 갖는 교회력의 의미를 생각하다가 오늘이 종교개혁 주일임을 새삼스럽게 상기하게 되었습니다. 여러분이 잘 아시는 대로 올해 종교개혁 500주년을 맞고 있는데, 1517년 10월 31일에 마틴 루터가 로마 가톨릭교회의 잘못된 신앙의 폐해들을 비판하면서 95개 항의 조항을 비텐베르크 성문에 내건 것이 도화선이 되어 이 종교개혁 운동이 일어났기 때문에 이번 주일을 특별한 종교개혁 주일로 지키는

것은 매우 의미가 크다고 여겨집니다. 이 운동은 표면상으로는 로마 가톨릭교회의 신앙의 적폐들에 대항하여 일어났지만, 그 내용은 하나님의 복음의 본질과 그것에 대한 바른 신앙을 회복시키는 근본으로 돌아가는(*ad fontes*) 운동이었습니다.

사람들은 이 개혁운동의 목표가 지향하는 내용으로 세 가지 표어를 사용하여 말하고 있는데, 여러분들이 많이 들어온 오직 은총으로만, 오직 성서(말씀)로만, 오직 믿음으로만이 바로 그것들입니다. 여기서 중요한 것은 이 세 가지가 내용적으로 긴밀한 관련성을 가진 것이지만, 그중에서 은총과 말씀은 하나님과 관련되고, 신앙은 우리 인간에게 필요한 것이기에 그 우선적 규정성은 우리의 신앙에 의해 주어지는 것이 아니라는 사실입니다. 따라서 우리가 바른 신앙을 추구한다고 할 때 그것은 단순히 '그저 믿으면 좋다'는 식의 우리 신앙의 자의적인 강화나 바람을 통해 얻어지는 것이 아니라, 하나님의 은총과 말씀에 뿌리내린 하나님에 대한 신뢰와 그 바른 관계 형성을 통해서 얻을 수 있게 되는 것입니다. 그렇기에 하나님의 은총과 말씀을 우리 신앙의 욕구나 바람에 따라 자의적으로 해석하고 규정하면서 그 신앙의 정당성을 얻고자 하는 것은 매우 문제가 있는 것입니다. 오늘 우리가 종교개혁의 의미를 다시 반추하는 가운데 일차적으로 우리 마음에 새겨야 하는 중요한 신앙적 교훈이 바로 여기에 있습니다. 마틴 루터가 종교개혁으로 나아가는 과정에서 겪었던 신앙의 확실성을 얻기 위한 투쟁의 여정은 이것을 잘 보여주고 있습니다.

당시 가톨릭교회는 매우 심각한 신앙적 적폐 현상을 노정했는데, 그것은 하나님의 은총을 인간에 대한 하나님 자신의 헤아릴 수 없는 호의적인 사랑이 아니라, 신앙의 자의적인 욕망을 따르는 그 어떤 초자연적인 물질이나 힘의 주입으로 이해했기에 하나님 신앙의 관계적 의미를 바르게 인식하는 데 매우 큰 문제가 내재해 있었던 것입니다 ('은총의 물화'). 이런 이해는 하나님과 그분의 은총을 분리시키고, 그럼으로써 결국 하나님과 은총의 본래 의미를 왜곡시키는 데로 이끌어 갔던 겁니다. 이런 왜곡된 신앙의 문제성은 오늘 우리에게도 큰 과제로 남아 있기에 오늘 본문 말씀이 들려주는 하나님 신앙의 확실성과 그 능력의 의미들을 생각하면서 다시 한번 우리 자신을 돌아보는 시간을 가지려고 합니다.

오늘 우리의 현실은 그 어느 때보다도 많은 변화 속에 있기에 우리 신앙의 본질적 의미의 차원들을 바르게 인식하며 견지해 나가는 것이 그 어느 때보다 필요하다고 여겨지는데, 이것을 위해 그 무엇보다도 단지 현세적인 복만을 추구하는 신앙의 기복적인 의미가 아니라, 우리 삶의 여러 문제와 과제들 속에서 그 삶을 새롭게 이끌어 가는 데 도움을 주는 새로운 신앙의 차원들을 발견하는 것이 시급하게 요구되고 있습니다.

신앙과 기적의 의미는?

오늘 본문 말씀은 물 위를 걸은 기적 이야기를 다루고 있는데, 복음서에 나오는 여러 기적 이야기들과 다른 점이 있다면, 하나님의 아들인 예수님뿐만 아니라 제자 베드로도 단지 신앙에 의지하여 이런 기적을 경험하고 있다는 사실입니다.

오병이어의 기적을 일으키셨던 예수님께서는 갑자기 제자들을 배에 태워 호수 건너편으로 보내고, 홀로 남아 기도하고자 했습니다. 큰 기적 후에 찾아올 수 있는 여러 가지 유혹과 오해를 피하기 위함이었던 것 같습니다. 그런데 제자들이 탄 배가 호수를 건너가는 동안 갑작스럽게 강풍과 풍랑을 만나게 되면서 매우 위험한 상황에 빠지게 되었습니다. 그때 예수님께서 제자들의 어려움을 아셨는지 물 위를 걸어서 제자들에게 다가왔다는 겁니다. 사람이 물 위를 걷는다는 것은 과학이 발전한 지금도 가능하지 않은 일이기에 제자들은 몹시 놀라고 두려워했다는 겁니다.

그때 호기심 많은 제자 베드로가 나서서 주님께 자신도 물 위를 걷게 해달라고 요청했다는 거죠. 그러자 예수님께서 흔쾌히 허락하심으로 이것에 의존하여 베드로가 물속에 뛰어들었는데 신기하게도 베드로가 정말 물 위를 걷게 되었다는 겁니다. 너무나 놀라운 일이 벌어진 것이지요. 그러나 그때 갑자기 거센 바람이 몰아치며 다가오자 베드로가 이 강풍에 두려움을 갖게 되면서 물속으로 빠져들게 되었다는 겁니다. 한마디로 주님을 믿고 신뢰하는 신앙의 힘이 살아있을 때는 물 위를 걸을 수 있었는데, 강풍으로 두려움이 생기고 그로 인해 믿음이 약해지자 물속으로 빠져들게 되었다는 이야기입니다.

무슨 이야기를 하고자 하는 건가요? 단지 신적인 존재인 주님과 관련해서 일어났던 초자연적인 기적을 시위하고자 하는 이야기인가요? 일반적으로 이 이야기는 이런 방식의 설명으로 이해되어 왔습니다. 그래서 학자들도 이 이야기의 제목을 "물 위를 걸어오신 예수님"이라 했던 것입니다. 예수님은 모든 자연법칙을 초월해서 활동하는 신적 존재라는 것을 드러내 보여주고 있다는 것이지요.

그러나 문제가 있습니다. 만약 우리가 이 이야기를 이처럼 '이것 아니면 무'라는 프레임을 가지고 이해하게 되면 이 이야기는 그 감춰진 의미를 우리에게 보여주지 않는다는 사실입니다. 그러나 놀랍게도 이 이야기는 예수님만 물 위를 걸으셨다고 말하지 않고, 베드로도 물 위를 걸었다고 말하고 있습니다. 게다가 베드로가 물 위를 걸은 기적이 베드로의 믿음이 아니라 전적으로 예수님의 신적 능력에 의해서만 가능했다고 한다면, 베드로가 풍랑에 의해 물속으로 빠지게 된 것은 앞뒤가 모순되는 설명이 되는 겁니다. 만약 베드로가 물 위를 걸은 기적이 단지 예수님의 신적 능력에 의해 일어난 기적이었다고 한다면, 광풍 앞에서 보인 베드로의 약해진 믿음과는 상관없이 계속해서 그 기적은 지속되어야 했다고 여겨지기 때문입니다.

그러나 오늘 본문은 매우 분명하게 베드로가 물속에 빠진 이유가 바로 그의 약해진 믿음과 관련되어 있음을 말하고 있는데, "믿음이 적은 자여, 왜 의심하느냐?"고 한탄하시는 주님의 말씀은 이것을 잘 보여주고 있습니다. 그렇다면 이 이야기는 그 결정적인 문제가 베드로의 믿음과 깊이 관련되어 있었다는 것을 보여주고 있습니다. 그렇기에 이 이야기는 단지 신적인 능력이 일으킨 신비한 기적에 초점이 있다기보다는 오히려 우리의 신앙 안에 감추어져 있는 신비한 능력과 그것이 가져온 삶의 기적적인 의미를 보여주고 있다고 할 수 있는 겁니다. 이것은 우리가 복음서들을 비교해 보면 그 차이가 분명하게 드러나는 것을 보게 됩니다. 이 이야기가 마가와 요한에도 나오지만, 두 복음서에서는 예수님만 물 위를 걸은 것으로 이야기되고 있는 데 반해 오늘 본문인 마태에서는 예수님만이 아니라 그의 제자인 베드로도 잠깐이지만 물 위를 걸었다고 말하고 있기 때문입니다. 따라서 예수님께서 행하신 기적은 신앙인에게도 가능한 삶의 기적이라는 것을 마태는 부각시키고 있다 할 수 있습니다. 신앙이 가져오는 예기치 못한

'삶의 기적', 마태는 그것을 이야기하고자 한 것입니다. 그럼으로써 우리 신앙인이 잘 인식하지 못하는 하나님 신앙의 감추어진 능력과 삶의 차원적인 의미, 다시 말하면 하나님 신앙이 우리 삶에 가져오는 기적적인 의미의 차원들과도 깊은 관련성을 가진다는 것을 말하고자 한 것입니다.

우리는 여기서 우리 신앙이 갖는 두 가지 차원을 깨닫게 되는데, 자연적이고 인간적인 삶의 조건들이 가져오는 문제들에 직면해 부르짖는 신앙의 차원과 이런 조건들에 매몰되지 않는 신앙의 차원, 즉 물 위를 걷는 신앙의 차원이 바로 그것입니다. 그런데 이 두 가지 차원은 모두 오늘 본문의 베드로의 모습을 통해서 우리에게 보여지는 신앙의 두 차원이라는 사실입니다.

부르짖는 신앙

부르짖는 신앙은 물에 빠지는 베드로가 다급한 상황에서 보인 신앙인의 모습이며 또한 바로 우리에게서도 드물지 않게 인지되는 신앙적인 모습이기도 합니다. 한마디로 이것은 삶의 위기가 오고, 문제가 생겨야만 하나님을 찾는 신앙인의 모습이라 할 수 있습니다. 여기서 신앙은 언제나 삶의 어떤 문제와 관련되어 있는데, 문제가 해결되어 삶이 안정되면, 신앙은 그 힘과 의미를 잃어버리는 임기응변적 신앙이 그것입니다. 따라서 여기서는 삶의 어려움과 위기가 매우 중요한 신앙의 요건이 되고 있습니다.

그런데 감사한 것은 예수님께서는 이런 신앙을 믿음이 없다 하지 않으셨다는 사실입니다. 믿음이 없다고 하지 않고, 믿음이 적다고 하신 거죠. 그럼으로써 여전히 신앙인으로 인정해 주신 겁니다. 왜 그랬을까요? 믿음이 약하긴 하지만 그는 여전히 하나님을 찾고 있고, 그분을 향해 부르짖고 있기 때문입니다. 그러나 이런 부르짖는 믿음이 많은 신앙인들을 전반적으로 지배하고 있다는 사실은 문제적이라 아니할 수 없습니다. 왜 그럴까요? 오늘 말씀은 그 이유가 바로 믿는다고 하면서도 세상의 조건에 사로잡혀 '의심하기' 때문이라고 말하고 있습니다. 하나님을 그 신앙의 대상으로 가지기는 했지만, 이 세상의 조건들로 인해 그 대상에 대한 분명한 믿음과 신뢰를 지속적으로 갖지 못하고, 마음이 분열되어 나뉘어져 있기 때문이지요.

우리의 신앙이 성장하지 못하는 이유가 바로 여기에 있는데, 우리 안에 언제나 두 마음이 공존하고 있기 때문입니다. 신앙이 있지만, 다른 한 마음에는 여전히 생존에 대한 염려와 세상 조건에 대한 고착된 이해로 인해 그 신앙이 온전한 믿음과 신뢰에 이르지 못하기 때문입니다. 따라서 이런 신앙이 세상적 삶의 여러 조건들을 상징하는 물속에 빠져들게 된 것은 지극히 당연한 결과였다고 생각됩니다. 자신의 삶을 하나님께 온전히 맡기지 못함으로써 여전히 이 세상의 조건들을 넘어서는 삶의 새로운 차원들과 그 신앙의 의미를 깨닫지 못하고 있기 때문이지요.

물 위를 걷는 신앙

물 위를 걷는 신앙은 하나님 신앙과 그 능력이 이끌어 가는 한 차원 높은 삶의 모습입니다. 이것은 단순히 세계의 조건들에 매여 사는 수동적 신앙이 아니라 새로운 삶과 비전을 더 적극적으로 열어가는 것에 신앙의 능력과 지혜가 작용합니다. 그렇기에 물 위를 걸었다는 말은 이런 삶의 조건들을 단지 장애물이 아니라 신앙적 삶의 의미와 확실성을 증가시키는 디딤돌로 사용하는 신앙적 지혜와 능력을 갖게 되는 것을 의미합니다. 따라서 신앙인인 우리에게 있어 현실의 삶의 조건들은 단지 극복해야만 하는 부정적인 그 무엇이 아니라 그것에 매몰되지 않고, 그것으로부터 자유케 하는 믿음의 능력과 비전을 새롭게 알게 하는 긍정적인 교훈적 의미도 갖습니다.

그렇기에 믿음으로 물 위를 걸었다는 이야기는 바로 이런 신앙의 신비한 능력과 그 삶의 의미를 보여주는 것인데, 우리를 둘러싼 여러 삶의 조건들이 늘 항존하고 있고, 그것들 때문에 원치 않는 것들에 붙들려 살고 있지만, 하나님 신앙은 오히려 이런 조건들을 넘어 하늘의 지혜와 능력을 앙망하게 하는 삶의 능력을 갖게 한다는 이야기입니다. 우리가 하나님 신앙을 갖게 될 때 감히 우리 삶을 얽매임과 좌절로 이끄는 세상의 삶의 조건들에 대한 고정관념에서 벗어나 자유함을 얻게 된다고 말할 수 있는 것도 이 때문인 겁니다. 만유의 주인이신 아버지 하나님과의 관계를 새롭게 형성하는 것이 바로 우리 신앙과 관계되기에 이 모든 조건들을 상대화시키는 지혜와 용기와 능력이 주어질 수 있다는 거죠. 게다가 우리가 살면서 예기치 않게 새로운 삶의 '열린 문'을 경험할 수 있게 되는 것도 바로 이 신앙의 도움과 무관치 않은 겁니다.

신앙의 논리가 세상적인 삶의 논리인 '그렇기 때문에'나 혹은 '그러므로'가 아니라 '그럼에도 불구하고'라 말하는 이유도 바로 여기에 있습니다. 이 논리는 주어진 조건을 한탄하는 것이 아니라 오히려 그것을 선과 유익함을 위한 삶의 새 자원으로 활용하는 신앙의 지혜나 능력과 연결시켜 볼 수 있기에 이 신앙 안에서 우리 삶은 늘 신비한 하늘 비전에 연결되어 전개될 수 있다는 희망을 갖게 되는 겁니다. 그렇기에 예수님은 하셔도 제자들은 할 수 없다는 생각에 저항하면서 베드로가 잠시나마 물 위를 걸었던 이야기를 감히 우리에게 증언한 마태의 의도는 바로 이런 신앙이 갖는 놀라운 능력과 의미가 우리 신앙인에게 약속되어 있음을 깨닫게 하려는 귀한 신앙적 삶의 교훈이었다 생각됩니다.

초연결성의 시대, 우리 신앙과 삶의 비전은?

초지능과 초연결성이 우리들의 삶의 조건들을 크게 바꾸어 놓으리라 여겨지는 제4차 산업혁명의 시대가 새롭게 열리고 있습니다. 그래서 오늘 우리는 여러 가지 긍정적인 전망과 함께 또한 새로운 삶의 낯섦이 가져오는 불투명한 변화의 정황 속에서 살고 있다고 여겨지는데, 그렇기에 다시 한번 신앙의 진리와 그 능력을 더 진지하게 붙잡고 씨름해야 할 필요성이 우리 안에서 더 힘을 가져야 한다고 생각됩니다. 근래 들어 적지 않은 과학자들이 예전의 냉소적인 태도를 버리고 하나님 신앙의 진리와 그 비전에 관심하며 귀 기울이는 것은 그런 점에서 매우 다행스러운 일입니다.

그러나 문제는 여전히 많은 신앙인들이 이런 기대에 적극적으로 부응하지 못한다는 데 있습니다. 하나님 신앙을 가지고 살고 있지만, 그것을 하나님의 능력과 지혜에 연결시키지 못하고 여전히 이 세상의 변화와 조건만을 더 많이 생각하면서 신앙이 주는 열린 삶의 의미와 차원들을 소홀히 여기며 살아가고 있기 때문입니다. 어려움 가운데서

부르짖는 신앙은 분명 무의미한 것은 아닙니다. 거기서부터 우리의
신앙이 새롭게 시작되기 때문입니다. 그러나 거기에만 머물러서 안
되는 이유는 우리가 성서를 통해 물려받은 하나님 신앙과 그 의미가
우리의 과거나 현재 그리고 그 문제만을 보게 하는 것이 아니라 앞을
향해 나아가는 우리 삶의 근본적이고, 전체적이고, 미래적인 차원과
도 연결된, 생동하는 신앙이기 때문입니다. 아무쪼록 우리를 무기력
한 삶으로 이끌어 가는 오늘 우리 현실의 여러 징후들과 문제들 속에
서 물 위를 걷는 신앙의 새 비전과 능력의 의미를 잘 천착하여서 우리
삶을 하나님의 미래와 연결시켜 나가는 하늘 축복이 늘 우리와 함께
하길 기원합니다.

내게 있는 것으로

(행 3:1-10)

> 베드로가 이르되 은과 금은 내게 없거니와
> 내게 있는 이것을 네게 주노니
> 나사렛 예수 그리스도의 이름으로 일어나 걸으라 하고
> 오늘 손을 잡아 일으키니 발과 발목이 곧 힘을 얻고…(6-7절)

한 변호사의 성공 이유

한 변호사의 성공담을 들은 적이 있습니다. 젊은 시절 가정이 너무 가난해서 고생을 많이 했다고 합니다. 자신의 처지가 하도 한심하고 딱해서 자기도 모르게 늘 자신에게 묻는 물음이 있었는데, 그것은 '나는 도대체 무엇을 가지고 있는가'였답니다. 그러나 아무리 생각해 보아도 자신이 가진 것 중에서 기대어 의지할 만한 것이 거의 없었다고 합니다. 그런 와중에 유일하게 가진 것이 하나 있음을 알게 되었는데, 바로 '시간'이었답니다. 너무나 가진 것이 없었던 이 변호사는 바로 이

'시간'에 모든 것을 투자하기로 결심하고 시간과의 싸움을 시작했답니다. 그런데 뜻밖에 놀라운 일이 일어났다는 겁니다. 우리 모두에게 주어져 있는 이 '시간'에 대한 투자가 놀랍게도 남다른 성공을 가져오게 한 것인데, 사법고시를 포함한 3개의 중요한 국가고시에 패스함으로써 그 이름을 널리 알리게 되고, 결국 남들이 모두 부러워하는 성공의 길을 걸어갈 수 있었답니다.

이 이야기를 들으면서 여러 가지 생각을 하지 않을 수가 없었습니다. 시간이 무엇인데 이렇게 놀라운 성과를 가져오게 했으며, 도대체 우리에게 주어져 있는 것의 의미는 또한 무엇인가가 그것입니다. 시간이란 것, 우리 모두에게 주어진 것이기에 자명한 것이라고 생각하지만, 그 진정한 실체는 여전히 신비에 가려져 있는 것이지요. 그런데 언제부터인가 삶의 경쟁이 치열해지고, 성공이 가장 큰 문제가 되는 시대를 살아오면서 사람들이 이 '시간'에 주목하는 것을 보게 됩니다. 우리가 근래에 자주 듣게 되는 '성공과 시간 관리'란 것은 바로 이런 맥락에서 이야기되고 있는 주제입니다. 왜 그럴까요? 시간은 우리가 붙잡을 수 없고 그저 흘러가는 것이라고 생각하지만, 성공을 위한 비결이 그것을 잘 관리하는 것에 있음을 알게 되었기 때문입니다. 오늘날 이 '시간 관리'라는 것에 대한 사람들의 고조된 관심은 바로 이것을 잘 보여주는데, 삶을 성공으로 이끌기 위해서는 무엇보다도 자기 관리가 중요하고 그 비결이 바로 시간 관리에 있다는 것을 알게 된 것입니다.

이런 맥락에서 사람들은 '시간 관리 십계명'에 대해 말하기도 하는데, 한마디로 시간을 낭비하지 말고 소중하게 사용하라는 것이 그 핵심 내용입니다. 매우 지당한 말이지요. 시간과 관련한 가장 단순하면서도 중요한 교훈이 있다면 그것은 바로 시간을 낭비하지 않는 것이기 때문입니다. 그러나 여기서 또한 우리가 한발 더 나아가 생각해야 하는 시간의 의미와 관련된 중요한 물음이 있는데, 그것은 '무엇을 위해' 이 시간이 쓰여야 하는지가 바로 그것입니다. 시간을 우리 삶의 의미 문제와 관련해 생각해 보면 시간은 단지 양적으로 계산되는 '기계적인 무엇'이 아니라, 우리의 고양된 삶의 '의미 있는 가치'를 구현해 내는 것과도 관련되어 있기 때문입니다. 여기서 우리는 단순히 우리 삶의 성공을 위한 '시간 관리'의 의미를 넘어서는 삶의 지속적인 가치 실현과 관련된 새로운 삶의 과제가 우리 앞에 주어져 있음을 보게 됩니다. 우리가 흔히 말하는, 태어나면서 받은 텔런트인 우리에게 '주어져 있는 것'과 관련된 '소명'의 의미를 다시 생각하게 되는 것도 이와 무관치 않습니다.

"'내게 있는 것'을 네게 주노니"

본문 말씀은 처음 그리스도인들의 신앙적 활동의 한 단면을 보여 주는 말씀입니다. 사도행전에 보면 예수님의 제자들의 활동 상황이 잘 나타나고 있는데, 무능력하고 나약했던 제자들이 하나님의 새로운 사건들을 경험하고 난 후에 놀라운 일들을 해내고 있다는 사실입니다. 항상 스승으로부터 꾸지람만을 들어 왔던 제자들에게 도대체 이것이 어떻게 가능했는지 물음이 생겨나는 대목입니다. 어떻게 이런 일이 가능했을까요? 우리가 추측할 수 있는 것은 이들이 예수님의 부활 사건과 하나님의 영을 체험함으로써 예수님의 가르침과 그 능력의 의미를 새롭게 깨닫게 되고, 그럼으로써 하나님과 함께하는 삶의 차원이 갖는 그 놀라운 의미를 알게 되었다는 사실입니다.

오늘 본문은 바로 제자들에 의해 일어났던 한 병자 치유 사건을 우리에게 보여주고 있습니다. 특별히 수제자인 베드로가 나면서부터 앉은뱅이였던 병자 한 사람을 치유한 이야기가 그 핵심 내용이지요. 그런데 우리의 눈길을 끄는 대목은 베드로가 이런 일을 수행하는 데 있어서 자신에게 '주어져 있는 것'을 가지고 놀라운 일을 해내고 있다는 사실입니다. "은과 금은 내게 없거니와 내게 있는 이것을 네게 주노니 나사렛 예수 그리스도의 이름으로 일어나 걸으라" 하면서 이 병자를 치유했다는 거죠.

전혀 예상치 못했던 이런 놀라운 기적을 보고 누가 가장 놀랐겠습니까? 치유 받은 앉은뱅이인가요? 물론 당연히 이 병자가 매우 놀랐을 거라 생각됩니다. 생전 처음으로 자신의 다리로 일어나 걷고 뛰게 되었으니 그 감격과 놀라움이 얼마나 컸겠습니까? 그러나 우리가 좀 더 이 상황을 깊게 묵상해 보면 이 병자 못지않게 매우 놀란 사람이 있었는데, 그 사람은 바로 다름 아닌 베드로 자신이었습니다. 스승인 예수님과 함께 있을 때도 해내지 못했던 일을 이제 당당하게 해내고 있기 때문이죠. 스스로도 새롭게 신앙과 그 의미를 깨치게 된 후 자기에게 주어져 있는 것이 이처럼 큰 힘을 발휘하게 될 줄을 전혀 예상치 못했기 때문입니다. 그렇기에 우리는 여기서 저 하나님 신앙과 관련해 우리에게 '주어져 있는 것'이 얼마나 큰 능력을 발휘하는지를 새롭게 깨닫게 됩니다.

'내게 있는 것'의 의미?

'내게 있는 것?' 지극히 당연한 말을 하는 것 같지만, 이것은 결코 자명하지도, 쉽지도 않은 그런 말입니다. 왜 그럴까요? 우리 모두는 '내게 있는 것'으로 살아간다 생각하지만, 실제로는 정반대로 '내게 없는 것'을 추구하며 살기 때문이지요. 그래서 사람들은 자기에게 '주어져 있는 것'으로가 아니라 오히려 자기에게 '결핍된 것'을 찾아 헤매며 인생을 살아가기도 하는 겁니다. 너무 이상하죠. 왜 그럴까요? 무엇보다도 두 가지 이유를 생각할 수 있는데, 하나는 우리 인간의 '결핍된' 존재적인 본성과 관련되어 있고, 다른 하나는 우리가 삶을 살아가는 데 있어 과도하게 우리의 욕망 충족만을 앞세워 시류만을 따라 살려고 하기 때문입니다. 기이하게 들릴 수도 있지만, 인간은 본능적으로 '결핍된 존재'이기에 자신에게 '주어져 있는 것'이 아니라 '없는 것', '결핍된 것'을 추구하게 되어 있다는 말입니다. 그래서 인간은 다른 동물들에 비해 본능적으로 결핍된 약한 존재이고, 자연 적응력이 가장 떨어지는 존재라 말해지는 겁니다. 인간이 끊임없이 무엇인가를 추구하면서 결핍된 것을 채우며 살아가야 하는 것도 바로 이 때문입니다.

우리 인간이 긴 시간의 배움의 과정을 필요로 하는 이유나 이처럼 함께 모여 무엇인가를 듣고 깨닫기 위해 노력하고 있는 것도 다 이런 본능적인 결핍 때문이라 할 수 있습니다. 우리가 위대한 존재 가치를 가진 인간으로 살고 있음에도 불구하고 이 존재적인 결핍성과 무관하게 삶을 영위할 수는 없기 때문입니다. 이것은 한편에서는 인간 세계의 문화와 문명을 발전시키는 계기가 되기도 했지만, 반면에 인간은 또한 자기에게 '없는 것'을 추구하는 근본적인 삶의 경향성을 내재화

하게 되었는데, 이것이 숙명처럼 주어진 인간의 문제이면서 과제가
되는 것도 이 때문입니다.

또 하나는 우리의 삶에서 보여지는 과도한 욕망 충족과 관련된 것
인데, 특별히 소비 사회를 사는 오늘날 많은 사람들에게 삶이란 단지
많은 상품들을 구매하는 쇼핑처럼 생각됨으로써 끝없는 욕망과 필요
를 채우는 것에 과도하게 지배당하고 있는 것이 바로 그것입니다. 바
로 이 때문에 우리에게 주어져 있는 것으로 삶을 이끌어 가는 이 단순
한 진리가 우리 삶에서 매우 낯선 진리가 되고 있습니다. 무엇보다도
오늘날 세계화로 인한 우리 환경의 급격한 변화와 더불어 우리 삶이
전반적으로 이런 욕망 추구로 대체되는 경향성이 강화되고 있는 것도
이것과 무관치 않습니다.

그러나 이처럼 과도한 욕망 추구가 지배적인 흐름이 되고 있음에
도 불구하고 사람들은 여전히 심각한 삶의 불안과 갈증을 느끼고 있
기에 우리 삶의 근본과 미래를 내다보는 혜안을 가진 사람들의 충고
에 귀 기울이지 않을 수가 없습니다. 이들의 충고는 단순하지만, 그
안에서 우리는 어떤 신선한 삶의 가치와 의미들을 새롭게 얻게 되는
데, 우리에게 진정으로 필요한 것은 오히려 우리에게 주어져 있는 '근
본적인 것'을 붙잡고 씨름하는 것으로부터 얻어지기 때문입니다. 그
렇기에 사람들이 오늘날 이 변화된 풍요의 세계에서 삶의 큰 위기를
맞고 있는 것도 생각해 보면 바로 이런 근본적인 삶의 지혜나 가치의
결핍과 무관치 않은 겁니다.

그렇기에 '내게 있는 것'은 우리가 이 세상의 흐름을 따라가며 얻
게 되는 어떤 새로운 것을 의미한다고 할 수 없습니다. 오히려 그것은
우리에게 값없이 '주어진' 것인데, 성서적으로 말하면 하나님께서 우

리에게 주신 '은사' 같은 것입니다. 그런데 문제는 사람들이 자기에게
주어진 이 은사의 가치를 잘 알지 못하고 있다는 사실입니다. 왜 그럴
까요? 은사는 주어진 것이지만, 또한 계속해서 계발되어야 할 그 무엇
이기 때문이지요. 그것은 우리에게 '주어진 것'(Gabe)이지만 그렇기에 또
한 우리에게 중요한 삶의 '과제'(Aufgabe)가 되는 것입니다. 기독교 교회
공동체가 초기부터 이런 은사 계발을 공동체 삶의 핵심 원리로 천명
한 것은 이런 점에서 매우 중요한 의미를 갖습니다. 교회 공동체를 통
해 많은 인물과 인재들이 나오게 된 것도 이런 맥락에서 이해될 수 있
으며, 이것이 오늘날 깨어 있는 사람들에게 그 배움과 삶의 중요한 원
리가 되고 있다는 사실은 결코 지나칠 수 없는 의미와 무게를 갖는 것
입니다.

게다가 이 은사의 의미는 나로부터 연원하지 않았고 따라서 내가
소유한, 나만을 위한 것이 될 수는 없는 것이기에 우리가 신앙인으로
서 나 자신만이 아니라 이웃과 사회와 세계의 미래를 생각하면서 살
아야 하는 이유도 바로 여기에서부터 찾아질 수 있는 겁니다.

우리는 '내게 있는 것'이 갖는 이런 의미 맥락에 상응하는 매우 탁
월한 예를 청년 다윗에게서 보게 되는데, 다윗은 그에게 주어졌던 재
능과 기술로 나라를 구하는 놀라운 일을 해낸 인물이었기 때문입니
다. 우리는 이런 맥락에서 다윗과 골리앗 싸움에 감추어져 있었던 '내
게 있는 것'의 의미와 그 교훈을 새롭게 깨닫게 됩니다.

다윗과 골리앗 싸움의 교훈

성서의 인물들이 다 그렇지만, 다윗은 특별히 그 누구보다도 파장

이 큰 파란만장한 삶을 살았던 사람입니다. 목동에서 왕위에 오르고, 왕이 되어 이스라엘의 중심을 세우기까지 그가 겪은 삶은 매우 특별한 것이었기 때문이죠. 다윗이 늘 치열한 삶 가운데 서 있었던 것도, 언제나 하나님에 대한 진솔한 믿음과 찬양의 마음을 잃지 않을 수 있었던 것도 바로 이 때문이었습니다. 이런 그의 신앙과 삶의 진솔함 때문에 다윗이 우리에게 주는 교훈은 여러 가지가 있을 수 있지만, 그중에서도 특별한 의미를 갖는 것은 무명의 그를 세상에 널리 알리게 했던 골리앗과의 싸움입니다.

다윗과 골리앗의 싸움은 우리가 잘 알고 있는 이야기인데, 블레셋이 어느 날 이스라엘을 침범하여 싸움을 걸어오는 일이 생겼던 것이지요. 무엇보다도 이 전쟁에서는 골리앗이란 거인 장수가 블레셋을 대표하여 싸움을 걸어왔는데, 그는 매우 큰 키에 청동 투구와 전신 갑옷을 두르고 있었으며, 던지는 창과 찌르는 창 그리고 칼로 무장하고 나와서 이스라엘 사람들을 위협하고 있었던 것입니다. 골리앗의 이런 위협 앞에서 이스라엘 진영은 사기가 꺾여 어떤 적절한 대응도 하지 못하고 있었습니다. 그때 한 무명의 양치기 소년이 나서서 이 무모해 보이던 싸움을 승리로 이끄는 놀라운 일을 해냈던 겁니다. 그런데 더 놀라운 것은 이 승리가 바로 다윗이 소중하게 여기고 있었던 '내게 있는 것'의 그 놀라운 능력 덕분이었다는 사실입니다. 일반적으로 생각하면 이 싸움은 너무 무모한 싸움이었고 그 승패는 너무나 분명했지만, 무모해 보였던 싸움의 결과가 놀랍게도 다윗의 승리로 끝나게 된 것은 바로 다윗이 하나님 신앙에서 얻은 삶의 확신과 그것이 그의 일상을 이끌었던 특별한 생존의 기술 때문이었던 것입니다.

강자를 이기는 약자의 기술

『1만 시간의 법칙』이란 책으로 이름을 날렸던 글래드웰(Malcolm Gladwell)은 『다윗과 골리앗: 강자를 이기는 약자의 기술』이라는 책을 썼는데, 우리는 뜻밖에도 바로 이 책에서 이 문제와 관련된 중요한 사실들을 확인하게 됩니다. 저자는 강자를 이기는 약자의 기술을 말하기 위해 다윗과 골리앗의 싸움을 '전술적'으로 분석한 글을 썼는데, 우리는 여기서 다윗이 어떻게 불가능해 보이는 싸움에서 이기게 되었는지에 대한 놀라운 설명을 보게 됩니다. 저자에 의하면 이 싸움에서 다윗이 예상치 않은 승리를 얻게 된 것은 바로 골리앗의 '강함' 속에 감추어져 있는 '약점'을 적절하게 공략할 수 있었기 때문이었다는 겁니다. 그것도 다윗이 늘 양 떼를 돌보며 익혀왔던 '생존의 기술'인 돌팔매 기술로 그렇게 할 수 있었다는 겁니다.

말콤 그래드웰에 의하면 이 싸움에서 다윗이 가지고 있었던 돌팔매 기술이 갖는 의미는 매우 결정적이었다고 합니다. 골리앗은 중무장한 보병이었는데 반해 다윗은 지팡이와 물맷돌만을 가지고 싸움에 임했지만, 오랫동안 양 떼를 돌보며 익혔던 투석 기술을 소유한 자였기에 '근거리 싸움만 피한다'고 한다면 이미 그 승패는 결정되어 있었다는 겁니다. 다윗이 무모해 보이는 이 싸움에 자진해서 지원했을 때 자신을 말리는 사울왕에게 양치기하면서 '사자와 곰을 죽인 이야기'를 한 것은 바로 그가 골리앗과 싸우게 될 싸움의 방식을 암시하는 것이었는데, 다윗은 달려드는 맹수와 더불어 싸우면서 터득한 그 방식 그대로 투석 기술로 골리앗을 상대할 수 있다고 생각했다는 겁니다. 무장하지 않았던 다윗, 그러나 그렇기에 오히려 '속도'와 '기동성'을 최대한 이용할 수 있었던 다윗은 골리앗의 가장 취약점인 이마를 향해 어렵지 않게 물맷돌을 날릴 수 있었고, 이것은 중무장한 까닭에 움직임이 둔할 수밖에 없었던 골리앗에게는 너무나 순식간에 일어난 큰 타격이 되었기에 피할 수가 없었으며, 그래서 결국 승리는 다윗에게 돌아갈 수밖에 없었다는 겁니다. 다윗이 이 싸움을 계기로 크게 이름을 떨치게 되고, 결국 왕위에까지 오르게 되었는데, 이것은 바로 '내게 있는 것'을 의미 있게 여기며, 그것으로 그 삶을 이끌어 간 놀라운 결과였다 할 수 있는 겁니다.

어느 때인가요?

오늘 우리는 그 어느 때보다 '내게 있는 것'을 소중하게 여기며 살기가 어려운 시대를 살고 있습니다. 큰 변화 속에 있는 이 세상은 우리에게 '내게 있는 것'이 아니라 오히려 부족하고 결핍된 것을 쫓아 살아가도록 강제하기에 우리에게 주어진 '내게 있는 것'의 가치나 그 의미에 대한 확신을 갖는 것을 어렵게 만들고 있습니다. 그래서 우리에게 주어진 것의 가치나 그 중요성이 아니라 우리에게 결핍된 것들을 채우기 위해 매우 힘든 삶을 살고 있는 것이지요. 우리가 다시 주 하나님께 돌아가 새 삶의 전망과 희망을 얻고자 하는 것도 바로 이 시대의 이런 혼란이 우리에게 근본적인 것의 삶의 가치나 그 의미를 제대로 되살리지 못하게 방해하고 있다고 생각하기 때문입니다.

재능 있는 자가 노력하는 자를 이기지 못하고, 노력하는 자가 좋아서 하는 자를 이기지 못한다고 사람들이 이야기하는 것도, 좋아서 하는 자는 자기에게 '주어진 것'이 무엇인지를 알게 되기 때문이라 여겨집니다. 그러므로 우리에게 주어져 있는 것, 즉 우리의 독특한 인간적인 정체성(하나님의 형상), 재능, 능력 등이 사실은 다 하나님의 은총과 무관치 않은 것이고, 그래서 신앙을 갖는다는 것은 바로 이 근본적인 것과의 긴밀한 관계에 들어가는 것이기에 이것은 우리 삶에 매우 의미 있는 것이라 할 수 있습니다. 이런 점에서 사도 바울의 다음과 같은 말은 그 의미가 매우 큰 교훈의 말씀입니다. "모든 것이 허용되었다고 사람들은 말하지만 모든 것이 유익한 것은 아닙니다"(고전 6:12). 우리 자신을 발견하여 재능과 과제를 알게 되는 것이 그 무엇보다도 중요하고, 우선적인 것이 되어야 한다고 말할 수 있는 것도 이 때문입니다.

우리에게 새롭게 주어지고 있는 삶의 기회와 시간, 주님의 은총으로 귀하게 받아 '내게 있는 것'이 주는 그 놀라운 생명력으로 삶을 새롭고 의미 있게 이끌어 가는 축복된 인생이 늘 함께하길 기원합니다.

구하고 찾고 두드리는 신앙

(마 7:7-8; 25:24-30)

| 구하라 그리하면 너희에게 주실 것이요
| 찾으라 그리하면 찾아낼 것이요
| 문을 두드리라 그리하면 너희에게 열릴 것이니(7절)

신앙의 특성과 삶의 물음

주님께서 죽음의 세력을 물리치시고 부활하신 것을 기념하면서 첫 번째 맞는 주일입니다. 주님의 부활은 주님을 뒤따르는 신앙인들에게 새로운 삶의 의미와 생명의 소망을 주었지만, 더 중요한 것은 이것을 지속적으로 그 신앙과 삶에서 견지해 가는 것이었습니다. 그러나 이것은 결코 쉽지 않은 과제였기에 주님께서는 부활 이후에도 40일간의 시간을 제자들과 함께 보내야 했던 것입니다. 무엇보다도 먼저 제자들의 신앙을 새롭게 회복시켜야 했고 또 앞으로의 사역과 삶을 이끌 새로운 삶의 지침을 깨닫게 해 주어야 했던 것입니다. 부활

후 주님의 계속된 사역 활동을 보면서 우리는 그것이 바로 '보지 않고 믿는 신앙'과 '주님 사랑에 터 잡은 삶의 새로운 방식'을 새롭게 인식시키는 것이었음을 확인하게 됩니다.

주님 부활 후 첫 번째 맞는 이 주일에 주님께서 제자들에게 일깨워 주셨던 신앙의 특성과 그 삶의 내용을 음미하면서 우리의 신앙생활을 의미 있게 해 주는 '새로운 마음'과 '삶의 자세'를 다시 생각하게 되는 것도 이 때문입니다. 우리에게 여전히 필요한 것은 우리 신앙을 새롭게 하고 그것을 삶의 열매로 연결시키는 신앙적인 비전이고, 우리 자신을 더 적극적으로 '열고, 드러내는 것'의 의미를 새롭게 깨닫게 해 주는 노하우라 여겨집니다.

학생들과 수업하면서 늘 답답하게 느꼈던 것이 있습니다. 도대체 질문이 없다는 것이 그것입니다. 가르치는 자보다 배우는 자의 의식과 태도가 더 중요한 의미를 갖는 시대를 살고 있기 때문이기도 하지만, 물음 없는 배움이 가져오는 결실을 생각해 볼 때 회의적이지 않을 수 없습니다. 무엇보다도 물음을 갖는다는 것이 우리 존재와 삶에서 차지하는 특별한 의미를 생각한다면 이것은 결코 작은 문제가 아니라고 생각됩니다. 우리 인간의 위대성은 그저 타고난 능력이나 창조적 업적에서가 아니라 본질적으로는 먼저 물음을 갖고 그 답을 찾는 과정에서 주어지는 것이기에 인간에게 있어 물음 없는 삶이란 것 도대체가 생각할 수가 없는 겁니다. 우리 삶을 둘러싼 많은 일들이 다 일정한 문제와 과제의 형태로 다가오는 것도 바로 이와 무관치 않습니다. 그렇기에 우리의 삶과 배움의 과정에서 우리가 우선적으로 염두에 두어야 하는 것은 물음을 가지고 자신을 새롭게 열어가는 '용기'와 '신뢰'라 생각됩니다. 우리 삶의 과정에서 우리가 항상 직면하는 문제가 바로 자기 '자신과의 싸움'이 되는 것도 이 때문입니다.

우리 현실의 삶에서 신앙이 갖는 의미가 결코 작지 않다고 말할 수 있는 것도 바로 여기에 그 이유가 있습니다. 신앙은 단지 내세의 영원한 구원만을 위한 것이 아니라 우리들의 이런 삶의 과정에서 적극적인 의식이나 태도와 관련해서도 적지 않은 도움을 주기 때문입니다. 그렇기에 우리가 신앙의 의미를 단지 우리 자신을 보호하고 강화하는 것에만 관심을 두고 생각하는 것은 매우 문제적이라 말하지 않을 수가 없는 겁니다. 신앙은 일차적으로는 그 대상에 대한 절대적인 신뢰('절대 의존의 감정')를 의미하는 것이기에 더욱 그러합니다. 신앙인이 무엇보다도 '자기 강화적인 삶'이 아니라 오히려 자기를 넘어서는 여러 사귐과 소통의 삶에서 그 본래 능력을 더 잘 드러낼 수 있는 것도 바로 이 때문인 겁니다.

구하고 찾고 두드리는 것의 의미

오늘 본문은 많이 들어온 말씀이고, 우리에게 적지 않게 큰 도전과 울림을 주는 말씀입니다. 그러나 이 말씀의 현실성에 대해서는 많은 사람들이 여전히 많은 의문을 가지고 있는 말씀이기도 합니다. 정말 구하고, 찾고, 두드리면 불가능해 보이던 것에서도 어떤 결실을 얻는다는 것이 여전히 우리에게는 쉽게 이해되거나 받아들여지지 않기 때문입니다. 그래서 많은 신앙인들이 이 말씀을 그저 기도 많이 하라는 말로 대충 받아들이고 있는 겁니다. 그러나 이 말씀은 그렇게 단순하게 이해될 수만은 없는, 우리 신앙 실천을 위해 매우 소중한 성찰의 의미를 갖는 말씀입니다. 그래서 오늘 이 말씀의 진정한 의미를 확인하기 위해 이 말씀이 도대체 어떤 의미 맥락에서 주어졌으며 또 무엇을 위한 말씀인지를 살펴보면서 깨달음과 교훈을 얻으려고 합니다.

이 말씀은 우리가 잘 아는 것처럼 예수님의 가르침과 교훈들을 모아 놓은 산상설교 안에 들어 있는 말씀입니다. 산상보훈이라 말하기도 하는데, 많은 사람에게 큰 영향을 끼친 보석 같은 교훈이라고 여겼기에 그렇습니다. 그러나 문제는 이 산상설교의 말씀을 그대로 받아 실천한다는 것은 이 말씀이 너무 비현실적인 것으로 여겨지기에 너무 무모하다고 생각한다는 데 있습니다. 그래서 토마스 아퀴나스는 산상수훈을 소수 정예만을 위한 '완전성'을 위한 말씀이라 말하기도 했고, 철학자 칸트는 윤리적 지상명령의 결정체라 여겼으며, 러시아의 대문호인 톨스토이는 문자대로 따라야 할 그리스도의 법이라 강변하기도 하고, 간디는 진리 파지를 위한 영감의 원천이라 여기기도 했던 겁니다. 산상설교가 인류 역사상 가장 많이 인용되고, 가장 영향력이 큰 윤리적, 종교적 담론이면서도, 가장 많은 논쟁의 대상이 되는 것도 바로 이 때문입니다. 그래서 먼저 본문 말씀의 맥락적 의미를 살펴보면서 그 뜻을 헤아려 보지 않을 수 없는데, 그 경우에 우선적으로 주목해야 하는 것은 이 말씀이 속해 있는 산상설교 내에서의 위치입니다. 이 말씀은 특별히 산상설교의 결론 부분에서 주어진 말씀인데, 바로 이 사실을 염두에 두는 것이 매우 중요합니다. 무엇보다도 이 말씀은 산상설교의 교훈을 '노하우'적인 지혜를 우리에게 깨우쳐 주고 있기 때문입니다.

산상설교에서 주옥같은 말씀을 주신 예수님께서 결론 부분에서 이 말씀을 첨가해 주신 것은 특별한 이유가 있었다고 여겨지는데, 그것은 산상수훈의 말씀이 하나님 나라와 그 지배를 이 땅의 현실에서 드러내는 매우 의미 있는 고귀한 내용을 담고 있지만, 오히려 바로 그렇기 때문에 현실적으로는 그것을 우리 삶에 적용하고, 바르게 실천하기가 쉽지 않다고 여기셨던 겁니다. 바로 이런 이유 때문에 산상설교 말씀을 우리 삶에 적용하는 데 요구되는 어떤 실천적인 지침 같은 것이 필요했는데, 오늘 말씀은 바로 이것에 상응하는 산상설교 말씀의 실천을 위해 주신 '노하우'적인 지혜의 말씀이고, 그래서 산상설교 결론 부분에 위치하게 된 것입니다.

그렇기에 이 말씀은 우리가 어떤 중요한 신앙적 가치나 비전을 실천하려고 할 때 우리에게 실제적인 도움을 주는 방법론적인 실천을 위한 말씀이라 여겨집니다. 그리고 바로 그렇기 때문에 이 말씀은 우리가 아무런 전제 없이 그 의미를 주관적으로 결정할 수는 없는 그런 말씀이기도 합니다. 이 말씀이 그 자체로 독립되어 있는 말씀이 아닌 이유가 바로 여기에 있습니다. 그래서 신앙인들이 이 말씀을 크게 오해하는 이유가 바로 이 말씀이 산상설교 결론 부분에 위치하고 있는 사실을 간과하기 때문에 생겨나고 있다 여겨집니다.

만약 이 말씀이 바른 신앙 실천의 '노하우'에 해당한다고 한다면, 많은 신앙인들이 믿고 바라는 것처럼 결코 우리의 주관적인 소원이나 바람과 연결되는 단지 신심의 강화를 위해 주신 말씀이 아니라는 것을 알게 될 것입니다. 오히려 이 말씀은 그 실천에서 늘 냉소적으로 반응할 수밖에 없었던 산상설교 말씀을 우리 삶 속에서 의미 있게 실천하려 할 때 필요한 방법론적인 지침과 노하우를 우리에게 알려 주는, 그래서 그 중요성이 매우 큰 남다른 말씀입니다. 그래서 이 말씀은 우리로 하여금 신앙의 본래적인 힘과 그 바른 실천적인 길을 찾아가는 데 있어 큰 도움을 주는 말씀이라 할 수 있는 겁니다. 이제 우리는 이런 맥락에서 이 말씀을 다시 묵상하면서 그 '노하우'적인 실천적 의미를 확인해 보려고 합니다.

우선 염두에 두어야 하는 것은 이 말씀이 우리에게 산상설교의 말씀들을 실천하는 데 필요한 세 가지 과정적 단계를 구분해서 보여주고 있다는 사실입니다. 오늘 말씀이 말하고 있는 것처럼 이 과정적 단계는 구하고, 찾고, 두드리는 것이 바로 그것입니다. 첫 번째 단계는 구하는 단계이고, 둘째는 찾는 단계이며, 셋째는 두드리는 단계라는 말인데, 이 각 단계가 그 나름의 독특한 의미를 갖고 있는 것도 바로 이 때문입니다.

구한다는 것은 무엇을 말하고, 어떤 의미를 갖는 건가요? 분명한 것은 많은 신앙인들이 단순하게 생각하듯이 단지 열심히 기도하라는 말은 아니라는 사실입니다. 구한다는 것을 영어 성경은 놀랍게도 '묻는다'(ask)라는 의미의 말로 표현하고 있는데, 이것은 그 뜻이 우리가 생각하는 것과는 매우 다르다는 것을 보여줍니다. 주님께서는 산상설교 말씀에 여러 가지 소중한 삶의 주제들과 내용들을 담아서 사람들에게 말씀해 주셨는데, 이 말씀을 잘 실천하기 위해서 우선적으로 생각해야 하는 것이 '묻는 것'이라 여겼다는 겁니다. 묻지 않고서는 도대체가 우리 인간의 삶이 가지고 있는 그 근본 문제를 제대로 알고 숙지하기가 어렵다고 여긴 것이지요. 그래서 먼저 '구하라', 즉 물어야 한다고 말씀하고 있는 겁니다. 이렇게 물음을 가지고 저 산상설교 말씀을 다시 들여다보아야 모든 내용과 주제들이 가진 근본적인 '삶의 문제성'이 분명하게 드러난다 여긴 것입니다. 여기서 뜻밖에도 바른 신앙생활을 위해서 이 '묻는다는 것'이 얼마나 중요한지를 새롭게 확인하게 됩니다.

그렇다면 찾는다는 것은 또 무엇인가요? 도대체 무엇을 찾아야 한다는 말인가요? 찾는다는 것을 묻는 것 다음에 둔 것 역시 매우 의미가 있다고 생각합니다. 일단 물음을 통해 말씀의 근본 의미와 그것을 적용해야 하는 우리 삶의 문제 정황이 분명해질 때 비로소 말씀의 바른 실천과 관련된 우리 삶의 과제들을 제대로 찾을 수 있다고 여겼기 때문인 거죠. 따라서 여기서 '찾는다'는 것은 이미 그 과제의 내용이 우리의 삶의 정황과 현실 안에 감추어져 있음을 전제하고 있는 겁니다. 그래서 굳이 '찾으라'고 말한 것입니다. 다만 요구되는 것은 우리 삶과 현실의 문제들을 분석적으로 인식할 수 있는 어떤 기준이 필요한데, 그것이 바로 주님의 말씀이고, 그것에 근거해서 그 문제와 해결의 길을 찾을 수 있다고 여긴 겁니다. 따라서 산상설교와 관련해 분명한 삶의 과제를 얻고자 하는 사람은 찾지 않을 수 없다고 본 것이고, 찾는 자가 '얻을 것'이라고 말하고 있는 겁니다.

이런 것들이 분명해질 때 이제 더 중요한 과제 해결의 단계에 들어설 수 있게 되는데, 그것을 지속적으로 반복해서 실천하는 것이 그것입니다. 오늘 말씀은 그것을 '두드린다'는 말로 표현하고 있는데, 두드린다는 것은 무엇보다도 우리의 신앙적 삶의 과제 해결과 관련되어 있고, 물론 그 경우에도 중요한 것은 이 말은 단 한 번으로 그 해결이 쉽게 주어질 수 없음을 암시하고 있다는 사실입니다. 그래서 계속해서 반복하는 행위를 표현하는 의미에서 '두드린다'는 말을 사용하고 있다고 여겨집니다. 한 번의 두드림으로는 그 해결의 문이 잘 열리지 않기 때문이고, 두드리는 자는 무엇보다도 인내심을 가지고 두드려야 한다고 보았기에 이런 말을 사용했다 여겨지는 겁니다.

달란트 비유와의 연결성

이런 내용들과 그 의미들을 생각하면 산상설교 말씀을 꾸준히 실천하면서 살아간다는 것은 결코 단순하거나 쉽지 않은 일인데, 그렇기 때문에 우리 주님께서는 이런 실천을 위한 여러 단계와 과정들을 아우르는 말씀을 산상설교의 결론으로 주셨던 것입니다. 그러나 우리는 신앙을 가지고 살지만, 이런 삶의 과제가 갖는 그 내용적인 독특한 의미를 자기식으로만 생각하고 살아가기에 이런 교훈으로부터 신앙생활의 기쁨과 능력의 진정한 의미를 제대로 얻지 못하고 있는 겁니다. 그래서 우리 주님께서는 마태복음 25장의 달란트 비유의 말씀에서 다시 한번 구하고, 찾고, 두드리는 이 신앙의 의미와 그 결과를 아우르는 이야기를 교훈의 말씀으로 주시고 있는 것입니다. 무엇보다도 이 이야기의 핵심인 1달란트 받은 종의 이야기는 매우 교훈적인데, 그가 큰 잘못을 하지 않았음에도 불구하고 주인으로부터 너무 과도한 비판과 꾸중을 들은 것은 바로 그가 1달란트를 땅에 묻어 둠으로써 신앙의 본래적인 의미와는 전혀 반대되는 행위로 일관하고 있었기 때문입니다. 여기서 그 종이 그렇게 한 이유가 주인에 대한 근본적인 신뢰의 결여, 다시 말하면 주인에 대한 어떤 믿음도 갖지 못함에 있었다는 것은 오늘 우리들에게도 시사하는 교훈이 매우 크다고 여겨집니다.

모든 일을 할 수 있다?

사도 바울은 "내게 능력 주시는 자 안에서 내가 모든 일을 할 수 있다"(빌 4:13)라고 말하고 있습니다. 사람들은 이 말씀에서 그 주된 관심을 '모든 일을 할 수 있다'에 두고 있지만, 여기서 정말 중요한 것은 능력 주시는 '주님에 대한 신뢰와 믿음'입니다. 신앙의 감추어진 힘과 비밀이 바로 이 믿음(신뢰)과 관련된 실천에서 주어진다 여긴 것이지요. 우리가 하나님 신앙을 갖게 되면 사실 가만히 있을 수가 없게 되는데, 무엇보다도 우리 자신을 어떤 고정된 삶의 틀 안에 가두어 둘 수가 없기 때문입니다. 그래서 모험을 하게 되고, 위험을 무릅쓰고 낯선 곳을 향해 나아가게 되는 겁니다. 신앙인이 낯선 곳에서 더 큰 힘과 역량을 발휘하는 것도 바로 이것과 무관치 않습니다. 구하고, 찾고, 두드리는 신앙은 바로 이런 점에서 우리 주님에 대한 바른 믿음을 실천하는데 꼭 필요한 실천 신앙의 노하우적인 의미를 갖는 겁니다.

올해 황금돼지해라 여기며 많은 사람들이 여전히 헛된 삶의 욕망을 부추기면서 시간을 보내고 있지만, 우리 앞에 전개될 수 있는 삶의 현실이 그렇게 만만치 않다는 것을 새삼 느끼고 있습니다. 올해 일어나는 여러 사건들을 보면서 왜 이런 일들이 일어나야 하는지 묻지 않을 수가 없기 때문입니다. 그렇기에 우리가 정말 우리 삶에서 중요한 것을 얻기 위해서는 얼마나 많은 것을 바랄 수 있느냐가 아니라 얼마나 귀한 가치를 지향하며 사느냐가 더 중요하다는 교훈을 늘 생각해야만 하는 겁니다. 올해 남은 시간, 우리 마음을 모아 구하고, 찾고, 두드리는 신앙으로 다시 한번 새로운 삶의 비전과 그 실천을 위해 씨름한다면, 아마도 우리의 일과 삶에서 예상치 못했던 주 하나님의 놀라운 축복과 의미 있는 결실들이 풍성하게 주어지리라 확신합니다. 이런 하늘 축복이 교우 여러분 모두에게 함께하길 기원합니다.

한 가지로 족한 일

(눅 10:38-42)

주께서 대답하여 이르시되

마르다야 마르다야 네가 많은 일로 염려하고 근심하나

몇 가지만 하든지 혹은 한 가지만이라도 족하니라(41-42절)

한 가지로 족한 일?

이 제목은 본문 말씀에서 따온 것인데, 새번역성경은 "주님의 일은… 하나뿐"이라고 되어 있지만, 개역성경은 "한 가지만이라도 족하니라"로 되어 있고, 영어 성경은 이것을 "one thing is needful"이라 말하고 있습니다. 이것을 요약해서 "한 가지로 족한 일"이라는 제목을 잡은 것입니다. 그러나 이런 차이를 비교한다는 것은 그것이 의미 있다고 여겨서가 아닙니다. 이 제목은 이미 그 자체로 우리 현실의 삶과는 거리가 먼 주제이고, 우리의 관심을 끌기가 어렵다 생각되기 때문입니다. 오늘 우리들은 '한 가지'가 아니라 여러 가지 일들과 관계하며 분주하게 살아가고 있기 때문이지요. 그러다 보니까 언제부터인지 한 가지 일에만 관심한다는 것은 매우 무능하고 어리석어 보이며, 오히려 분주하고 바쁜 삶이 훨씬 능력 있고 현명해 보이는 겁니다.

그러나 다시 생각을 가다듬고 우리 내면의 속마음을 정직하게 들여다보면 우리에게서 저 '한 가지 것'에 대한 바람이 갖는 의미가 완전히 소멸된 것은 아니라는 사실을 깨닫게 됩니다. 우리 안에는 아직도 저 바람이 살아 있어 우리에게 계속 말을 걸어오고 있기 때문이지요. 그래서 이 건조하고 지치기 쉬운 계절에 감히 여러분에게 말을 거는 '한 가지 것'과 그 의미를 다시 한번 확인해 보길 추천하고 싶은 겁니다. 우리는 이것을 의미 있는 것으로 생각하고 있지는 않지만, 저 '한 가지'는 우리에게 예기치 못했던 삶의 새로운 의미와 동력을 되살려 줄 수도 있는 것이라 여겨지기 때문입니다.

우리가 오늘날 여러 일과 관계하면서 살고 있음에도 삶의 진정한 의미보다는 오히려 번잡함을 더 크게 느끼는 것도 이와 무관치 않다고 생각되는데, 늘상 하던 일들이 단순히 반복되기 때문이기도 하지만, 더 중요한 것은 그런 일들이 주는 삶의 의미가 보람과 기쁨을 안겨 주는 새로운 삶으로 잘 이어지지 않기 때문입니다. 그래서 불현듯 여러 일을 통한 삶의 번잡함 속에서 힘을 얻기보다는 지쳐가는 우리 자신을 발견하게 되는 겁니다. 우리가 안식년이라는 제도를 통해 삶의 재충전을 위한 계기를 만든 것도 이와 무관치 않다고 여겨지는데, 먼저 우리가 하는 일을 의미 있는 것으로 만들기 위해서는 다시 자신에게 돌아가 새로운 쉼의 시간을 가지면서 새로운 삶의 목표와 계기들을 계발할 필요가 있다 여긴 것입니다.

근래에 와서 사람들이 우리 삶에서 새로운 지평을 여는 일들과의 연결성에 더 관심하는 것도 이런 맥락에서 이해할 수가 있습니다. 무엇보다도 우리 삶을 새롭고 의미 있게 이끌어 갈 수 있는 것을 찾아 그것과 연결되는 새 삶의 과제를 얻게 되는 것이 매우 중요하다 생각되기 때문입니다. 우리가 하는 일은 그 목적과 의미가 분명해져야만 더 활기차고 보람된 삶으로 나아갈 수 있는 것인데, 근래 들어 신앙인들이 목적이 이끄는 삶에 새삼스럽게 주목하고 있는 것도 이와 무관치 않습니다. 우리가 하나님 신앙을 가지고 살아가는 삶의 의미도 바로 이런 맥락에서 함께 이야기될 수 있는데, 하나님 신앙에는 우리가 하는 일들에 목적과 초점을 부여하고 그것을 의미 있게 이끌어 주는 어떤 감춰진 지혜와 능력이 내포되어 있기 때문입니다.

아버지께서 일하시니…

예수님의 사역은 그 무엇보다도 하나님의 나라(다스림)를 회복하는 것이었습니다. 그러나 이것은 새로운 것은 아니었는데, 유대인들이 오랫동안 추구해 왔던 신앙과 삶의 핵심 주제였기 때문입니다. 그러나 이것은 결코 쉬운 일이 아니었습니다. 예수님께서 매우 바쁜 시간을 보내시면서 쉼 없이 그 사역을 추동하지 않을 수 없었던 것도 바로 이 때문이었습니다. 그래서 사람들은 예수님에게 왜 그렇게 쉼 없이 일하는지를 묻지 않을 수가 없었던 겁니다. 그런데 이 물음에 대해 예수님께서 주셨던 대답은 우리를 매우 놀라게 하는데, "아버지께서 일하시니 나도 일한다"가 바로 그 대답이었기 때문입니다. 그러면서 또 이런 말씀도 함께 주셨습니다. "여우도 굴이 있고 새도 보금자리가 있지만, 인자는 머리 둘 곳도 없다." 주님의 이런 말씀들 속에서 우리는 하늘 아버지의 뜻을 이루기 위해 쉼 없이 일하고 계셨던 우리 주님과 그 사역의 의미를 다시 생각하게 됩니다.

그래서 그랬을까요? 기이하게도 예수님 주변에는 늘 적지 않은 여성들이 함께했습니다. 이런 예수님께 잠시나마 쉼을 얻게 하고 도움을 주고자 하는 사람들이 있었는데, 특별히 예수님 주변의 여인들이 바로 그들이었습니다. 예수님 주변의 여인들? 근래에 와서 새삼스럽게 관심하게 되는 주제인데, 예수님 주변에는 늘 헌신적인 여성들이 적지 않았기 때문입니다. 그 가운데서 가장 대표적인 여인들이 바로 마리아와 마르다 자매입니다. 예수님 주변에 여성들이 많았지만, 특별히 마리아와 마르다는 특별한 위치를 차지하고 있었음을 성경을 통해서 확인하게 됩니다. 무엇보다도 마리아와 마르다가 여러 번 언급되고 있는 점은 그들과 예수님의 친밀한 관계를 잘 보여준다고 하겠습니다. 사적으로 자신을 잘 의탁하지 않았던 예수님께서 마리아와 마르다 집에서는 매우 인간적인 모습으로 나타나는 것도 이들과의 관계가 매우 특별했다는 것을 보여주고 있는 겁니다. 특히 요한복음 11장과 12장에서 이 두 자매에게 나사로라고 하는 오라비가 있었음을 보게 되는데, 나사로는 죽었다가 예수님에 의해 다시 살아난 자이고, 그를 살리실 때 보이신 예수님의 연민의 모습("눈물 흘림")을 통해 우리는 평소 예수님께서 얼마나 이들을 사랑해 주셨는지를 헤아릴 수가 있게 되는 겁니다.

마리아와 마르다, 그 차이의 의미

본문 말씀은 지친 몸을 이끌고 찾아오신 예수님을 마리아와 마르다가 자신의 집에 모신 다음 접대하는 가운데 있었던 짧은 이야기가 그 중심을 이루고 있습니다. 한마디로 평범한 이야기지요. 그런데 왜 복음서 저자는 이 평범한 이야기를 예수님의 복음을 전하는 이야기에 포함시켰는지 우리로서는 궁금하기 짝이 없습니다. 단순히 예수님께서 이들에 대해 남다른 관심을 보이셨기에 그랬을까요? 그러나 오늘 본문 말씀이 이야기하는 내용을 살펴보면 하나님 말씀과 그것에 대한 우리 신앙이 갖는 특별한 의미를 드러내는 것과 관련해서 매우 중요한 교훈을 내포하고 있다고 여겼기 때문입니다.

그런데 이 이야기에서 특별히 눈에 띄는 것이 있습니다. 두 자매가 서로 다른 성격의 소유자들이었음을 보여주고 있다는 것이 그것입니다. 두 자매 중 마르다는 음식을 준비하기 위해 분주하고, 마리아는 예수님 앞에서 말씀을 경청하고 있었다고 하죠. 이런 보도를 통해서 우리는 이 두 여인이 성격에 있어서 차이가 있었음을 알게 됩니다. 물론 그렇다고 예수님에 대한 이 두 여인의 사랑에 차이가 있었다는 말은 아닙니다. 두 여인은 자신의 방식(성격)대로 예수님에 대한 자신들의 마음과 사랑을 표현하고 있기 때문입니다. 그래서 그런지 일반적으로 사람들은 마리아와 마르다를 다음과 같이 비교하고 있습니다. 마르다는 특히 활동적이고, 현세적이고, 부지런하고, 쾌활한 성격의 소유자이며, 그에 반해 마리아는 조용하고, 내성적이며, 남의 말을 잘 경청하고, 언제나 남을 배려하는 성품의 소유자라는 것이 그것입니다. 따라서 마르다가 '일상적이고 활동적인 성격'의 소유자라고 한다면, 마리아는 '관조적이면서도 사색적이며, 겸손한 인물'이라는 겁니다.

바로 이런 성격의 차이 때문에 두 자매는 교회 역사에서 크게 오해되기도 했습니다. 두 자매가 갖는 그 성격들 때문에 마리아는 교회의 역사에서 언제나 모범적이고 헌신적인 여인상으로 존경받아 왔으며,

마르다는 너무 현세적이고 봉사하는 여인상으로 폄하되고 잊혀졌다는 겁니다. 마치 오늘 우리가 정신노동과 육체노동을 나누고 전자에 더 큰 가치를 부여하는 것처럼 말입니다. 본문에서도 이와 유사한 점들이 드러나고 있는데, 예수님은 마리아에게 더 많은 연민을 보내고 있기 때문입니다. 특별히 접대를 위해 부엌일에 매달려 있는 마르다가 동생인 마리아로 하여금 자기를 돕도록 예수님께 간청했음에도 불구하고 이것을 거부하는 예수님의 대답이 이것을 잘 보여줍니다. "마리아는 좋은 편을 택했으니 빼앗기지 아니하리라"가 그것이지요.

왜 주님께서는 이런 말씀을 하고 계시는가요? 마르다의 요구가 지나치다고 여겼기 때문인가요? 그러나 당시 상황이 손님을 접대하는 자리라는 점을 고려할 때 마르다의 요구가 잘못되었다고 할 수는 없습니다. 그런데 이상하게도 예수님께서는 오히려 마리아를 격려하고 있습니다. 왜 그랬을까요? 말씀을 듣는 것은 구원과 관련된 영적인 일이고, 일상의 삶은 기껏해야 육적인 생존과 관련된 것이었기에 그랬을까요?

그러나 여하튼 간에 예수님의 이런 평가를 보면서 우리가 잊지 말아야 하는 사실이 있습니다. 그것은 이 사건이 예수님의 운명을 결정하는 예루살렘 입성을 앞둔 시점에서 일어났다는 사실입니다. 아무도 알지 못하지만, 예수님께서는 지금이 하나님의 카이로스를 드러내는 '비상의 때'라는 것을 알고 있었던 것입니다. 따라서 이런 경우에는 그 판단은 전적으로 다를 수밖에 없었던 것이 아니었을까요? 왜냐하면 요한복음 11장 27절이 보도하고 있는 것처럼 마르다 또한 매우 신앙적인 여인이었음을 보여주고 있기 때문입니다. 베드로의 신앙고백에 버금가는 신앙고백("주는 그리스도시오 살아계신 하나님의 아들")을 마르다가 고백하고 있기 때문이지요. 이런 점을 고려한다면, 예수님께서 마리아를 칭찬했지만, 그렇다고 마르다를 비난하지도 않았다는 사실에 주목해야 합니다. 말씀을 경청하는 것은 무엇하고도 바꿀 수 없는 소중한 것이지만, 인간의 일상적인 삶 또한 그 의미가 결코 폄하될 수는 없다고 여겨지기 때문입니다. 따라서 이 이야기에는 감춰진 신앙의 교훈이 내포되어 있다고 여겨집니다. 도대체 무슨 교훈일까요?

인간의 삶, 그 차원들과 의미들

이 이야기가 오늘 우리에게 주는 신앙적 교훈과 메시지를 드러내기 위해서 우리는 무엇보다 먼저 삶의 차원들을 생각하면서 그 우선순위의 의미를 확인해야 합니다. 오늘 본문에서 주님은 이것을 위해 매우 중요한 말씀을 주시고 있는데, 마르다에게는 "마르다야 네가 많은 일로 염려하고 근심하나 몇 가지만 하든지 혹은 한 가지만이라도 족하니라"고 말씀하시면서, 마리아에게는 "마리아는 이 좋은 편을 택하였으니 빼앗기지 아니하리라"고 말씀하시기 때문입니다. 무슨 말인가요? 간단히 이야기하면 우리 삶에는 두 가지 차원이 있다는 겁니다. 우리 삶의 '궁극적 차원'인 '비상성'의 차원과 '궁극 이전'의 차원인 '일상성'의 차원이 바로 그것입니다. 그런데 놀랍게도 마르다와 마리아는 바로 우리 삶의 이 두 차원을 대변하고 있는 겁니다.

우리 삶의 두 차원인 일상성과 궁극성이라는 것, 우리 삶에 매우 큰 의미를 갖는 차원들이지요. 그런데 문제는 사람들이 이것을 잘 의식하지 못하기에 그 의미에 대한 바른 구별 및 관계성을 잘 깨닫지 못한다는 데 있습니다. 그래서 사람들은 늘 이 두 가지 삶의 차원들을 적절하게 구분하지 못할 뿐만 아니라 혼동하고 있는 겁니다. 그런데 놀랍게도 주님께서 주신 말씀은 우리에게 이 둘의 차이와 구별이 갖는 의미를 확정하는 데 매우 큰 도움을 주고 있습니다. 그렇기에 이제 우리는 주님의 말씀을 염두에 두면서 우리 삶의 두 차원과 그 의미 문제가 주는 교훈을 얻을 수 있어야 합니다.

일상성이란 것, 우리 삶의 현세적 차원(밥 먹고 사는 일)을 가리키는 것이지요. 그래서 그 안에는 번잡하지만 그 나름의 오랜 삶의 경험적인 지혜의 차원이 함축되어 있습니다. 여기서는 무엇보다도 삶의 '반복성'이 중요한데, 이것은 우리에게 매일의 삶을 영위하게 하는 것이며 또한 우리 삶에 그 '지속성'을 담보하게 하는 무엇이기도 한 것입니다. 그런데 여기에서는 인간의 생존과 관련된 지속성이 문제가 되기에 삶의 조건들을 헤아리는 합리적 사고가 중요합니다. 그러나 문제는 이 일상성은 지루한 '반복성'과 '번잡성'을 그 특징으로 하기에 자칫 우리를 '소모적이고', '지치게' 할 수도 있다는 사실입니다. 예수님께서 마르다에게 "마르다야 네가 많은 일로 '염려'하고 '근심'하나 몇 가지만 하든지 혹은 '한 가지만'이라도 족하니라"고 하신 말씀은 이런 맥락에서 볼 때 일상성의 결정적 문제성을 보여주는 것이라 할 수 있습니다.

그렇다면 우리 삶의 궁극성의 의미는 무엇인가요? 이것은 우리의 일상의 삶으로부터 자동적으로 주어지는 것이 아니라 일상 세계 '너머에서' 주어지는 것입니다. 특별히 이것이 인간 역사와 삶의 '종국적인 의미'를 드러내는 그 '비상의 때'와 관련되어 있는 것도 이 때문인데, 이때는 새 역사가 시작되는 하나님의 카이로스의 시간이라는 의미가 주어지며, 그렇기에 이 시간은 우리의 일상성과 그 삶의 논리가 더 이상 의미를 갖지 못하는 때라 할 수 있습니다. 또한 이때는 우리 삶의 궁극적 지향성(목표)과 관련되어 있기에 특별한 삶의 결단이 요청되

는 '비상의 시간'이라 말할 수 있습니다. 그렇기에 이 비상의 때와 의미
는 우리가 원하는 평안과 안정이 주어지는 시간이 아니라 위기와 혼
란의 시간이요, 우리 생명력이 고갈되어 그 힘을 잃어가기에 새로운
생명의 힘이 절박하게 요구되는 시간입니다.

'한 가지로 족한 일'이라는 예수님의 말씀이 특별한 의미를 갖는 것
도 이런 맥락에서입니다. 이것은 무엇보다도 우리에게 새로운 삶의 근
거와 방향을 결정해야 하는 시간임을 암시하고 있습니다. 그래서 이
시간은 '결단해야 하는 시간'이고, 우리 마음과 관심을 한곳에 모아야
하는 시간이며, 우리로 하여금 우리 삶의 구심점과 방향을 새롭게 세우
도록 추동해야 하는 '때'입니다. 예수님께서 마르다의 정당한 요구를
거부하고 마리아를 칭찬한 이유가 바로 여기에 있었습니다. 이 시간은
새로운 카이로스가 시작되는 '비상의 때'라 여겼기 때문인 거죠.

지금 우리는 어떤 '때'를 살고 있나요?

이 물음이 오늘 우리에게 그 무엇보다 중요하다고 여겨지는 것은
우리의 문제가 바로 '지금'이라는 이 '때'에 대한 적합한 '인식'에 있기
때문입니다. '지금'은 악화되고 있는 환경 문제와 더불어 예감되는 생
태학적 파국이 점점 더 가시화되고 있고, 문명 간 충돌이 일으키는 역
사적 파괴, 자원과 에너지 고갈로 인한 경제적 발전이 그 한계에 부딪
히며, 삶의 복잡성과 번잡성으로 인해 우리 삶에서 큰 혼란과 혼동의
카오스적인 힘이 갈수록 증가하면서 온 생명의 힘이 약화되고 있는
'비상의 때'이기 때문입니다. 우리가 근래 들어 근본적인 삶의 방향 전
환(돌이킴)과 미래 비전에 대한 이야기를 많이 듣게 되는 것도 이것과

무관치 않습니다. 우리가 오늘 주님 말씀 안에 함축되어 있는 삶의 궁극적 차원과 그 근본적인 중심을 다시 확인하고 되새기는 것도, 주님께서 마리아에게 주신 말씀이 우리 삶의 궁극적 관심을 회복시키고 새 미래를 여는 데 교훈적인 지혜를 준다 여겨지기 때문입니다.

'한 가지로 족한 일'과 관련된 주님의 말씀은 신앙적인 삶의 지혜와 그 능력을 분별하게 하는 교훈의 말씀으로, 우리 삶에 근본적인 추동력과 목표를 깨우쳐 주고, 비교할 수 없는 삶의 확고한 비전과 지혜를 발견하는 데 도움을 줍니다. 오늘 우리가 어떤 '시간'을 살고 있는지를 계속해서 묻게 되는 것도 이 때문인데, 지금 이 시간은 우리들의 모든 인간적인 노력과 성취에도 불구하고 모든 것이 지속적인 힘을 잃어가는 '위기의 때'라 생각되기 때문입니다. 오늘 우리 시대의 여러 삶의 과제들과 씨름하면서 의미 있는 신학 작업을 이끌어 왔던 신학자 몰트만이 우리 시대의 이런 위기 현실을 내다보면서 다음과 같은 탄원의 기도를 드리지 않을 수 없었던 것도 바로 이 때문이었다 여겨집니다.

주님, 지금은 당신이 오실 때입니다.
우리의 시간은 이제 다 가버리고, 우리의 세계는 소멸되고 있기 때문입니다.
…
봄은 침묵하고, 강물은 텅 비고, 공기는 독으로 가득 찼습니다.
…
우리의 시간은 다 흘러갔습니다.
…
주님, 지금은 당신이 오실 때입니다.

불의한 청지기의 지혜

(눅 16:1-13)

> 주인이
> 이 옳지 않은 청지기가 일을 지혜 있게 하였으므로 칭찬하였으니
> 이 세대의 아들들이 자기 시대에 있어서는 빛의 아들들보다
> 더 지혜로움이니라(8절)

신앙인의 책임적인 삶

무거운 마음으로 설교에 임하지 않을 수가 없습니다. 코로나19와 관련된 큰 위기의 시간을 보내고 있는 우리 모두의 위축된 삶의 현실 속에서 근래 들어 개신교 지도자들과 신앙인들에 의해 여러 무책임한 행동들이 저질러짐으로써 우리 사회로부터 여러 가지 혹독한 비판과 문제 제기가 주어지고 있기 때문입니다. 잘 이해되지 않는 이런 무책임한 행동들을 보면서 많은 물음이 생겨나는 것을 금할 수가 없는데, 무엇보다도 우리가 신앙을 가지고 산다는 의미가 창조주 하나님과 연

결되어 살아가는 차원 높은 삶의 은총과 관련되어 있기 때문입니다. 그렇기에 하나님 신앙의 의미가 오히려 어떤 잘못된 무책임한 삶을 정당화시키는 것과 연결되고 있다면, 그것은 우리 신앙인들의 신앙과 삶의 지향에서 자의성과 관련된 문제성이 바르게 해결되지 못하고 있기 때문이 아닌가 의구심을 갖지 않을 수가 없습니다. 하나님 신앙의 의미와 그 힘이 우리를 바르게 이끌어 가지 못하고 있다면, 그것은 한마디로 하나님 신앙이 우리 삶을 새롭게 열고, 그 의미가 힘을 발휘하게 되는 감추어진 지혜와 동력에 대한 깨달음에서 아직 어떤 부족함을 노정하고 있기 때문입니다.

일찍이 우리의 이런 성서적 신앙과 삶의 문제를 깊이 있게 규명하는 학문적 노력으로 성서 윤리에 대한 관심이 대두된 적이 있었는데, 이것은 바로 이런 문제 맥락과 관련되어 있습니다. 그런데 여기서 우리가 확인하게 되는 중요한 사실은 무엇보다도 성서 윤리의 주된 관심이 오랫동안 우리 행위의 동기만을 중요하게 여기는 성향(심정) 윤리(Gesinnungsethik)에 집중됨으로써 행위의 결과를 의미 있게 여기는 결과 윤리에 대해 소극적인 입장만을 견지해 왔다는 사실입니다. 그래서 단순하게 어떤 행위의 의도나 동기를 중요하게 여기는 성향 윤리는 성서적인 것이라 여기고, 그 행위의 영향력과 성과를 중시하는 결과 윤리는 세상적인 것으로 생각하게 된 것입니다.

왜 이런 양자택일적인 대비를 중요하게 여겼을까요? 우리가 믿는 신앙의 진리는 모든 인간적인 업적이나 성과를 넘어서는 것이라 보았기에 신앙적 행위의 결과에 대해서는 크게 신경 쓸 필요가 없다고 여기게 된 것입니다. 한마디로 결과에 대한 관심은 세상적 사유나 논리와 관련된 것이라 본 것인데, 세상에서는 행위의 결과와 관련된 성과가 중요한 평가 기준이 된다고 여겼기 때문인 거죠. 그러나 이런 양자택일적인 구별이 갖는 신앙적 삶의 일방적인 문제성이 새롭게 부각됨으로써 새로운 통전적인 삶의 추구로서 신앙적인 책임 윤리의 중요성이 대두된 것입니다. 세상이 크게 변하면서 인간의 행위나 삶을 이처럼 단순한 양자택일적인 방식으로 이해하는 것은 적절치 않다고 여긴 것이고, 그럼으로써 성서 윤리와 관련해서도 '책임성'이라는 말이 매우 중요한 의미를 가지게 된 것입니다. 그것은 바로 우리 인간의 삶과 세계적 의미를 성찰하는 데 있어 동기의 순수성이나 지향해야 할 이상만이 아니라 그 실제적인 결과나 책임성도 매우 의미 있다 여기게 되었기 때문인데, 이런 맥락을 염두에 둘 때 성서의 메시지가 인간의 순수한 삶의 동기나 그 내면의 양심 못지않게 그 행위의 결과에 대해서도 결코 무심할 수 없다는 사실을 새롭게 인식하게 된 것입니다. 성서는 살아있는 신앙의 의미를 삶으로 증언한 책이기에 우리는 이 성서에서 어떤 획일적인 삶의 답이 아니라 현실에서 우리 삶의 책임적인 의미를 새롭게 일깨워 주는 살아 있는 지혜와 교훈을 얻을 수 있다고 여기게 된 겁니다. 그래서 우리는 성서 윤리의 통전적인 이해를 염두에 두면서 오늘 본문 말씀이 주는 새로운 삶의 지혜와 그 교훈을 함께 나누어 보고자 합니다.

불의한 청지기의 지혜?

본문 말씀은 우리에게 신앙적 삶의 현실적 적용과 관련해 큰 깨달음과 교훈을 주지만, 쉽게 '아멘' 할 수 없는 말씀이기도 합니다. 무엇보다도 '불의한 청지기'를 칭찬하고 있는 말씀이기 때문이지요. 그런데 이 말씀이 주님의 '제자들'에게 주어졌다는 사실은 그 의미가 매우 크다고 여겨집니다. 제자들은 하나님 나라 복음과 그 신앙적 응답과 관련해 새 삶의 진리를 배우고 있지만, 그 지평이 상이한 이 세상의 삶의 문제와 과제에 대해서도 여전히 많은 것들을 배워야 했기 때문입니다. 무엇보다도 제자들은 하나님 나라의 청지기들로 이 세상에서 의미 있는 삶을 살아야 했기에 오늘 이 비유가 '청지기'를 그 내용으로 하고 있는 점은 매우 시사하는 바가 크다 할 수 있습니다. 청지기란 주인의 재산을 관리하는 사람들인데, 재물 관리의 문제는 그렇게 단순하지 않기 때문입니다. 오늘날 재물을 상징하는 '돈'이라고 하는 것도 단순한 더하기와 빼기의 셈법으로 그 의미와 목적을 드러낼 수 있는 것은 아닌데, 그 안에는 매우 복잡한 인간 삶의 여러 문제와 메커니즘이 감추어져 있기 때문입니다.

오늘 본문 말씀에서 흥미로운 것은 '청지기'에 대해 말하면서 선한 청지기가 아니라 오히려 불의한 청지기를 그 대상으로 하고 있다는 사실입니다. 이 점은 우리에게 역설적인 삶의 교훈을 주는 대목이기도 한데, 설교 제목을 "불의한 청지기의 지혜"라고 한 것도 바로 우리의 상식을 넘어서는 이런 놀라운 삶의 교훈을 드러내 보이고자 함입니다. 불의하다는 것과 지혜 있다는 것은 우리의 상식으로 생각할 때 그렇게 잘 어울리는 모습은 아니기 때문이죠. 그러나 그렇기에 이 역설에서 우리는 신앙적인 삶의 지혜가 보여주는 예상치 못했던 놀라운 깨달음과 교훈을 얻을 수 있게 되는 것입니다.

오늘 본문 말씀의 내용은 이러합니다. 한 부자가 청지기를 두어 자신의 재산을 관리하게 했는데, 이 청지기는 자신의 임무인 주인의 재산 관리를 제대로 하지 않아 재산을 낭비하게 되었다는 겁니다. 한마디로 주인의 재산을 가지고 불의하게 유용함으로써 큰 손실을 입힌 것입니다. 결국 이 일로 인해 이 불의한 청지기는 곧 해고의 위협 앞에 서게 됩니다. 삶의 큰 위기를 느낀 이 청지기는 여러 가지 궁리를 하게 되지만, 자신의 앞날이 그렇게 밝지 않다는 것을 알게 됩니다. 자신이 할 수 있는 일이 그렇게 많지 않았기 때문이었던 거죠. 그의 말처럼 "땅을 파자니 힘이 없고 빌어먹자니 창피하다"라는 생각은 이런 그의 처지를 잘 드러내 줍니다. 이 청지기는 여러 가지 궁리 끝에 한 지혜를 발휘하게 되는데, 주인 몰래 빚 탕감 잔치를 감행하여 후에라도 그들로부터 어떤 도움을 받으려고 한 것입니다. 그래서 주인에게 빚진 자들을 불러서 그 빚을 자기 마음대로 탕감해 주게 됩니다. 실로 잘 이해가 되지 않는 짓을 저지른 것인데, 그렇게 함으로써 주인의 재산에 더 큰 손실을 끼치게 된 것입니다. 그런데 여기서 우리를 더 놀라게 하는 것은 주인의 예상치 못한 판단입니다. 진노할 것 같았던 주인이 웬일인지 이 불의한 청지기를 칭찬했기 때문입니다. 한마디로 이 청지기가 매우 슬기롭게 잘 대처했다는 겁니다. 그래서 결국 이 청지기는 오히려 저 해고의 위기에서 건짐을 받게 되었다는 이야기입니다.

매우 놀라운 이야기이지만, 우리는 이 이야기를 들으면서 의아한 느낌을 감출 수가 없습니다. 그래서 묻지 않을 수가 없습니다. 도대체 왜 주인은 저 불의한 청지기를 칭찬하고 있나요? 이 청지기는 분명 불의를 저지른 사람이고, 그의 이런 행위는 주인의 재산 손실에 큰 원인을 제공했는데, 왜 칭찬을 받는지 전혀 이해되지 않기 때문입니다. 오히려 엄하게 처벌되어야 하지 않을까요? 게다가 왜 주님께서는 이런 비유 말씀을 주신 것일까요? 생각이 잘 정리되지 않지만, 잠시 숨을 고르면서 다시 생각해 보면 분명해지는 것이 있습니다. 즉, 주인은 청지기의 불의한 행위를 칭찬한 것이 아니라 그의 지혜를 칭찬했다는 것입니다. 주인은 청지기의 기만적인 불의한 행위가 아니라 자신의 잘못된 행위가 가져올 결과를 마무리하기 위해 그가 시도한 빚 탕감과 관련된 행위를 지혜롭다고 칭찬했다는 것이죠. 무엇보다도 주인은 그가 은폐하고 있는 행위의 '동기'에 관해서는 한마디도 묻지 않고 있는데, 이것은 우리에게는 매우 큰 놀라움을 안겨 줍니다. 뿐만 아니라 도대체 주인의 재산에 더 큰 손실을 끼친 빚 탕감 행위는 어떤 의미를 가지며, 왜 그것이 지혜로운 행위로 간주되어야 하는지를 묻지 않을 수가 없습니다.

빚 탕감과 재물 사용의 의미

빚에는 이자가 붙기에 빚을 갚는다는 것은 예나 지금이나 쉽지 않은 일이라는 사실을 우리는 잘 알고 있습니다. 그렇기에 빚진 자와 관련해서 중요한 것은 그 빚진 자가 그 빚을 갚을 수 있는가에 있습니다. 따라서 빚 문제 해결을 위해서 결코 간과해서는 안 되는 것은 무엇보다도 빚진 자가 그 빚을 갚을 수 있다는 '희망'과 '용기'를 갖게 되는 것입니다. 빚진 자에게 빚을 갚을 수 있다는 희망과 용기가 주어져야만 빚 문제는 해결의 실마리를 얻을 수 있기 때문입니다. 그렇다면 빚진 자에게 어디에서 이런 희망이 주어질 수 있는지는 매우 중요한 물음이 되는 겁니다. 그런데 놀랍게도 불의한 청지기가 행했던 저 빚 탕감 잔치로부터 바로 그 해답이 주어질 수 있었다는 사실입니다. 빚진 자에게 희망과 용기가 주어질 수 있는 것, 그것은 오직 더 많은 소득이 주어져 그 빚을 줄이게 되거나 혹은 그 빚을 탕감받았을 때이기 때문이지요(참고로 이야기하면 오늘 우리의 세계 현실 상황에서 행해졌던 가난한 나라들에 대한 빚 탕감과 관련된 세계교회의 요구는 바로 이것과 깊게 관련되어 있다는 사실입니다). 주인이 불의한 청지기를 지혜롭다고 칭찬한 것은 바로 여기에 그 이유가 있었던 겁니다.

이 비유는 제자들의 재물 사용에 대한 교훈을 말하고 있지만, 불의한 청지기가 그 '동기'야 어쨌든 간에 그가 발휘한 빚 탕감 지혜를 통해 '결과'적으로 빚진 자들에게 자비도 베풀고 빚 갚을 용기와 희망도 주었다는 사실은 우리 신앙인이 이 세계 안에서 수행할 수 있는 신앙적인 책임적 행위로 받아들이기에 결코 부족함이 없다고 생각합니다. 그렇다면 여기에서 우리가 얻는 깨달음은 주님께서 특별히 저 불의한 청지기 비유를 통해 주셨던 역설적인 책임성이 갖는 삶의 교훈입니다. 이런 책임성의 맥락에서 생각할 때 재물의 목적은 그 증식에 있는 것이 아니라(그럴 때 그것은 인간을 시험에 빠뜨리는 맘몬이 되며, 그렇기에 "하나님과 재물을 함께 섬길 수 없다"는 주님의 말씀은 바로 이것 때문에 주신 말씀이라 여겨집니다. 재물은 결코 섬김의 대상이 되어서는 안 되기 때문이지요), 사람을 살리고 그에게 삶의 '희망'과 '용기'를 주는 데 최고의 목적이 있다고 여겨지기 때문입니다. 그렇기에 이 대목에서 우리는 오늘의 세계 현실을 생각하지 않을 수 없는데, 여기에서 주어지는 것은 바로 근래 들어 전 지구적인 삶의 문제를 염두에 두면서 그 미래를 염려하는 사람들 사이에서 회자되고 있는 '생명과 삶을 위한 경제'라는 주제와의 연관성입니다. 이 주제는 부나 재물이 그 자체가 목적이 아니라 오직 피조물의 생명과 삶을 건강하게 지속시키는 것에 그 목적을 두어야 한다는 것을 설득력 있게 말해주고 있기 때문입니다.

그렇기에 오늘 비유 말씀에서 우리가 신앙적으로 얻는 의미 있는

교훈은 저 불의한 청지기가 빚 탕감을 통해 주인으로부터 큰 칭찬을
받았을 뿐만 아니라 결과적으로 사람을 얻게 되었다는 사실입니다.
재물로 사람을 얻는다는 것, 그것은 우리 삶에서 그 무엇하고도 비교
할 수 없을 만큼 그 의미가 크기 때문이죠. 오늘 말씀에서 "불의한 재
물로 친구를 사귀어라"(9절)는 예수님의 말씀의 의미도 바로 여기에
있습니다. 예수님께서 제자들을 부르시면서 "사람을 낚는 어부"의 사
명을 주신 이유 또한 바로 이런 맥락에서 이해될 수 있습니다.

'나 좋으면 좋다?'

오늘 우리 사회 안에서 제기되는 신앙인들의 문제는 단적으로 말
해 '나 좋으면 그만', '안 되면 말고'식의 태도로 살아가는 것을 당연시
하는 의식이나 삶의 태도에서 비롯되고 있습니다. 많은 사람이 근래
에 우리 신앙인들의 무책임한 삶의 태도에 대해 매우 부정적인 말들
을 쏟아 놓고 있는 것도 이와 무관치 않습니다. 신앙인은 하나님 신앙
때문에 매우 독특한 삶의 차원과 지향성을 갖고 있지만, 이것은 그 어
떤 무책임한 의식이나 삶의 태도와는 무관한 것이기에 오늘 무책임한
신앙인들이 큰 실망감을 안겨 주고 있는 것은 너무 당연하다 생각합
니다. 왜 하나님을 믿는 신앙인들이 이런 무책임한 의식과 삶에서 벗
어나지 못하는 것일까요? 하나님과 그 뜻 때문인가요? 결코 아니지
요. 우리 신앙인들이 하나님의 피조물인 이 세계와 그 문제성을 도외
시한 채 그 어떤 책임 의식도 없이 살아가기 때문입니다.

그러나 성서의 하나님은 여전히 온 우주와 세계와 인간을 사랑하
시며 돌보시는 분이기에 이 일을 위해 책임적인 신앙인을 찾고 계십

니다. 오늘 우리가 나눈 불의한 청지기 이야기는 이런 점에서 우리에게 큰 신앙적 깨달음과 삶의 교훈을 주며, 우리 삶의 자리에서 신앙인의 책임적인 삶의 지향들을 다시 숙고하게 합니다. 이런 통찰과 관련해서 이제 우리는 신앙인이 어떤 책임 의식을 가진 사람이 되어야 하는지를 다시 생각하게 되는데, 신앙인은 창조주 하나님을 믿기에 자기만을 생각하며 사는 사람이 아니라 전체와 미래와 근본을 내다보는 사람이어야 하고, 그래서 늘 모든 사람들과 열린 마음으로 소통하며 협력하는 사람이어야 하며 또 맡겨진 모든 일에서 그 선한 결실을 위해 진지하게 노력하면서 어떤 일의 동기만이 아니라 그 결과에 대해서도 최선을 다하는 그런 사람이어야 하는 겁니다.

　새롭게 시작된 21세기를 두고 여러 이야기들이 쏟아지고 있지만, 늘 염두에 두어야 하는 것은 우리가 기대하는 새 시대가 결코 낙관적이지 않다는 사실입니다. 여러 상이한 요소들이 함께 어우러져 복잡하면서도 그 위험성이 매우 큰 그런 현실이 우리가 살아가야 할 미래 시대 우리의 삶의 자리라 여겨지기 때문입니다. 상보와 협력과 상생으로 새로운 삶의 미래를 열어가려는 의식과 노력 없이는 우리 삶이 큰 위험과 위기에서 결코 헤어나올 수 없습니다. 그렇기에 오늘 말씀을 통해 우리가 얻는 삶의 교훈은 그동안 우리가 쌓아온 지식과 부는 단지 우리 삶의 욕망 충족을 위한 것만이 아니라 바로 피조물에 대한 우리의 책임성, 즉 세계와 자연과 사람을 새롭게 회복시키고, 그 안에서 모든 생명의 건강한 연결성과 그 지속적인 희망의 삶을 창출하는 데 선하게 쓰여야 한다는 겁니다.

　교회가 그동안 여러 재원을 선교라는 운동을 통해 신앙의 친구들을 얻는 데 사용해 왔던 것도 바로 이것과 맥락을 같이 합니다. 이 모든 재원은 바로 하나님의 선한 뜻과 그 선교적 실천을 위해 그리고 거룩한 하나님의 역사를 이어가는 우리들의 하늘 소명과 그 결실을 위해 선한 재원으로 쓰일 때 그 빛을 온전히 발할 수 있기 때문이지요. 오늘 말씀을 마치면서 우리는 다시 한번 주님께서 제자들을 불러 "너희는 세상의 소금이요 빛이다"(마 5:13)라고 선언하셨던 말씀을 상기하게 되는데, 그냥 소금과 빛이 아니라 이 '세상의 소금과 빛'이라 말씀하셨다는 사실은 생각할수록 그 의미가 매우 크고 소중합니다. 이것은 무엇보다도 우리 신앙인들이 이 세상에서 감당해야 할 역할과 책임이 비교할 수 없이 크고 막중함을 잘 보여주고 있기 때문입니다.

코로나19가 가져온 오늘의 세계적 재난 현실 앞에서도 여전히 사람들의 관심과 생각은 삶의 헛된 욕망에 깊이 물들어 있지만, 이 위기 현실의 원인과 그 결과에 대한 성찰과 관련해 주님의 경고의 음성을 새롭게 새겨듣고자 하는 우리 모두에게 주님의 하늘 생명의 은총과 그 인도하심의 축복이 늘 함께해 주시길 간절히 기도합니다.

신앙 안에서 누리는 삶의 축복

(고후 4:6-10, 16-18)

우리가 이 보배를 질그릇에 가졌으니

이는 심히 큰 능력은 하나님께 있고

우리에게 있지 아니함을 알게 하려 함이라

우리가 사방으로 욱여쌈을 당하여도 싸이지 아니하며

답답한 일을 당하여도 낙심하지 아니하며

박해를 받아도 버린 바 되지 아니하며

거꾸러드림을 당하여도 망하지 아니하고

우리가 항상 예수의 죽음을 몸에 짊어짐은

예수의 생명이 또한 우리 몸에 나타나게 하려 함이라

…

그러므로 우리가 낙심하지 아니하노니 우리의 겉사람은 낡아지나

우리의 속사람은 날로 새로워지도다(7-10, 16절)

삶에서의 만남, 그 의미를 되새기며

우리 삶에서 만남의 의미는 그 무엇보다도 소중한 것입니다. 관계적 존재인 우리 인간의 삶이란 것은 이 만남이 없다면 함께하는 삶의 진정한 의미를 찾는 것이 매우 어렵기 때문이죠. 게다가 이 만남이 단순한 인간적인 친교만이 아니라 그 안에 하나님 뜻이 함께하는 소명적인 의미를 갖는 것이라면, 우리는 더 없는 축복을 받았다 할 수 있습니다. 그것은 우리의 만남이 인간적인 부족함과 약함에도 불구하고 주 하나님에 대한 신앙 안에서 새로운 삶의 의미와 지평들을 함께 열어가는 소중한 기회를 가질 수 있기 때문입니다. 오늘 저에게는 여러분을 떠나는 이별의 시간이 주어지고 있는데, 대학 교회의 특성상 어찌할 수 없는 일입니다. 인간적으로는 아쉬움이 많이 남지만, 주 하나님의 뜻을 생각하는 우리이기에 주님 사역의 장에서 또다시 함께하게 되리라 믿고 있습니다.

무엇보다도 여러분과 함께했던 시간은 저에게는 늘 조심스러운 발걸음을 내딛지 않을 수 없는, 그래서 쉼 없는 기도와 내적인 씨름이 요구되었던 시간이었습니다. 그럼에도 불구하고 주님께서 이끌어 주시고, 축복해 주셔서 많은 것들이 우리에게 주어지고, 나누어졌다 생각됩니다. 무엇보다 감사한 것은 여러분과 함께했던 지난 시간들이 저에게는 제 신앙의 확실한 것들을 다시 확인하고 붙잡는 소중한 시간이었습니다. 무엇보다도 여러 가지 많은 것들을 다시 생각하게 하고, 그럼으로써 부족함과 약함의 의미를 더 깊이 알고 성찰하게 하는 시간이었습니다.

오늘 여러분과 함께 나누려고 하는 말씀은 지난 시간 저에게 큰 위로와 힘이 되고, 부족함과 약함 가운데서도 늘 새 삶의 비전을 잃지 않게 했던 사도 바울의 말씀인데, 바울을 통해 우리는 우리 신앙인에게 요구되는 삶의 깊은 깨달음과 힘을 얻습니다. 특별히 우리의 인간적인 부족함과 약함을 새롭게 보게 하는 귀한 교훈의 말씀들을 듣게 되기에 바울의 신앙적인 증언의 말씀에 더 관심을 갖게 됩니다.

우리의 '약함'을 통해 얻는 하나님의 축복

본문 말씀은 고린도교회에 보낸 사도 바울의 두 번째 서신의 말씀입니다. 바울이 그의 첫째가는 서신인 로마서에서는 복음에 대한 포괄적인 이해를 제시했다면, 고린도교회와 관련된 서신들에서는 교회생활의 현실 문제를 다룸으로써 우리의 신앙생활에서 복음이 갖는 삶의 감춰진 의미들을 드러내고자 하고 있습니다. 그런데 고린도교회에 보낸 첫 번째 서신에서는 교회를 바로 세우는 데 필요한 핵심적인 원론적 말씀(교회의 거룩성, 일치성, 상호 사랑)을 깨닫게 해 주었던 바울이 두 번째 서신에서는 자신의 개인적인 이야기를 많이 하고 있는 것을 보게 됩니다. 그것은 아마도 첫 번째 서신의 원론적인 말씀을 통해서 이 교회 문제가 그 해결에 쉽게 다가가지 못하고 있음을 깨달았기 때문입니다. 그래서 바울은 이 고린도후서를 다시 쓰면서 접근을 달리하고 있는 겁니다.

무엇보다 우리의 관심을 끄는 대목은 바울이 그가 가진 능력이나 장점들 그리고 그 사역의 업적이나 자랑스러운 것들을 말하기보다는 오히려 자신의 부족함과 약함 그리고 힘든 고난의 삶에 대해 더 많이 말하고 있다는 사실입니다. 그래서 어떤 분은 이 서신이 우리 인간의

'약함'과 그 의미를 다루는 서신이라 말하기도 합니다. 그런데 사실 이 약함이라는 것은 사도 바울 개인에게만 해당하는 문제가 아니라 신앙인인 우리 모두에게 해당되는 문제라는 데 그 의미와 중요성이 있습니다. 이것은 우리 인간이 이 세상에서 겪는 정직한 현실적인 삶의 모습을 보여주는 것이기 때문입니다. 우리들의 삶의 냉엄한 현실을 직시할 때 우리 모두가 관여되어 있는 삶의 여러 문제들의 심각성을 생각하지 않을 수 없는 것도 이 때문입니다. 오늘 말씀은 바로 이런 약함 속에 있는 삶의 맥락에서 우리가 믿는 하나님 신앙이 주는 특별한 삶의 축복에 대해 말해주고 있는데, 그것은 다음과 같습니다.

첫째, 예수 그리스도의 얼굴에 있는 하나님의 영광을 알게 하는 축복입니다. 예수님을 알게 되고 그분과 함께 우리 삶의 여정길을 헤쳐 나간다는 것은 매우 큰 축복이라는 겁니다. 그분과 더불어 주어진 '이야기'는 우리 삶에 큰 도움이 되고 위로가 되고 희망이 되기 때문인데, 무엇보다도 우리 삶의 큰 목표와 의미를 그분을 통해 비로소 알게 되었기 때문이죠. 인간의 삶에서 언제나 문제가 되는 혼돈과 어둠을 벗어나는 하늘 축복이 그분으로 인해 주어졌다고 여겨지기 때문입니다. 인간의 삶이란 것은 언제나 의지해야 할 것이 요구되는 것인데, 예수님과 더불어 주어진 하나님의 큰 이야기를 알게 된 것, 축복 중 가장 큰 축복이라는 말입니다. 여기서 우리는 우리가 의지하고 따라갈 수 있는 삶의 큰 빛과 지혜와 능력을 얻게 되기 때문이죠.

우리가 살아가면서 애쓰고 노력하는 모든 것은 결국에는 허무성에 귀결되는 것이 우리의 현실인데, 우리가 알게 된 주님에 대한 신앙으로 인해 그 얼굴에 있는 하나님의 영광의 빛을 얻어 어두운 현실 속에서도 희망의 삶을 살게 되었다는 겁니다. 예수가 그리스도라는 우리의 신앙고백이 갖는 그 의미와 중요성이 바로 여기에 있습니다. 우리는 이분을 통해서 하나님의 뜻과 진리를 알게 되고, 이분과 더불어 우리 삶의 혼돈을 물리치는 하늘 지혜와 능력을 얻게 되었기 때문이지요. 우리가 단지 이분을 고백하는 것만이 아니라 이분을 더 알려고 노력해야 하는 것도 이 때문입니다. 신앙을 갖는다는 것은 이분을 우리 존재와 삶의 중심에 두는 새로운 정체성을 갖는 것이기 때문입니다.

둘째로 더 놀라운 것은 이분을 우리는 우리의 강함의 맥락 속에서 알지 않았다는 사실입니다. 이분을 만나게 되었던 시간, 그것은 우리에게는 강함이 아니라 약함의 시간이었다는 말입니다. 그러므로 우리가 이분을 알게 되면서 우리는 우리 자신이 근본적으로 어떤 존재인지도 알게 되었던 겁니다. 그래서 오늘 말씀은 우리가 이 보화를 우리 질그릇 속에 가졌다고 말하고 있습니다. 그 자체로는 별 가치를 갖지 않은 질그릇이 바로 우리라는 이야기지요. 아니, 깨지기 쉽고 약한 것, 그것이 바로 우리이고 우리의 삶이란 이야기입니다.

그런데 문제가 있지요. 그것은 이 단순한 사실이 그렇게 잘 받아들여지지 않는다는 것입니다. 우리는 모두 우리의 약함을 받아들이는 것을 싫어한다는 겁니다. 오히려 우리는 더 강한 존재가 되기 위해 애쓰며, 그것을 우리 삶의 목표로 삼고 있다는 겁니다. 우리가 예수님을 만나야 하는 이유가 바로 여기에 있다고 여겨지는데, 그분 안에서만 우리는 우리가 누구인지 알게 되고, 그분과 더불어서만 우리는 우리 존재의 진면목을 볼 수 있기 때문입니다. 그렇기에 성경이 말하는 최초 인간 타락 이야기가 무엇보다도 인간이 그 제한성과 약함을 거부한 것과 관련되어 있었다는 사실은 매우 많은 진실을 시사하는 교훈입니다. 인간이 약했기에 낙원에서 쫓겨난 것이 아니라 더 강해져서 하나님처럼 되려고 했기 때문이라는 말입니다.

그런 맥락에서 보면 주님께서 우리의 구원의 길, 생명의 길을 열기 위해 십자가의 치욕과 죽음을 약함 가운데서 받아들인 것은 매우 특별한 의미가 있습니다. 주님께서 약함을 매개로 해서 생명의 길을 드러내 보여주신 것은 "능력의 심히 큰 것이 주 하나님께" 있고, 우리의 약함 속에서 비로소 하나님에 대한 믿음의 진리와 의미가 그 온전한 빛을 드러냄을 알게 되었기 때문입니다.

셋째로 우리 삶의 열악한 조건의 새로운 의미를 알게 하는 축복이 그것입니다. 우리가 살면서 겪는 현실적인 삶의 가장 큰 문제는 우리의 삶의 조건을 어떻게 받아들이느냐 하는 문제라 여겨집니다. 만약 우리의 삶이 항상 형통하고 문제가 없다면 왜 우리가 굳이 이런 이야기를 나누겠습니까? 인간 세상에 종교가 존재하는 이유도 바로 우리의 삶이 문제투성이이고, 언제나 큰 어려움과 고통에 지배당하고 있기 때문이지요. 그래서 사도 바울도 이런 말로 우리를 위로하고 있습니다. "우리가 사방으로 욱여쌈을 당하여도 싸이지 아니하고, 답답한 일을 당하여도 낙심하지 아니하며, 핍박을 받아도 버린 바 되지 아니하고, 거꾸러뜨림을 당하여도 망하지 않는다"(8-9절).

넷째로 그렇기에 우리 신앙인에게는 '속사람의 새로움'의 축복이 그 무엇보다도 중요하답니다. 우리가 신앙을 갖게 되었을 때, 즉 예수님을 만나고 그분을 의지하며 살게 되었을 때 이미 우리에게 비교할 수 없는 큰 축복이 주어졌다는 이야기입니다. 오늘 성경은 그것을 "우리의 겉사람은 낡아지나 우리의 속사람은 나날이 새로워진다"라고 말하고 있습니다. 이 얼마나 특별하고 위로가 되는 말씀입니까? 도대체 이보다 더 귀한 축복이 어디에서 우리에게 주어질 수 있을까요? 삶을 행복하게 사는 것에서 가장 의미 있는 것이 무엇이겠습니까? 나날이 새롭게 사는 것 아닌가요? 어떤 사람이 우리를 나날이 새롭게 살게 해준다면 어떤 대가를 치르고서라도 그것을 얻으려고 하지 않겠습니까? 이렇게 귀하고 특별한 것, 바로 그것을 주 하나님께서는 우리 주님을 통해 우리에게 약속하신 겁니다.

이것은 무엇보다도 우리의 인생에서 그 힘과 열정이 사라질 때 가장 절실하게 요구되는 것이지요. 그렇기에 우리 신앙인이 존재와 삶의 가치를 잃게 되어 외적으로 별 관심을 끌지 못할 때도 감히 큰소리칠 수 있는 것은 바로 이 때문이라 생각합니다. 우리의 속사람은 여전히 나날이 새로워지고 있기 때문이지요. 우리 삶의 의미와 보람이 고갈되는 것이 아니라 더 풍성하여지고, 특별한 의미를 갖게 되기 때문입니다. 그러나 더 중요한 것은 이것은 단순한 선언이 아니라는 사실입니다. 예수님 안에서 신앙을 가진 자들이 여러 삶의 정황에서 다양한 방식으로 경험한 현실이기 때문입니다.

다섯째, 그렇기에 주님 안에 있는 사람에게는 보이는 것이 아니라 보이지 않는 영원한 것을 보고 소유하는 축복이 주어진다는 겁니다. 그래서 어느 시인이 말했던 것처럼 "그 너머에 또 한 세상 있음이 믿어지는"(조희선, <거부할 수 없는 사람>) 사람들이 바로 우리 신앙인이라 할 수 있습니다. 신앙인이 이 세상에서 남다른 모습으로 보여질 수 있는 것도 이 때문입니다. 다른 사람들은 감히 생각할 수 없는 그 너머 또 하나의 세계를 가슴에 품고 그것을 내다보며 살기 때문이지요. 그 누구보다 우리 신앙인이 큰 신뢰와 마음을 얻을 수 있는 것도 결코 이와 무관치 않은데, 하나님을 믿는 우리 신앙인은 근본적으로 이 세상에 대해 크게 집착할 수가 없기 때문입니다. 아니 더 큰 영광의 삶을 바라고 믿으며, 그 축복을 맛보고 있기 때문인 거죠.

신앙을 갖는다는 것

그렇기에 하나님 신앙을 갖는다는 것은 우리 자신의 약함을 알게 되는 것이고, 하나님 말씀을 통해 우리의 근본과 미래를 보는 지혜와 능력을 얻는 것입니다. 바울이 그 사역의 길에서 자신의 약함을 더 많이 자랑하고자 한 것도 바로 이런 지혜와 능력을 신앙 가운데서 새롭게 얻을 수 있었기 때문입니다. 신앙생활만이 아니라 인생의 가장 근본적인 삶의 문제를 해결하는 길이 바로 거기에서 주어질 수 있다 믿게 되었기 때문인 거죠.

모두가 강한 자가 되기 위해 애쓰는 오늘, 그러나 오히려 우리들의 세계와 삶의 문제는 더 복잡하게 꼬여가고 있는 암담한 현실이기에 우리 신앙인은 더욱 하늘이 주는 저 생명과 희망의 빛을 비추는 사람이 되어야 한다고 생각합니다. 우리의 능력과 지혜가 남다르게 뛰어나기 때문이 아니라 하나님의 빛을 우리 자신의 약함 속에 받아 그 역설적인 의미를 새롭게 깨달은 사람들이 바로 우리 신앙인들이기 때문입니다.

이런 하늘 축복을 마음에 두는 우리 신앙인들에게 생명의 빛을 비추시는 주님의 한없는 은총과 사랑이 늘 함께해 주시길 간절히 기도합니다.

하늘로부터 오신 이

(요 1:1-15)

태초에 말씀이 계시니라
이 말씀이 하나님과 함께 계셨으니
이 말씀은 곧 하나님이시니라
…

참 빛 곧 세상에 와서 각 사람에게 비추는 빛이 있었나니
그가 세상에 계셨으며 세상은 그로 말미암아 지은 바 되었으되
세상이 그를 알지 못하였고
자기 땅에 오매 자기 백성이 영접하지 아니하였으나
영접하는 자 곧 그 이름을 믿는 자들에게는
하나님의 자녀가 되는 권세를 주셨으니
이는 혈통으로나 육정으로나 사람의 뜻으로 나지 아니하고
오직 하나님께로부터 난 자들이니라(1, 9-13절)

예수 탄생의 의미들

주님의 탄생을 축하하는 이 귀한 성탄 예배에서 말씀을 함께 나누게 되어 기쁘게 생각합니다. 세상이 그 어느 때보다 힘들고 소란스러워서 우리 마음에 기쁨과 평안이 잘 주어지지 않지만, 오늘만큼은 모든 것을 내려놓고 이 땅에 오신 주님을 생각하며 기쁜 시간 보내시길 바랍니다.

물론 제가 기뻐하자고 해서 기뻐질 수 있는 것은 아니지요. 우리의 기쁨은 주님 성탄의 의미가 우리 안에서 얼마나 소중한 자리를 차지하는가에 달려 있기 때문입니다. 그래서 말로는 쉽게 할 수 있지만, 그 의미는 절대로 단순치가 않습니다. 우리 주님이 오셨을 때 그 "백성은 그를 영접하지 아니하"고 또 "세상은 그를 알지 못하"였기 때문입니다. 왜 그랬을까요? 우리 주님은 무엇보다도 이 세상적인 지식과 생각으로는 그 참모습을 알기가 매우 어려운 그런 분이라 생각했기 때문이지요. 이 모든 사실의 의미를 새롭게 깨달았던 요한은 그래서 그의 복음서를 통해 주님 오심의 의미를 다르게 증언하고자 했습니다.

요한은 무엇보다도 이 땅에 오신 예수님의 가장 본원적이고 보편적인 의미를 드러내고자 했는데, 주님 오심과 탄생의 '하늘적' 의미가 바로 그것입니다. 이것은 다른 복음서들과 비교해 보면 매우 두드러지는 메시지인데, 다른 복음서들은 주님 성탄의 메시지를 크리스마스 사건의 이 '땅과 관련된 의미 지평'에서 찾았기 때문입니다. 무엇보다도 이 땅에서 새롭게 인식된 저 하나님의 사랑에 잇대어진 화해와 평화의 복음이 바로 그것이었지요. 그러나 이 땅의 차원만 가지고는 그 의미가 온전히 드러나지 않는 것이 또한 주님 탄생의 의미라 여겼던 요한은 성탄 사건의 '하늘적 차원'과 관련된 보편적 의미를 새롭게 밝히고자 했던 것입니다.

주님 오심의 보편적 의미

오늘 요한복음을 설교 말씀 텍스트로 선택한 것은 바로 이 때문입니다. 주님 성탄의 하늘적 의미를 밝히는 데 있어 요한복음서보다 더 좋은 복음서를 알지 못하기 때문입니다. 요한은 예수 그리스도의 오심의 가장 본원적이고도 보편적인 의미를 말하고자 했기 때문입니다. 마태는 유대인을 향해, 누가는 헬라인을 향해 그의 복음서를 썼다고 합니다. 그래서 처음부터 그 대상과 출발점이 제한되어 있었습니다. 물론 이것은 당대의 현실에서 볼 때 주님의 복음을 전파하는 데 있어 매우 의미 있고 필요한 것이었습니다. 그러나 그렇기에 또한 그 출발에서부터 어떤 제한성이 전제된 것이었습니다. 그래서 이 복음서들은 무엇보다도 특별히 그 대상과 역사적 삶의 '정황'을 고려한 증언을 지향했습니다.

그러나 요한은 달랐습니다. 그는 세상 전체를 넘어서는 하늘적 지평을 염두에 두면서 그 복음서를 쓴 것입니다. '세상'이란 말이 요한에게서 드물지 않게 부정적인 의미로 등장하는 것도 바로 이 때문입니다. 요한은 그 대상에 제한받지 않았으며, 주님 오심을 증언하는 출발점을 다르게 설정했던 것입니다. 요한이 그 초두에서 '태초'라는 말을 사용하고 있는 것도 바로 이것과 무관치 않습니다. 요한의 증언의 출발점은 역사의 어떤 시공간이 아니라 하나님의 창조와 관련된 태초의 시간으로 소급되고 있는 것입니다. 매우 놀라운 생각과 시도라 여겨지지요. 무엇보다도 요한이 이미 다른 복음서들을 알고 있었다는 사실을 전제한다면, 이것은 매우 특별한 의미를 갖는다 여겨집니다.

도대체 요한은 왜, 무엇 때문에 이런 원초적인 생각을 가지고 예수님의 오심의 의미를 새롭게 밝히려 했을까요? 예수님께서 이 땅에 오신 성탄 사건은 이 세상 역사의 그 어떤 유비로도 다 설명할 수가 없는 매우 특별한 의미가 내포된 사건이었다고 여겼기 때문이 아닌가요? 요한이 우리 주님의 오심을 "하늘로부터 오신 이"(요 3:31)라는 말로 증언하고 있는 것도 이 때문입니다. 한마디로 초세상적인 출발점인 하늘과 태초로부터 우리 주님의 오심의 의미를 찾은 것입니다. 이 세상의 정황을 고려하는 역사적 증언이란 것, 그것은 물론 우리의 신앙적인 삶을 위해서도 도움이 되며 필요한 것이지만, 그것만으로는 충분치 않다고 여겼던 것입니다. 우리가 이 세상의 역사적 증언에만 의지할 때 그것은 결국 끝없는 상대성 논쟁 속에 빠져버릴 수 있기 때문인 거죠. 그래서 요한은 이 땅과 관련된 역사적 증언 방식 대신에 저 하늘과 태초의 관점으로부터 시작하는 새로운 증언 방식을 선택한 것이라고 생각되는 겁니다.

우리가 이것을 다른 복음서들, 즉 공관복음서와 비교해 보면 너무나 분명한 차이들이 드러나고 있음을 보게 됩니다. 요한은 그 어떤 역사적 증거에도 관심을 기울이지 않고 있기 때문이죠. 그래서 우리가 예수님의 성탄과 관련해서 듣고 있는 여러 신기한 이야기들이 요한복음에는 전혀 나오지 않고 있는 겁니다. 왜 그랬을까요? 한마디로 이 세상의 역사적 접근 방식만으로는 불확실성을 넘어서기가 어렵다고 여긴 겁니다. 그래서 오늘 본문 말씀은 이 세상이 갖는 문제성을 이렇게 말하고 있습니다. "참 빛, 곧 세상에 와서 각 사람에게 비추는(깨닫게 하는) 빛이 있었나니, 그가 세상에 계셨으며 세상은 그로 말미암아 지은 바 되었으되 세상이 그를 알지 못하였다"(요 1:9-10).

왜 세상은 모른다고 말하는 걸까요? 이 세상의 본질적 특성과 그 한계를 너무나 잘 알고 있었기 때문이 아닌가요? 세상은 보이는 것에만 집착함으로써 우리를 나누고 분열시키며, 끝없는 갈등으로 이끌어 간다 여긴 것이고, 그래서 본질적으로는 주님에 대한 우리의 믿음을 더 어렵게 만든다고 생각한 것이 아닌가요? 요한이 이 세상은 우리 주님을 알 수가 없었다고 단언적으로 말하는 것은 바로 이 때문이라 여겨집니다.

예수님에 대한 유일한 역사적 증언자, 세례 요한

그럼에도 불구하고 본문 말씀에서 예수님의 오심과 관련해 언급되는 역사적 증언이 있습니다. 예수님이 언제, 누구에게서, 어떻게 태어났느냐 하는 것은 말하지 않지만, 요한이 그 말씀에서 인용하고 있는 증언은 바로 세례 요한입니다. 그 증언이 역사적 사실이 아니라 사람을 들었다는 것, 이것은 그 의미가 매우 남다른데, 세례 요한은 당대 유대 땅에서 백성을 하나님을 향한 회개의 삶으로 이끌며, 하나님의 새날을 준비하고자 했던 사명자였기 때문이지요. 그런데 요한은 바로 이 세례 요한이 하늘의 빛이신 예수님에 대해 증언하기 위해 하나님께로부터 보냄을 받은 자라는 것을 밝히고 있는데, 본문은 그것을 다음과 같이 말하고 있습니다. 이 세례 요한은 "이 빛에 대해 증언하러 온 자라. 참 빛, 곧 세상에 와서 각 사람에게 비추는 빛이 있었나니, 그가 세상에 계셨으며 세상은 그로 말미암아 지은 바 되었으되 세상이 그를 알지 못하였고, 자기 땅에 오매 자기 백성이 영접하지 아니하였다"(1:8-11).

무슨 말인가요? 한마디로 예수님의 오심과 그 탄생의 의미를 알기 위해서는 세상의 경험적 지식이나 관점을 넘어서는 '하늘의 뜻과 지혜'를 먼저 생각해야 한다는 말입니다. 요한이 계속해서 '믿음'을 강조하는 것도 바로 이 때문인데, 우리의 주님이신 예수님은 만물 위에 계시고, 만물을 지으신 분이라 믿었기 때문이지요. 따라서 예수님은 하늘에 기원을 둔 분이라 여겼던 겁니다. 그래서 예수님의 오심의 원초적이고 보편적인 의미를 드러내기 위해서는 무엇보다도 신앙적인 접근이 요구된다 여긴 것입니다.

신앙의 특권과 의미

요한은 본문 말씀을 통해 주님을 믿는 신앙에 대해 다음 세 가지 특성을 우리에게 강조하여 말해주고 있는데, 믿음의 보편성, 믿음이 주는 특권, 믿음의 능력과 지혜가 바로 그것입니다.

믿음의 보편성: 예수님께서 오시던 시대에도 구원을 향한 인간의 추구가 없었던 것은 아니었지만, 그 구원은 제한된 집단에 속한 사람들에게만 해당되는 그런 것이었습니다. 지성인은 철학을 통해서, 신비가는 비법 전수를 통해서, 유대인은 혈통을 통해서 구원을 추구했던 것이지요. 그러나 이런 지성이나 인종이나 종교적 배경 없이도 모든 사람을 구원으로 이끄는 '신앙'이 새롭게 등장했는데, 모두를 아우르는 무조건적인 믿음의 보편주의가 우리 주님의 오심으로 가능해졌다고 여긴 것입니다. 이것이 바로 오늘 요한이 말하고 있는 믿음의 첫

번째 특성인데, 이 믿음의 보편성은 그 당시로서는 새로운 것이었고, 그래서 매우 특별한 의미를 갖는 것이었습니다.

믿음이 주는 특권: 이 믿음의 보편성은 모두에게 열려 있는 것이었지만, 그것을 믿고 받아들이는 자들에게는 특별한 권리가 주어지는 것이었습니다. 본문 말씀 1장 12절은 이것을 다음과 같이 말하고 있습니다. "영접하는 자, 곧 그 이름을 믿는 자들에게는 '하나님의 자녀'가 되는 권세(특권)를 주셨다." 아무런 자격도, 희망도 없는 우리 인간이 단지 주님에 대한 믿음을 통해 '하나님의 가족'이 된다는 겁니다. 남들이 우리를 어떻게 보든지, 우리가 우리 자신을 어떻게 여기든지 상관치 않고 하나님께서 단지 믿음을 보시고 이 세상의 가장 귀한 존재로 여겨주신다는 놀라운 선언인 거죠. 처음 신앙인들이 주님을 믿게 된 것을 기뻐하며 가장 큰 축복으로 받아들일 수 있었던 것도 바로 이 특권 때문이었습니다.

믿음의 능력과 지혜: 그렇기에 이제 믿는 자가 되었다는 것은 이 세상의 모든 혈통적이고, 육적인 의미를 무력화시키는 능력과 지혜를 갖게 되는 것인데, 어떤 조상을 두었느냐, 어떤 가문에서 태어났느냐, 어떤 피를 물려받았느냐, 무엇을 소유했느냐가 더 이상 의미를 갖지 못하는 것도 바로 이 때문이었습니다. 그래서 본문 말씀 1장 13절은 그것을 이렇게 말합니다. 주님을 믿고 받아들인 사람들에게는 "혈통으로나 육정으로나 사람의 뜻으로 나지 아니하고, 하나님께로부터 난 자들이니라." 좋은 가문에 태어난 사람이나 우수한 능력을 보유한 자들이 하나님의 자녀가 되는 것이 아니고 또 사람들의 바람이나 계획에 의해서 하나님의 자녀가 되는 것이 아니라, 다만 하나님 자신이 그들의 아버지라는 믿음 때문에 하나님의 자녀가 된다는 이야기인 거

죠. 그렇기에 우리가 믿는 이 신앙에는 우리도 알 수 없는 하늘의 지혜와 능력이 작용하고 있는 겁니다.

여러분, 우리가 하나님을 '아버지'라고 부르는 이 기쁨과 축복을 세상이 어떻게 알 수 있겠습니까? 어려울 때, 힘이 들 때, 외로울 때, 누구도 도움이 되어줄 수 없을 때, 믿음으로 하나님을 아버지라고 부를 수 있게 되었다는 것, 이 얼마나 큰 특권이고 축복입니까? 오늘 주님 성탄의 축복과 기쁨을 말하지 않을 수 없는 이유는 바로 우리에게 주어진, 비교할 수 없는 이런 특권 때문입니다.

유대인의 실패

여기서 우리는 유대인을 포함하여 이 세상에 속한 사람들의 실패는 바로 이 신앙을 가지지 못했다는 데 있음을 알게 됩니다. 경건한 삶이 없어서가 아닙니다. 그들의 믿음이 알지 못하는 사이에 세상적이고, 혈통적이고, 육적인 것으로 제한되고, 그럼으로써 이 세상에서의 육적인 승리를 지향하며 그것을 이 세상을 지배할 힘 있는 메시아의 도래 속에서 기다렸기 때문입니다. 그러나 그리스도에 대한 신앙은 세상적인 승리와 일치될 수가 없습니다. 요한이 증언하는 것처럼 신앙은 세상적인 것이 아니기 때문이지요. 우리가 이 세상 안에서 어려움과 고난을 당하지만, 희망을 포기할 수 없는 것도 바로 우리 주님께서 세상에 의해 양육되고, 형성된 그런 분이 아니기 때문입니다. 그분은 하늘로부터 오신 분이고, 하나님에 대한 믿음으로 이 세상을 이긴 분이기 때문이지요. 세상이 그분을 이길 수 없었던 것도 바로 이 때문이었습니다.

성탄절이지만 세상적으로는 기쁨을 가지기가 매우 어려운 때입니다. 우리가 기뻐할 수 있는 좋은 소식이 들리지 않기 때문이지요. 올해 우리는 국내외적으로 좋은 소식과는 전혀 무관하게 살고 있고, 그래서 매우 답답하고 힘든 삶을 벗어나지 못하고 있습니다. 그러나 바로 그렇기 때문에 우리 신앙인에게는 또한 신앙이 주는 특권과 지혜와 능력으로부터 얻는 역설적 삶의 희망과 비전이 더욱 요구됩니다. 오늘 하늘로부터 오시는 주님의 특별한 탄생을 다시 묵상하면서 주님 성탄의 놀라운 의미와 큰 기쁨이 우리 가슴에서 충만해지길 간절히 기도합니다.

이제 끝으로 종교개혁자 마틴 루터가 노래한 주님의 성탄과 그 의미를 묵상하면서 말씀을 마치겠습니다.

아! 사랑스런 예수, 성스런 아기, 내 마음속에 부드럽고 정결한 침상을 당신에게 만들어 드리리니, 그것은 당신을 위한 조용한 방이 되리라. 나의 가슴은 크나큰 기쁨에 뛰고, 나의 입술은 더 이상 침묵을 지키지 못하리라. 기쁨에 찬 입으로 나 또한 노래를 불러야 하리니… 천사들이 경건한 기쁨으로 온 누리를 향해 환희의 새해를 노래할 때 독생자를 인간에게 주신 높고 높은 하늘에 계신 하나님께 영광이 있도다. 아-멘.